एक कोई था
कहीं नहीं-सा

एक कोई था कहीं नहीं-सा

मीरा कांत

वाणी प्रकाशन

वाणी प्रकाशन

ज्ञान के विविध आयामों के प्रकाशक

वाणी प्रकाशन का 'लोगो' विख्यात चित्रकार मक़बूल फ़िदा हुसेन की कूची से

वाणी प्रकाशन, 4695, 21-ए, दरियागंज, नयी दिल्ली-110002
वाणी प्रकाशन, अशोक राजपथ (पटना कॉलेज के सामने), पटना (बिहार)

EK KOI THA KAHIN NAHIN-SA

by Meera Kant

Novel

ISBN : 978-93-5000-137-0

प्रथम संस्करण

मूल्य : 375/-

वाणी प्रकाशन

फोन : 0091#11#23273167, 23275710

फैक्स : 0091#11#23275710

वेबसाइट : www.vaniprakashan.in

ई-मेल : vaniprakashan@gmail.com
vani_prakashan@yahoo.com

आर.टेक ऑफसेट प्रिंटर्स द्वारा दिल्ली-110095 में मुद्रित

अपने डैडी स्वर्गीय श्री डी.पी.भान
के नाम जिनकी उंगली पकड़कर
कश्मीर की यात्रा–अंतर्यात्रा की थी।

अनुक्रम

सोशल रिफ़ार्म ज़िन्दाबाद

अम्बरनाथ ने मुँह में बची कहवे की इलायची को जबरन दाँतों के बीच घुमाते हुए हाथ में थामे कपड़े के थैले को ज़रा बेपरवाही से झुलाया और गली के बाहर क़दम रखकर रुख़ हब्बा कदल की ओर किया। चाल में एक तरह की आज़ादी का लहरा था।

दोनों ओर की दुकानों को पीछे छोड़ता हुआ वह ज़रा आगे बढ़ा ही था कि कुछ ही दूरी पर बाईं तरफ़ अपने ही मोहल्ले के अधेड़ मर्दों की एक टोली को सिर से सिर जोड़े खड़े पाया। बाज़ार अभी पूरी तरह खुला न था। कुछ ही दुकानों पर कुछ हरकत थी। अम्बरनाथ ने कुछ चिन्ता के साथ उस ओर क़दम बढ़ाये तो पाया कि वह टोली सब्ज़ी वालों की दुकान पर खड़ी थी। उसे दूर से आता देखकर उन आधे पके बालों का लहजा बदला और आवाज़ ऊँची हुई। फ़ौरन नयी रोशनी और नयी नस्ल पर तब्सिरा शुरू हो गया। रैना ने कन्धे उचका कर फेरन के गले को ज़रा पीछे करते हुए कहा, "अरे किससे कहा जाए...ये सब इन रिफ़ारमियों की करनी है। और पढ़ाओ लड़कियों को...आज़ाद-ख़याल बनाओ और फिर भुगतो...शिव-शिव...सुबह-सुबह क्या जी ख़राब हुआ!"

यह बात रैना ने अम्बरनाथ को कनखियों से देखते हुए कही थी सो अम्बरनाथ ने उनकी ओर न देख सड़क पर सीध में ही दूर कहीं नज़रें टिका दीं। चाल धीमी रखी जिससे तब्सिरे की मौजूदा प्रेरणा को जाना जा सके। थैला थामे हाथ अब नियन्त्रण में था।

"अरे साहब पूछिए मत," यह द्राबू की आवाज़ थी। "जाने कौन पत्थर दिल थी जो नाल कटते ही मुँह फेर बैठी और फेंक दिया उसे कूड़े के ढेर पर। उसका कलेजा होगा कि गाँठ!"

"देखा नहीं गया...हड्डियाँ भी नहीं बची थीं...कुत्ते सब भँमोड़-भँमोड़ कर खा गये।" बैंगन गिनकर महलदार के थैले में डालते हुए सब्ज़ी वाले रहमत ने कहा।

"तुम तो सड़क पर बैठे हो...कुछ भनक पड़ी कि किस गली का कुकर्म

था?" द्राबू ने सुराग़ लेने की कोशिश की।

"नहीं महाराज, हमें कौन बताएगा अपने पेट के मरोड़...हम भले हमारी सब्ज़ी भली! पर हाँ जब अलस्सुबह तालाब के किनारे से हाख* और पालक लेकर आया तो...नामुराद कुत्ते उसे उधेड़ रहे थे। हमने भगाया तो नहीं भागे...पत्थर मारे तो उस लोथड़े को लेकर यहाँ-वहाँ होने लगे। जैसे-तैसे छोड़ा फिर...मगर तब तक बचा भी क्या था! अल्लाह रहम कर।" रहमत ने अपनी टोपी सिर पर ठीक से बैठायी।

उसे देख मानो द्राबू को भी अपने दस्तार की याद आयी। उन्होंने भी पीछे गर्दन से दस्तार को ठीक करते हुए कुछ पास आ रहे अम्बरनाथ की ओर पलट कर देखते हुए कहा, "हम बुड्ढ़ों को आजकल कौन पूछता है! नौजवानों का ज़माना है। उनके कुकर्म वही जानें!"

"तुमने तो खुद अपनी आँखों से देखा है...क्या लगता है...किसका होगा?" हल्की ज़बान में कहकर महलदार अचानक हकला से गये, "मेरा मतलब... नहीं...वो..."

"क्या जानना चाहते हैं पंडित जी?" रहमत ने बैंगनों का ढेर ठीक से जमाते हुए कहा। "एक दिन के बच्चे की क्या ज़ात! हिन्दू का था या मुसलमान का...पर बुरा हुआ। सुबह का वो लम्हा याद आते ही फुरहरी-सी आ जाती है।"

"ठीक कहते हो वहशीपन की कोई ज़ात नहीं होती।" खुद को सँभालते हुए महलदार ने जवाब दिया।

'वहशीपन...हड्डियाँ...कुत्ते...लोथड़ा!' अम्बरनाथ के भीतर ये शब्द सूइयों की तरह चुभे और उसने मुँह की इलायची रहमत की दुकान के पास पहुचँते-पहुँचते ही सड़क पर थूक दी। रात तक तो सब सामान्य था। सोचा उसने। कहीं तीन महीने पहले की उस मनहूस सुबह की तरह आज फिर...। यह ख़याल ज़हन में आते ही वह ऐसा चौंका मानो हाथ गलती से जलती काँगड़ी में चला गया हो। मगर अगले ही क्षण वह भीतर से कहीं मर गया क्योंकि उसके हाथ में ठंडी, बुझी राख थी। डूबते दिल ने कहा—काश यह राख मैं अपनी क़ौम के उन तिलकधारी दरिन्दों पर डाल सकता जो अपने फेरन के सफ़ेद खोल में अपना वहशीपन ढँके बाइज़्ज़त घूमते-फिरते हैं और मजबूर बेसहारा औरतों को और मजबूर बनाते हैं। इतना कि वो कुत्तों द्वारा इंसानियत और अपने ख़ून की दुर्गति

*हरे पत्तों वाला कश्मीरी साग

पर होंठ सिलकर बैठे रहने को मजबूर होती हैं। यह कोई ऐसी पहली घटना नहीं थी, मगर कब तक? यही सब सोचता अम्बरनाथ धीमे क़दमों से उस टोली को पार कर दो ही क़दम आगे बढ़ा था कि जाते हुए शनि की तरह पीछे से एक अन्तिम गाली के तौर पर उसने रैना का एक जुमला सुना, "अरे देखते जाइए...ये ससुरे रिफ़ारमी जो मुल्क के चौधरी बने फिर रहे हैं...इन्हें भी एक दिन कुत्ते ऐसे ही नोंच खाएँगे! क़ौम की नयी पौध को बरबाद करने पर तुले हैं ये..."

"जाने दीजिए महाराज," महलदार ने अम्बरनाथ की ओर संकेत कर दबी जुबान में रैना को चुप हो जाने के लिए प्रेरित करना चाहा पर रैना और भड़क उठे, "मैं किसी से डरता नहीं हूँ...और कुछ ग़लत भी नहीं कहता...यह सब इन्हीं रिफ़ारमियों का करा-धरा है। नौजवानों में एक आग-सी लगा दी है इन्होंने...अब बताइए ये आज सुबह जो हुआ ये भी तो किसी जवान औरत का कुकर्म ही था..."

अम्बरनाथ ने अपने कानों के पर्दे गिरा दिये और क़दम तेज़ी से आगे बढ़ाये। दुख, क्षोभ और रोष से उसका सिर भन्ना रहा था। गाल और कान लाल हो गये थे। रोष को सँभाला तो भीतर अवसाद के बादल छाने लगे। सुबह-सुबह एक नवजात की ऐसी दारुण सन्ध्या कि जीवन का पहला उगता सूरज भी न देख पाए! क्या उस माँ को पता होगा अपने बच्चे का यह हश्र? या उसे बिना बताए ही? बताने पर क्या रोकने की जुर्रत कर सकती वह? कौन होगी वह? क्या हालात होंगे उसके? क्या कोई मुसलमान बहन होगी ये या फिर कोई हिन्दू विधवा युवती? अपने ही सम्बन्धियों की हवस की शिकार! ऐसा कब तक चलेगा? कब तक हम अपनी बच्चियों की ज़िन्दगी ख़ानदानी और अमीर बूढ़ों पर न्योछावर करते जाएँगे? और फिर उनका ये हश्र होगा? नहीं! अम्बरनाथ की आँखों के आगे अँधेरा-सा छा गया। मगर तभी उसे अँधेरे में चिराग़ की तरह नित्यानन्द आता दिखाई दिया सामने से। उसके क़दम कुछ और तेज़ हुए पर पास पहुँचते ही नित्यानन्द की आवाज़ पर ठिठक गये, "क्यों सुन लिया?"

"असली बात कहाँ सुन पाया। कुछ गालियाँ ही सुनकर आ रहा हूँ।"

"वो तो रोज़ का क़िस्सा है अब। पर ये ढोंग के पुतले खुद क़ौम के लिए कितनी बड़ी गाली हैं, ये इन्हें कौन समझाएगा!"

"तुमने कब सुना?"

"काफ़ी देर हुई।"

"तो मुझे क्यों नहीं बताया?"

"सोचा तो था—बल्कि सबसे पहले यही ख़याल आया था कि तुम्हें बुला लाऊँ पर..."

"पर? आये क्यों नहीं?"

"छोड़ो यार...अब सुबह-सुबह...कुछ समय से महसूस कर रहा हूँ कि मेरा आना तुम्हारी भाभी को अच्छा नहीं लगता है।"

"जानता हूँ पर हम लोगों को ये सब नहीं सोचना चाहिए। हमारा मिलना... हमारा काम अगर किसी को पसन्द नहीं तो न सही...इस पर विचार क्या करना! क्या गालियाँ नहीं सुनी मैंने अभी बेवजह?"

"हाँ मगर पड़ोस का मामला है...वो फिर हमारे घर आकर काक और काकनी को जाने क्या-क्या कह कर भड़काती रहती हैं।"

"जिसका जो काम है उसे करने दो। तुम्हारी काकनी ही मुझे कौन-सा पसन्द करती है। वो तुम्हारी माँ है पर क्या मैंने तुम्हारे यहाँ आना छोड़ा?" फिर ज़रा साँस लेकर पूछा अम्बरनाथ ने, "कितनी सुबह निकले थे घर से?"

"ज़्यादा नहीं...काकनी ने चाय का पानी चढ़ाया तो नानबाई के यहाँ से रोटी और कतलम लेने निकला था। गली से निकलते ही कुछ लोग...झूठे टसुए बहाते मिले। कौन था...जिसके जिगर का टुकड़ा था...ऐसी ही दिखावे की बातें..."

"जिगर का टुकड़ा, जिगर का टुकड़ा तो किये फिरते हैं पर फिर असलियत यह होगी कि वह लड़का नहीं लड़की रही होगी।"

"हाँ ऐसा ही रहा होगा। बातों के चीथड़े टाँगने से इनके पाप ढँक जाएँगे क्या? कमबख़्त कहीं के...छोटी उम्र की बेवाओं से नौकरानी जैसा सुलूक करते हैं...दिन-भर काम करवाते हैं और रात को...फिर अपने कुकर्मों को ढँकते फिरते हैं। उस बेजुबान को यहाँ-वहाँ कुत्तों के लिए..."

"आगे मत कहो," अम्बरनाथ का चेहरा फिर से लाल होने लगा था। "इसे रोकना होगा नित्या...कुछ करना होगा।"

"आज शाम को शीतलनाथ पहुँचो...वहीं बात होगी," नित्यानन्द ने घर की ओर रुख करना शुरू किया। "चलता हूँ...घर में इन्तज़ार हो रहा होगा रोटियों का।"

नित्यानन्द तो चला गया पर अम्बरनाथ के कानों में वह दृश्य-वर्णन गूँजता रहा और आँखों के सामने वो अनदेखा दृश्य साकार हो उठा। एक मासूम की घुटी हुई चीखें और दरिन्दों की मिली-जुली कोशिश! दूसरी ओर वो मजबूर जो अपने बच्चे का मातम भी नहीं मना पा रही होगी! उसके भीतर ये दृश्य जम गये और उस कीचड़ वाली बर्फ़ पर भारी स्वर वाली एक चीख फैल गयी।

'इसे रोकना होगा अम्बरनाथ...इसे रोकना होगा।' मगर कैसे? वह भूल गया कि आज शनिवार है और गाशा जी को घर लौटना है। वह उनके हुक़्क़े के लिए तम्बाकू का इन्तज़ाम करने निकला था। अभ्यासवश उसके क़दम सुकून की तलाश में गणपतयार की ओर मन्दिर के लिए बढ़ गये।

हब्बा कदल तक पहुँचा था तो उसने पुकार सुनी, "अम्बरनाथ...अरे भई अम्बरनाथ...इस ओर...इस ओर...।" दाईं ओर देखा तो माहमद जू ने हाथ के इशारे से अपनी ओर बुलाया। अम्बरनाथ कुछ अनमने से क़दमों से उस ओर बढ़ा। अब वही क़िस्सा ले बैठेगा कि तुम्हारी गली के बाहर आज सुबह क्या हुआ, किसका था, कुछ पता चला क्या? जब तक ये सब होता रहेगा इन बातों से बचा भी तो नहीं जा सकता। सोचते हुए अम्बरनाथ माहमद जू के पास पहुँचा, "कैसा चल रहा है माहमद जू...घर में सब...."

"तुम वो सब छोड़ो...," उसकी बात काटते हुए कहा माहमद जू ने। "क्या अपने समसार चन्द जू के यहाँ जा रहे हो? घर पहुँच गये वो?"

"समसार चन्द जू...क्या मतलब?"

"भई वो आज सुबह...", कहकर माहमद जू ज़रा रुका और उसने ठहर कर अम्बरनाथ के चेहरे को देखा। अम्बरनाथ असमंजस में खड़ा उसके अगले शब्दों का इन्तज़ार कर रहा था।

"क्या हुआ सुबह? क्या वो यहाँ आये थे? तुमने क्या देखा?" घबराहट में वो एक के बाद एक सवाल करता गया।

"नहीं घबराने की बात नहीं है...पर आज सुबह मेरा मतलब है कि अपना ताँगा तो यहीं खड़ा करके जाते हैं ना वो...बस यहाँ से उसी ताँगे में चढ़ ही रहे थे कि तभी..."

"ताँगे में चढ़ते हुए? क्या हुआ तब?"

"अरे भई आज शनिवार है और आज के दिन तो वो बिना नाग़ा गणपतयार मन्दिर आते ही हैं। यहीं पर ताँगा भी खड़ा करवाते हैं। बस वापसी में उसपर चढ़कर पीछे की तरफ़ बैठे ही थे कि उन्होंने अचानक अपना सीना पकड़ लिया। यूँ समझो मैं दुकान खोल ही रहा था। कुछ लोगों ने सँभाला उन्हें पर..."

"पर क्या...क्या हुआ?"

"कुछ नहीं...बस वो पसीने से तर-बतर हो गये। ज़ोर-ज़ोर से साँस लेने लगे। सबने कहा पास ही एक वैद्य जी हैं उनके यहाँ ले चलते हैं पर उखड़ी-उखड़ी साँसों में ही बोले कि नहीं मेरा वैद्य गोगजी बाग़ में है। वहीं ले चलो। उनका ताँगेवाला तो जानता ही था वैद्य जी का घर। दौड़ाता हुआ ले गया

उन्हें गोगजी बाग़ की ओर। चौक से ही दो लोग भी साथ के लिए सवार हो लिए थे।"

अम्बरनाथ सन्न खड़ा रह गया। माहमद जू की आवाज़ उसके कानों में आते ही धुँधलाने लगी थी, "मैं भी जाता पर क्या करता दुकान खोल चुका था। दो-चार ग्राहक भी आ गये थे दूध लेने। मैंने तो सोचा था समसार चन्द जू आज भी हमेशा की तरह मुझसे पनीर लेकर ही रवाना होंगे पर..."

अम्बरनाथ बिना कुछ कहे धीमे क़दमों से आगे बढ़ गया तो माहमद जू के शब्द पीछे छूट गये। तम्बाकू की दुकान के बाद अब वह गणपतयार के मन्दिर का रास्ता भी भूल गया था। उसके क़दम उसे कन्या कदल की ओर ले जा रहे थे और दिमाग़ अनदेखी-अनजान दिशाओं की ओर। अगर समसार चन्द जू को कुछ हो गया तो? तो शबरी का क्या होगा? इतनी कम उम्र से क्या वो अपनी ज़िन्दगी अब समसार चन्द की विधवा बनकर काटेगी? अभी लगभग दो साल पहले ही तो शादी हुई है। कैसे भूल सकता है वो दिन अम्बरनाथ! दस अक्तूबर 1936 जब उसके घर में बावर्ची लगे थे। लोग शादी की रस्में निभाने में लगे थे। सबको बारात की शंख ध्वनि का इन्तज़ार था और वह अपने रिफ़ार्मी साथियों के साथ खुद अपने घर के दरवाज़े पर खड़ा इस शादी का विरोध कर रहा था। मुर्दाबाद के नारे लगा रहा था। ये उसके लिए ज़िन्दगी का बहुत बड़ा क़दम था। उस दिन पहली बार उसने अपने पिता समान बड़े भाई पंडित केदारनाथ सप्रू के सामने खड़े होकर नज़रें मिलाकर कहा था कि उनका फ़ैसला ग़लत है। इसलिए वह रिफ़ार्मियों का साथ देगा। केदारनाथ यानी उसके गाशा जी सक्ते में आ गये थे।

अम्बरनाथ के क़दम अब उसे मानो खुद-ब-खुद रतनलाल के घर के दरवाज़े तक ले आए थे। दरवाज़े का लकड़ी का कुंडा घुमाकर खोलते हुए उसने पुकारा, "हे रतन भाई...घर में हो क्या? रतनभाई...।" दूसरी मंज़िल की खिड़की से गर्दन बाहर निकालकर रतनलाल ने जवाब दिया, "हाँ...ऊपर चले आओ।"

"नहीं अभी जल्दी में हूँ...आपका घोड़ा ले जा रहा हूँ ज़रा...वापस आकर बात होगी।" यह कहते हुए अम्बरनाथ ने हाथ का थैला आँगन में एक ओर पटका और घोड़े की रस्सी खोली। घोड़े ने रस्सी खुलते देख वहीं खड़े-खड़े पाँव उठा-उठा कर ऐसे रखे जैसे दौड़ने से पहले का अभ्यास कर रहा हो। साथ ही ज़ोर से हिनहिनाया।

"अरे घोड़ा कहाँ ले जा रहे हो?" रतनलाल अब चौंका और खिड़की से लगभग आधा धड़ बाहर निकालकर ज़ोर से बोला, "सुनो अम्बरनाथ मुझे

फ़ौरन निकलना है। महाराज साहब आज गुलमर्ग जाने वाले हैं। ड्यूटी पर हूँ मैं।" रतनलाल की आवाज़ नीचे पहुँचते ही घोड़े की हिनहिनाहट में खो गयी। अम्बरनाथ यह कहते हुए निकल गया, "आप तैयार होइए मैं आता हूँ बस।"

दरवाज़ा खुला छोड़कर अम्बरनाथ घोड़े के साथ वहाँ से जा चुका था। रतनलाल का बस चलता तो उसी खिड़की पर झुके-झुके हाथ लम्बा करके घोड़े की लगाम पकड़ कर उसे रोक लेता। पर अम्बरनाथ ने उसे नीचे उतरकर आने का तो क्या कुछ क्षण ठहरकर सोचने का मौक़ा भी नहीं दिया था।

बाहर आते ही अम्बरनाथ घोड़े पर बैठा और उसे एड़ लगाई तो घोड़ा चल निकला। घोड़े की पीठ पर हाथ फेरते हुए अम्बरनाथ को भीतर की हिम्मत दोगुनी होती महसूस हुई। उसे लगा कि उसकी दो बाँहों में भाईसाहब पुष्करनाथ की दो बाँहें भी समा गयी हैं। अपनी दो बाँहों में चार बाँहों की हिम्मत और ताक़त लिए उसने घोड़ा तेज़ी से समसार चन्द जू के घर के लिए रैनावारी की ओर बढ़ा दिया।

पुष्करनाथ यानी अम्बरनाथ का दूसरा भाई जो अब नहीं था। ये घोड़ा पुष्करनाथ ने ही अपने दोस्त रतनलाल को भेंट किया था। आज इस घोड़े पर बैठकर उसे बीता हुआ जाने क्या-क्या याद आ रहा था। पिता की एक धुंधली-सी स्मृति ही मन में थी।

उसके बड़े भाई केदारनाथ सप्रू पिता के देहान्त के बाद सरकारी महकमें में मुहाफ़िज़ दफ़्तर हो गये थे। दफ़्तर के रिकॉर्ड व फ़ाइलें रखना उनका काम था। कुल 12 रुपये की यह नौकरी हालाँकि आरज़ी थी फिर भी उन्होंने इसमें लगभग तीन साल काट लिए थे। फिर जैसे-तैसे पेशिन साहब के कहने पर उनकी नौकरी पक्की की गयी थी और आज वो नायब तहसीलदार के मुंशी हो चुके थे। दूसरा भाई पुष्करनाथ बिना विवाह किये ही किशतवार चला गया था सरकारी एहलकार बनकर। केदारनाथ और माँ के बहुत समझाने के बावजूद वो श्रीनगर में नहीं ठहरा।

इसका सही कारण तो कोई नहीं जान पाया पर माँ को ऐसा लगता था कि पुष्करनाथ ने पिता की बरसी पर केदारनाथ की पत्नी सोमावती को अपनी बड़ी बहन से कहते सुन लिया था कि 'बुड्ढा तो खत्म हो गया पर अपनी ज़िम्मेदारियाँ हम पर छोड़ गया। हम अपने पृथ्वी और दुर्गा को पालें या इन्हें? वो तो अच्छा हुआ कि तुम्हारे जीजा जी के दो भाई होते ही चल बसे वर्ना आज वो रोग भी मेरी जान के लिए यहीं होते। इसी घर में।'

इस पर बहन ने गिरह लगा दी थी, "हाँ पर अब ये खटमल और पिस्सू

तो तेरा ख़ून पिएँगे ही।"

माँ तो हालात से मजबूर थी। कानों सुनी बात को दरकिनार कर गयी थी। पर पुष्करनाथ के ख़ून में अभी उम्र के साथ-साथ घुलने वाला सब्र कम ही था। उसे ठेस पहुँची थी और उसने मन ही मन घर छोड़ने का फ़ैसला कर लिया था।

रवाना होने से पहले पुष्करनाथ पितास्वरूप सर्वकाक के पास आशीर्वाद लेने गया। सर्वकाक ने उसे 'ब सलामती रवी बाज़ आयी' कहकर रुखसत किया। सलामती से जाओ और आओ। और पुष्करनाथ ने सलामती से किश्तवार की राह ली थी।

कुछ समय तक कुछ-कुछ वक़्त के फ़ासले पर पुष्करनाथ किश्तवार से घर आता रहा था। भारी कम्बल और ऊनी चादरें वगैरह लेकर। जब आता था तो माँ को अम्बरनाथ और शबरी के नाम के रुपये भी काफ़ी दे जाता था। फिर उसने वहीं किसी किश्तवारी परिवार में शादी कर ली।

शादी के कुछ साल बाद जब आया तो अन्य सामान के साथ-साथ एक घोड़ा भी लाया था। अपने दोस्त रतनलाल के लिए। रतनलाल महाराजा की सेवा में था। महाराजा जिन दिनों श्रीनगर में रहते उसकी चाल में कलफ़ लग जाता था। गली हो या सड़क वह माँड लगे दस्तार-सा दिखाई देता था। घोड़ा आ जाने से इस कलफ़ में चार चाँद लग गये थे।

अम्बरनाथ और शबरी तब छोटे थे। अम्बरनाथ यही कोई तेरह साल का और शबरी सात-आठ साल की। जब से पुष्करनाथ ने घर छोड़कर किश्तवार जाने का फ़ैसला लिया था और अन्ततः वहीं शादी कर ली थी गाशा जी उससे कुछ खिंचे-खिंचे रहते थे। मगर भाभी सोमावती पुष्करनाथ से जब-तब पूछती थी, "और सुनाओ कैसी है हमारी देवरानी? नाक बैठी है या खड़ी? सुना है किश्तवार की औरतें डायन होती हैं।" और पुष्करनाथ जवाब में मुस्कराते हुए यहाँ-वहाँ हो लेता था। मगर भाभी पीछा नहीं छोड़ती थी, "अरे सँभलकर रहना...वहाँ की डायनें खा जाती हैं अपने मालिक को। फिर अपने घर का नहीं रहता वो।"

"मैं तो आया ही हूँ ना शादी के बाद भी," पुष्करनाथ बात को रफ़ा-दफ़ा करने के अन्दाज़ में कहता।

"हाँ आये तो हो पर देखेंगे कब तक!" गाँठगोभी के छिलके और डंठलों का कूड़ा बटोरकर फेंकते हुए कहा था सोमावती ने। "अगर कभी हमारी देवरानी को यहाँ लाने का विचार बने तो बढ़िया सा फेरन वगैरह ले जाना यहाँ से। कहीं उसी लिबास में न चली आये...बहुत थू-थू होगी हमारी समाज में।"

अगली बार सोमावती की देवरानी तो क्या खुद उसका देवर पुष्करनाथ भी नहीं आ पाया श्रीनगर। वहाँ से खबर आयी थी पुष्करनाथ के देहान्त की। पहाड़ी पर चढ़ते हुए पैर फिसल जाने से वह ऐसा गिरा था कि उसका सिर फट गया था। खबर पाते ही केदारनाथ रतनलाल के साथ किश्तवार रवाना हुए थे। वहाँ पुष्करनाथ के ससुरालवालों ने उन्हें पुष्करनाथ का संचित धन व सामान सभी कुछ देना चाहा था पर वे लोग पुष्करनाथ का क्रियाकर्म करके उसका सामान उसकी गर्भवती विधवा के लिए छोड़कर सिर्फ़ एक घोड़ा और एक मोटा कम्बल लेकर लौट आये थे।

किश्तवार से आया घोड़ा आँगन में बेमन से बाँध दिया गया था। सोमावती ने हो-हल्ला मचाया कि इंसानों की सेवा का काम क्या कम था जो एक घोड़ा भी मेरी जान को ले आये। इस पर घोड़े को रातिब* देने का काम अम्बरनाथ को सौंपा गया हालाँकि उसे उस पर सवारी करने की सख़्त मनाही थी। माँ और गाशा जी का कहना था कि अम्बरनाथ घोड़ा लिए-लिए घूमेगा तो मोहल्ले वालों की नज़र लगेगी जो परिवार के लिए अच्छा नहीं है। घोड़ा दिन भर खाता था और खड़ा-खड़ा हिनहिनाता था। फिर आँगन गन्दा होने पर साफ़ करने का काम शबरी को सौंपा गया था। मदद कुछ थी नहीं बस उसे खिलाने और रखने का काम था। माँ से भारी बेटी की तर्ज़ पर यह घोड़ा पूरे परिवार के लिए फ़िज़ूल और खर्च बढ़ाने वाला साबित हो रहा था। सो केदारनाथ ने रतनलाल की मदद से उसे किसी अंग्रेज़ को बेच दिया।

पुष्करनाथ की आख़िरी निशानी वही मोटा कम्बल था जो घोड़े की पीठपर लदकर किश्तवार से आया था। वह कम्बल माँ अपने ठाकुर जी के कमरे में रखती थी। घोड़ा बेचने के सप्ताह भर बाद ही अपने ठाकुर जी के उसी कमरे में वह कम्बल बिछाकर माँ उस पर ऐसा लेटी कि फिर उसे उठाने कुछ कन्धे आये। अन्तिम साँस उसी कम्बल पर ली थी सो केदारनाथ से कहकर सोमावती ने वह कम्बल दान में दे दिया। और इस तरह पुष्करनाथ पूरी तौर पर घर से अलविदा हो गया पर अम्बरनाथ और शबरी के भीतर वह कभी-कभी साँस लेता था।

आज अपने लावारिस क़दमों और भटके दिमाग़ के साथ अम्बरनाथ को पुष्करनाथ की बहुत शिद्दत से याद आयी। भाईसाहब होते तो वह खुद को यूँ अकेला और असहाय महसूस न करता शायद। उसके मन में एक टीस के

---

*पशुओं का दैनिक आहार

साथ भाईसाहब की याद कसक रही थी पर आँखों में शबरी और उसका भविष्य डोल रहा था।

शबरी के विवाह की बात कई जगहों पर चलाई गयी पर गाशा जी और भाभी को अट्ठावन साल के समसार चन्द ही खानदानी और इज़्ज़तदार महसूस हुए। सरकारी ओहदे से सेवानिवृत्त हुए समसार चन्द का बहुत बड़ा दुमंज़िला मकान था। गाँव में सेबों के बाग़ थे। आँगन में घोड़ा और ताँगा बँधा रहता था जिसके लिए अलग से एक ताँगवाले को मुकर्रर किया गया था। क्रालयार में एक मकान और नीचे की दो दुकानें अब्दुल मजीद को किराए पर दे रखी थीं। चौदह साल की शबरी की उनसे बात पक्की कर दी गयी थी। समसार चन्द की यह तीसरी शादी थी। पहली दो से उन्हें पाँच बच्चे थे जिनमें से तीन तो उन्हें दादा-नाना भी बना चुके थे। दो बेटियाँ ब्याह कर अपने-अपने घर की हो चुकी थीं और बड़ा बेटा परिवार सहित कठुआ में था। अब घर में दो कुँआरे बेटे और बूढ़ी माँ थी। सो परिवार की सेवा के लिए एक पत्नी की जगह ख़ाली थी। बिन माँ-बाप की बेटी शबरी ने बचपन से गाशा जी के दो बच्चों को पाला था। घर में ही जो भी थोड़ा-बहुत अक्षर ज्ञान उसने पुष्करनाथ और अम्बरनाथ से प्राप्त किया था वह उसके लिए अक्षय पात्र बन गया था। उसी छोटे से पात्र में से नये-नये अर्थों व तर्ज़ों वाले अक्षर निकाल-निकाल कर रूई से पशमीना कातते हुए वह खुद को लल्लेश्वरी मानकर गाती रहती थी। लल्लेश्वरी के शब्दों और भावों में यहाँ-वहाँ थोड़ा फेर बदल करके –

हे परमशिव अब तार
माया-सर धँसी मेरी तरी
मैं तो तेरी लल्लेश्वरी।

अम्बरनाथ के छेड़ने पर कि लल्लेश्वरी की जगह शबरी क्यों न कहा गया वह शरमा कर कहती थी "तब ऐसा कहा ही नहीं जा सकेगा! ये तो लल्लेश्वरी के नाम की वजह से ही हो पाता है।"

शबरी मन ही मन लल्लेश्वरी बनी रही और गाशा जी ने उसे अपनी गोद में बैठाकर उसका कन्यादान कर दिया। वर-वधू को एक-दूसरे का हाथ थमा आमने-सामने बैठाकर बड़ी-सी सफ़ेद चादर से ढँका गया। उन्हें शिव-पार्वती का स्वरूप जानकर सभी सम्बन्धियों ने जब 'पोशपूज़ा'* के समय उन पर पुष्पवर्षा की तो सबसे उत्साहित वर समसार चन्द की पाँच वर्षीय पोती थी।

---

*पुष्प वर्षा करते हुए पूजन करना

वह दौड़-दौड़ कर टोकरी में से फूल लाती थी और उन पर डालती जाती थी। ऐसा खेल तो उसने अपने दादा के साथ पहले कभी खेला ही नहीं था।

अम्बरनाथ उस दिन शाम तक घर नहीं आया था। विवाह के लिए शुभ दिन होने की वजह से श्रीनगर में कई विवाह थे और उनमें से चार विवाह ऐसे ही बेमेल विवाह थे जहाँ बच्चियों को प्रौढ़ों और वृद्धों से ब्याहा जा रहा था। सुबह आठ बजे अपने घर के द्वार पर रिफ़ार्मी वालेंटियरों के साथ अपनी बहन शबरी के विवाह के विरोध में नारे लगाने के बाद वे लोग अन्य तीन बेमेल विवाहों में नारे लगाने भी गये थे। इनमें से कोई भी विवाह वे रुकवा तो न पाए थे पर उन्हें खुशी थी कि उनके साथ वालों का क़ाफ़िला बढ़ता जा रहा था लगातार। धीरे-धीरे।

काश कि वे लोग उस दिन शबरी की शादी रुकवा पाते! काश कि गाशा जी ने उसकी बात मान कर घाटी में बहती हवा के झोंके के साथ झूठी मर्यादा व सम्मान की सूली पर शबरी को न चढ़ाया होता! आज अगर समसार चन्द को कुछ हो गया तो? तो क्या शबरी सिर झुकाए उसकी बूढ़ी निष्ठुर माँ और समसार चन्द के उम्र में अपने से बड़े बेटों की खिदमत करते ज़िन्दगी काटेगी? नहीं। और...और अगर कभी कुछ ऊँच-नीच हो गयी तो कितने लांछन लगाए जाएँगे तब उस पर! और...और फिर अगर किसी बेज़ुबान को कुत्तों के सामने डालने की नौबत आयी तो? नहीं। हरगिज़ नहीं। अम्बरनाथ ने एक ख़ामोश चीख़ के साथ कहा–जब तक मैं ज़िन्दा हूँ कभी नहीं।

रैनावारी के बाज़ार से निकलते हुए उसने दुकानदारों और चौक पर खड़े लोगों के चेहरे देखे। कहीं कोई बुरी खबर होती तो शायद पता चल पाता। दुकानों के आगे निकले फट्टों पर कुछ लोग चैन से बैठे हुक़्क़ा गुड़गुड़ाते भी नज़र आये। अम्बरनाथ ने फिर से घोड़े की लगाम खींची और मोतीयार में समसार चन्द जू के घर के बाहर ले जाकर उसे खड़ा किया। वह घोड़े से कूदा और तीर की तरह अन्दर पहुँचा। वहाँ न घोड़ा था न ताँगा। यानी समसार चन्द जू घर में नहीं थे। एक छोटा-सा बाग़ पार कर जैसे ही वह सहन में पहुँचा वहाँ शबरी की सास खड़ी दिखाई दी। उस दोग़ली, क्रूर बुढ़िया को देखते ही अम्बरनाथ के ज़हन में दो महीने पहले का वाक़या तेज़ी से घूम गया।

समसार चन्द जू का जन्मदिन था। शबरी के मायके से समसार चन्द जू और शबरी के लिए उपहार के कपड़ों व अटहरू* के साथ-साथ चार मटकी

---

* विवाहित हिन्दू स्त्रियों द्वारा कानों में लटकाकर पहना जाने वाला एक आभूषण

दही, बाकरखानियाँ, नानबाई की रोटियाँ और शुभ का नमक लेकर खुद अम्बरनाथ ही पहुँचा था। साथ में रतनलाल भी था। शबरी की सास दही की दो मटकियाँ और आधी बाकरखानियाँ व रोटियाँ रसोई में ले गयी थी। शेष कमरे में छोड़कर उसने शबरी से कहा था कि समसार चन्द जू की चाची तारा भाभी को सामने के कमरे से बुला लाए। अम्बरनाथ का माथा ठनका था– फिर बुलवाया इसने तारा भाभी को! ये कुटिल बुढ़िया बाज़ न आएगी!

सहमी शबरी ने कदम बढ़ाया तो नज़रें अम्बरनाथ से मिली थीं। उन नज़रों में वही पुराना दैन्य था। वे हाथ जोड़कर कह रही थीं–'बस खामोश रहना। पिछली बार की तरह ही।'

अम्बरनाथ की आँखों में नमी-सी उभर आयी थी और साथ ही शबरी के विवाह के बाद की पहली बर्फ़ की बारिश की घटना। बर्फ़ शाम को गिरी थी और शबरी की सास ने मुट्ठी भर बर्फ़ शबरी की हथेली पर रखकर कहा था, "नवशीन"। यह संकेत था कि अब तुम्हारे मायके से इस खुशी में उपहार स्वरूप कुछ आना चाहिए। शबरी बेचैन थी। भाइयों को सन्देशा कैसे भिजवाए?

इधर महराजा के सिपाहियों ने अपने रिहायिशी इलाक़े के पास वाली झील के किनारे की ज़मीन का सूबेदार रतनलाल के भाई नन्दलाल को बनाया था। नन्दलाल उस ज़मीन की रखवाली करता था। वहाँ आवारा मवेशियों को आने से रोकता था। साथ ही वहाँ उगाई जाने वाली सब्ज़ियों की निगरानी भी उसी के ज़िम्मे थी। इस काम में उसके मातहत लोग जुटे रहते थे। कभी-कभी जब मवेशियों की तादाद ज़्यादा होती और वे क़ाबू न आ पाते तो नन्दलाल मवेशियों को डराने के लिए सिपाहियों से मिली बन्दूक से हवा में फ़ायर करता था। एक के बाद एक। मवेशियों पर काबू पाने और उन्हें उस इलाक़े से बाहर करने में तो इससे मदद मिलती थी पर यह झील के राजहंसों के लिए बहुत भारी पड़ता था। फ़ायर की आवाज़ से उड़ते हुए कई राजहंस डर के मारे गिर कर मर जाते थे। उन्हें उठाकर नन्दलाल ले आता था। घर में दावत का माहौल होता था। कुछ राजहंस कभी किसी रिश्तेदार तो कभी किसी दोस्त को दे दिये जाते थे।

उस दिन बाहर मौसम की पहली बर्फ़ गिर रही थी और रतनलाल ने टाँगों से पकड़कर उलटे लटके दो राजहंसों के साथ प्रवेश किया था। अम्बरनाथ रतनलाल को देखकर प्रफुल्लित हो खड़ा हो गया, "राजहंस!"

"हाँ ये लो...आज नन्दलाल चार राजहंस लाया था...सोचा दो तुम्हें दे दूँ।

शबरी की ससुराल भी भिजवा सकते हो।"

नन्हें पृथ्वी ने दौड़कर रतनलाल के हाथ से राजहंस लेने चाहे थे। उनकी टाँगे थामते ही उसके मुँह से हल्की चीख-सी निकली, "ओह।" और राजहंस ज़मीन पर गिर गये थे।

"सँभाल यार...इनसे क्या डरना...", कहा था रतनलाल ने। "इन बेचारों में जान ही कितनी होती हैं। ये बेचारे तो डर से ही मर जाते हैं।"

अम्बरनाथ ने तेज़ी से जाकर राजहंस उठा लिए थे और रसोई की ओर चला गया था।

"अरे अरे...क्या करते हो?" रसोई के दरवाज़े पर खड़ी सोमावती ने टोका था। "इन्हें वहाँ ले जाओ नल के पास...साफ़ करके लाना रसोई में।" और अम्बरनाथ लौट चला था नल की ओर।

फिर राजहंस का गोश्त रात में ही पकाया गया था। अम्बरनाथ ने रसोई में जाकर खुद उसे भूना था। पृथ्वी और दुर्गा खुशी से फूले न समा रहे थे।

लगभग डेढ़ राजहंस अलग रखकर शेष गोश्त सबने भात के साथ चटखारे ले-लेकर खाया था।

"भाई जी मज़ा आ गया...आप अच्छा पकाते हैं।" पृथ्वी ने उँगलियाँ चाटते हुए कहा था।

"हाँ हाँ क्यों नहीं," सोमावती बोल उठी थी। "ये तेरे भाई जी ने नहीं तेल ने पकाया है। खुला तेल डालेंगे तो भला क्या अच्छा नहीं बनेगा?" हमेशा की तरह अम्बरनाथ ने इस खट्टे दही की कटोरी को एक तरफ़ कर दिया।

अगले दिन सुबह अम्बरनाथ पहली बर्फ़ की खुशी में वह ज़ायक़ेदार राजहंस का गोश्त लेकर शबरी के ससुराल चला था। रास्ते में उसने दो सेर अखरोट खरीदे कि अकेला राजहंस लेकर जाना भला कहाँ ज़ेब देता है।

शबरी ने अम्बरनाथ को दो-दो थैले उठाये आते देखा तो उसका मन खुशी से झूम उठा था। भाई जी को कैसे पता चला कि अम्मा जी ने मुझे 'नवशीन' कहा था और मैंने मन से चाहा था कि यह ख़बर मायके भिजवाऊँ। उसका जी चाहा था कि जाकर भाई के गले से लग जाए पर ससुराल का लिहाज़ था और अब इधर कुछ सालों से वह ऐसा करने से झेंपने भी लगी थी।

अम्बरनाथ ने राजहंस के गोश्त का भगोना थैले में से निकाल कर कमरे में रखा। साथ ही दूसरा थैला भी टिका दिया—अखरोटों का। कुशल-क्षेम पूछने के बाद शबरी की सास भगोने में से आधे से ज़्यादा गोश्त एक बड़े कटोरे में निकालकर रसोई में ले गयी। फिर दूसरे चक्कर में आधे अखरोट भी अन्दर ले

गयी। रसोई से लौटकर आयी तो अपनी देवरानी को पुकारने लगी, "अरे तारा भाभी आओ...तारा भाभी।"

सामने के कमरे से तारा भाभी प्रकट हुईं। तब शबरी की सास ने भगोने में रखे आधे से कम राजहंस के गोश्त और बचे आधे अखरोटों की ओर इशारा कर कहा, "देखो तो शबरी के मायके से क्या आया है! देखो तो इस भगोनी में केदार जू ने अपना कलेजा भेजा है। बताओ तो ये ज़रा-सा गोश्त किसे खिलाऊँ और किसे बाँटूँ?"

शबरी अम्बरनाथ के पास ही खड़ी थी। गुस्से से अम्बरनाथ की मुट्ठियाँ भिंच गयी थीं। उसने आँखें फाड़कर शबरी की सास और भगोने को घूरा। फिर कुछ कहने ही जा रहा था कि शबरी ने हाथ खींच लिया था। अम्बरनाथ ने कारण जानने के लिए शबरी की तरफ़ देखा तो उसकी कातर आँखें कह रही थीं, "कुछ भी कहना तुम्हें ज़ेब नहीं देता। मुझे मेरे हाल पर छोड़ दो। अब जैसी भी है यही मेरी ज़िन्दगी है।"

शबरी की सास लगातार केदारनाथ को कोसती जा रही थी। अम्बरनाथ खून के घूँट पीकर अपना-सा मुँह लेकर लौट आया था। कैसे भूलता कि यह वही सास है जो शबरी को अपने कपड़े धोने के लिए साबुन नहीं देती है। बाक़ी घर के कपड़े धोने के लिए हिसाब से साबुन देती है। इसलिए कुछ-कुछ समय बाद अपने मैले कपड़ों की पोटली लिए शबरी को साबुन के लिए मायके आना होता है। जहाँ सोमावती मायके वाले ढेर तानों के साथ उसे साबुन पकड़ा कर उपकृत करती हैं।

आज अम्बरनाथ को इस तरह खाली हाथ आता देखकर बुढ़िया का माथा ठनका। ये ठूँठ मूली सा हाथ-पाँव हिलाता क्यों चला आ रहा है? सहन में खड़े-खड़े ही उसने कुछ सँभलकर कहा, "अरे अम्बरनाथ...आज इतनी सुबह कैसे आना हुआ? तुम्हारे घर में सब ठीक तो है?" अम्बरनाथ के मुँह से सिर्फ़ 'शबरी' निकल पाया।

शबरी की सास ने भीतर रसोई की ओर मुँह कर पुकारा, "शबरी...देख तेरा भाई आया है...अम्बरनाथ।" फिर अम्बरनाथ से बोली, "रसोई में है... आओ बैठो।" उसी क्षण उस दिसम्बर की ठंड में फेरन पहने नंगे पाँव शबरी प्रकट हुई। अम्बरनाथ को देखकर उसके चेहरे पर एक गीली-सी मुस्कान उभर आयी। उसे देखते ही अम्बरनाथ को जाने क्या जुनून तारी हुआ कि उसकी बाँह पकड़कर उसे बाहर की ओर घसीटने लगा, "चलो शबरी... चलो।"

"अरे अरे क्या करता है? क्या पगला गया है?" शबरी की सास चिल्लाई।

"चलो....", अम्बरनाथ शबरी को घसीटे लिए जा रहा था।

"भाई जी क्या हुआ? कहाँ ले जा रहे हैं...भाई जी...!" दर्द भरी आवाज़ में कहा शबरी ने क्योंकि उसकी बाँह खिंच रही थी। अम्बरनाथ उसे घसीटता हुआ बाग़ तक ले आया। शबरी की सास पीछे हो ली, "अरे बचाओ बचाओ...मेरी बहू को मार डालेगा ये राक्षस...बचाओ।"

इससे पहले कि समसार चन्द जू के बेटे या भाभी-भाई का परिवार निकलकर आता अम्बरनाथ शबरी को दरवाज़े से बाहर ले आया था। बाहर आकर उसने अपनी गिरफ़्त ढीली की तो शबरी के मुँह से एक आह निकली। अम्बरनाथ ने एक भी क्षण वहाँ ठहरने का जोखिम न उठाते हुए झट शबरी को गोद में उठाया और घोड़े पर लगभग लादते हुए किसी तरह बैठा दिया। फिर उछलकर उसके पीछे खुद बैठा और घोड़े को दौड़ाता हुआ वहाँ से भगा ले गया। अम्बरनाथ और घोड़े ने फिर केदारनाथ के घर आकर साँस ली। रास्ते भर शबरी अम्बरनाथ से इस व्यवहार का कारण पूछती रही थी पर उसे अम्बरनाथ का एक ही जवाब मिला था, "घर चलो...वहीं बात होगी...यहाँ नहीं रहना है तुम्हें।"

सुबह के दस बजे थे। केदारनाथ आज पहली बस से लौट आये थे। घर आकर हुक़्क़े में तम्बाकू न पाया था सो कुछ बेचैन थे। अम्बरनाथ का दूर-दूर तक पता न था। सोमावती ने आग में घी डालते हुए बताया था कि यह तो उसका रोज़ का किस्सा है। हफ़्ते भर वह सुबह से शाम तक अपने दोस्तों के साथ घूमता फिरता है। मैं अकेली घर में मज़दूरी करती रहती हूँ। आज सुबह तम्बाकू लेने क्या निकला कि लौटा ही नहीं!

अब तक अम्बरनाथ की हड़बड़ी जानने के लिए रतनलाल भी केदारनाथ के घर आ चुका था। केदारनाथ ने जब ये सुना कि रतनलाल का घोड़ा लेकर गया है तो उन्हें कुछ बेचैनी हुई। बात क्या है? कहाँ गया होगा? रिफ़ार्मियों के साथ होता तो घोड़े का क्या काम? तो फिर? वे इसी उधेड़बुन में थे कि दरवाज़ा खुला और घोड़े ने सवारों सहित आँगन में प्रवेश किया। "लो आ गया तुम्हारे जिगर का टुकड़ा।" आँगन में नल के पास खड़ी सोमावती ने घोषणा की। केदारनाथ और रतनलाल ने खिड़की का पल्ला खोलकर आँगन में देखा तो अम्बरनाथ शबरी को घोड़े से उतार रहा था। "शबरी यहाँ कैसे?" केदारनाथ के मुँह से खुद-ब-खुद निकल गया। उन्होंने काँगड़ी फ़ेरन में से निकाल कर अलग की और रतनलाल के साथ बाहर आँगन में आये।

घबराई हुई शबरी असमंजस में थी। काँपती बाँहें उसने भाभी के गले में डालीं तो आँखों में आँसू आ गये, "भाभी!" कैसी भी हो भाभी और कैसा भी हो उसका व्यवहार पर वह मायके के नाम से तो जुड़ा था!

"कैसे आयी?" सोमावती ने ऊपरी प्यार दिखाते हुए पूछा।

"मुझे नहीं मालूम...भाभी मुझे कुछ नहीं मालूम।" रिरियाती आवाज़ में उसने कहा।

"शबरी को मैं लाया हूँ।" अम्बरनाथ ने संकल्प भरे स्वर में घोषणा की, "वो अब यहीं रहेगी...इसी घर में।"

"यहीं रहेगी? अरे यहाँ क्यों रहेगी?" शबरी को अलग कर, दो क़दम आगे बढ़ते हुए कहा सोमावती ने, "सौभाग्य-मस्तक है...भरा-पूरा घर-बार है...भला यहाँ क्यों रहेगी?"

"क्योंकि मैं कहता हूँ इसलिए," अम्बरनाथ ने कहा।

"तुम? तुम कब से इतने बड़े हो गये? अभी तुम्हारे गाशा जी के हाथ-पाँव चलते हैं।" सोमावती ने कमर पर हाथ रखकर कहा।

अम्बरनाथ ने भाभी की बात का कोई जवाब न देकर शबरी की ओर देख सख़्ती के साथ कहा, "तुम अन्दर जाओ।" घबराई-सी शबरी अन्दर को चली तो सीढ़ियों के पास बालक पृथ्वीनाथ और नन्हीं दुर्गा उसके फेरन से चिपक गये, "जिगरी...जिगरी।" शबरी उन्हें प्यार से घेर कर अन्दर चली गयी।

केदारनाथ व रतनलाल बाहर आ चुके थे। "रतन भाई आप अपना घोड़ा ले जाइए," कहता हुआ अम्बरनाथ भीतर की ओर जाने लगा तो उसे भाभी की आवाज़ सुनाई दी, "क्या ज़माना आ गया है...सब मनमानी करते हैं...बड़ों से तो कुछ कहने-सुनने की ज़रूरत ही नहीं है। हम तो बस सेवा के लिए हैं। अरे समसार चन्द जू को जवाब तो हमें देना होगा न।"

"तुम खामोश रहो...मैं बात करता हूँ," कहकर केदारनाथ ने सोमावती को आगे कुछ भी कहने से रोका। फिर अम्बरनाथ की ओर पलटकर बोले, "अम्बरनाथ बात क्या है?"

"आप थके होंगे। थोड़ा आराम कर लीजिए फिर बात करेंगे।" कहता हुआ अम्बरनाथ अपने कमरे में ऊपर चला गया और दरवाज़ा भीतर से बन्द कर लिया। रतनलाल ने घोड़े की लगाम कसकर वहाँ से चलने में ही अपनी बेहतरी समझी। केदारनाथ ने सबके सामने खुद को अकेला व असहाय पाया तो भारी क़दमों से भीतर चले। तभी सोमावती की नज़र उठी तो साथ वाले मकान के छज्जे से मुगलानी को अपने घर की ओर ताकते पाया। "सोमावती...," उसने

आवाज़ दबाकर पुकारा, "ये शबरी कैसे आयी?"

"क्या पता...ये तो दोनों भाई ही जानें। मैं तो घर की नौकरानी हूँ... ख़िदमतगार!" सोमावती ने अपना गुबार निकाला।

"अरे छोड़ो ना ये सब...आज आयी है तो कल चली भी जाएगी।" मुगलानी के पास सोमावती को बताने के लिए सनसनीखेज़ और घंटों बतियाने लायक क़िस्सा था सो उसने शबरी की बात को फूँकनी से उड़ा दिया, "तुमने सुना?"

"क्या?"

"नित्यानन्द बता रहा था गली के बाहर वाले कचरे के ढेर के पास आज फिर..."

"क्या फिर?"

मुगलानी को भीतर से सर्वकाक ने पुकारा था, इसलिए क्षण भर को उसका ध्यान क़िस्से से डोल-सा गया। भीतर की ओर मुँह करके "हाँ सुन लिया" कहते हुए उसने फिर सोमावती से बातें शुरू कीं, "अरे पिछली बार की तरह ही कचरे के ढेर के पास कुछ ही घंटों का बच्चा पड़ा मिला। कुत्तों ने फाड़ खाया।"

"क्या!" सोमावती का मुँह खुला का खुला रह गया। "पता चला किसका था?" उसने पूछा।

"ये कैसे पता चलेगा? किसी को पता भी होगा तो मुँह थोड़ी खोलेगा।" मुगलानी ने कहा।

"तुम्हें कब पता चला?"

"आज सुबह ही जब नित्यानन्द रोटी लेने गया था। उसी से सुना।"

"तो अब तक बताया क्यों नहीं?"

"कैसे बताती! नित्यानन्द घर में था। बस वो अभी निकला और मैं छज्जे पर आयी।"

"अरी भागवान कितनी बार कहा है कि दिन में चार-पाँच बार सौंफ चबाया करो। हाज़मा ठीक रहता है। फिर बार-बार छज्जे की तरफ़ नहीं दौड़ना पड़ता।" सर्वकाक की आवाज़ छज्जे तक पहुँची तो मुगलानी ने भीतर की ओर गर्दन मोड़ कर कहा, "हाँ हाँ, तुम्हारे कमरे के छज्जे में क्या आ गयी कि बस...अब ये भी गवारा नहीं? कमरा और रसोई तो अलग किये बैठे ही हो।"

"अरे भई बात ज़रूर करो मगर कुछ सोच-समझकर..."

मुगलानी ने छज्जे से नीचे झाँककर सोमावती से कहा, "दोपहर में बात

करेंगे।" फिर भीतर सर्वकाक की ओर रुख़ कर उनकी बात का व्यंग्य के साथ जबाव दिया उसने, "कैसे बात करनी चाहिए? जैसे तुम करते हो?" मुगलानी उनके छज्जे से अपने कमरे के छज्जे में आयी और फिर अपने कमरे से बाहर आकर साथ सटे सर्वकाक के दरवाज़े पर खड़ी होकर बोली, "सारी दुनिया में कुवाक् के नाम से मशहूर हो और मुझे सिखाते हो!"

"ये वाक-कुवाक् नहीं, ये तो वमन है वमन!" सर्वकाक ने हल्का मुस्कराकर कहा, "जब पेट में दर्द होता है तो ऐसा होता रहता है। नाग केसर का सेवन करो। कहते हैं जैसे आत्मज्ञान अहंकार को दूर करता है वैसे ही नाग केसर वमन को दूर करने का अचूक उपाय है।"

"सुन लिया तुम्हारा उपाय...अपना वैद्यक अपने पास रखो...अपने इसी कमरे में।" पैर पटकती हुई मुगलानी आगे बढ़ गयी।

दिसम्बर के उस सर्द मौसम में लगभग 12 बजे जब प्राय: हल्की गुनगुनी दोपहर का इन्तज़ार रहता है, दोपहर तो पता नहीं उस दिन आयी भी या नहीं, पर जो ख़बर नहीं आनी चाहिए थी वह तो आ ही गयी। वह भी समसार चन्द जू के पड़ोस के एक युवक के हाथों। लगभग दो साल की विवाहिता शबरी के पति समसार चन्द जू नहीं रहे थे। दरवाज़े से ही खबर देकर वह युवक लौट गया था। उसके जाते ही सोमावती ने छाती पीटी जिसे देखकर निर्वाक सहमी शबरी के हाथ-पाँवों से जान निकल गयी और प्राण कहीं गले में अटके रह गये। पृथ्वी और दुर्गा भी सहम कर अपनी जिगरी से अलग हो गये थे।

कुछ देर बाद केदारनाथ के कमरे के कोनों से घर के तीन बड़े सदस्यों ने जैसे अपना-अपना मोर्चा सँभाला। सोमावती रो-रोकर हालात को भला-बुरा कह रही थी जिनका ज़िम्मेदार वह अम्बरनाथ को मानती थी। केदारनाथ कुछ-कुछ देर बार गुस्से से चीख रहे थे और चाहते थे कि अम्बरनाथ शबरी को फ़ौरन वापस लेकर जाए और अपने अहमक़ाना रवैये की उनसे माफ़ी माँगे। अम्बरनाथ एक ज़िद्द के तहत पहले तो ख़ामोश बैठा रहा फिर इस विषय में सारी चर्चा-परिचर्चा, सच्चे-मसनूई संवादों को पार करते हुए उसने अपना एलानिया बयान दे डाला कि दुनिया चाहे कुछ भी सोचे या कहे लेकिन जब तक वह खुद ज़िन्दा है शबरी समसार चन्द जू की देहरी पर क़दम नहीं रखेगी। वह ऐसा हरगिज़ होने नहीं देगा।

"आप कहते हैं आपके हाथ-पाँव हूँ मैं तो काट के अलग कर दीजिए

अपने हाथ पाँव आज," अम्बरनाथ ने ऐसे कहा तो केदारनाथ सक्ते में आ गये। पर सोमावती कहाँ ऐसी बातों के प्रभाव में आने वाली थी। वह बराबर हालात को कोसती रही और शबरी के वापस जाने पर ज़ोर देती रही। भाभी की बातों का कोई सीधा जवाब न दे अम्बरनाथ ने कहा कि घरवाले अगर उसके फ़ैसले से परेशान हैं और उसका साथ नहीं दे सकते तो वह शबरी को लेकर खुद ही कहीं चला जाएगा। इससे केदारनाथ के मुँह पर ऐसा हज़्मी ताला लगा जिसके बन्द होते ही चाबी कहीं गुम हो गयी थी।

समसार चन्द जू के दसवें तक उठते-बैठते अम्बरनाथ को केदारनाथ का गुस्सा और बात-बात में भाभी के तीर सहने पड़ रहे थे पर उसका फ़ैसला अटल रहा। इस अर्से में अम्बरनाथ ने घर की चौखट पार नहीं की। वहीं कुंडली मारे फन को ताने अपनी बात पर अड़ा बैठा रहा। बाहर के जगत से उसके नाते का कदल यानी सेतु आँगन में खड़े होकर नित्यानन्द को आवाज़ लगाकर बुलाना भर था। वह जानता था पर अब मान गया था कि चावल और दोस्त तो पुराने ही अच्छे।

अम्बरनाथ का ऐसा ही पुराना एक दाना* दोस्त था सादिक़ मोहम्मद चौधरी जिसने चौथे दिन अम्बरनाथ के घर का दरवाज़ा खटखटाया। फिर इन्तज़ार न कर वह सदर दरवाज़ा खोला और आँगन में पहुँचकर अम्बरनाथ को आवाज़ लगाई। केदारनाथ ने नीचे वाले कमरे की खिड़की से झाँका और सादिक़ से कुछ अफ़सुर्दा लहजे में कहा, "ऊपर चले जाओ...अपने कमरे में ही होगा।"

केदारनाथ की आवाज़ पर सादिक़ ने चाहा कि अम्बरनाथ के पास ऊपर न जाकर पहले उसके भाई के पास जाए और दो शब्द मातम-पुर्सी के कहे। इस घर में बचपन से आते-जाते रहने के बावजूद उसने केदारनाथ से दुआ-सलाम से आगे बढ़कर कभी बात की ही न थी। सो आज भी हिम्मत न बँधी। उसने सीढ़ियों की राह ली। अम्बरनाथ के कमरे के दरवाज़े पर पहुँचते ही भीतर नज़र पड़ी। अम्बरनाथ 'मार्त्तण्ड' अखबार के पुराने अंक का एक वर्क़ लिए बैठा था जिसे शायद वह ऊपर से नीचे तक कई बार पढ़ चुका था। सादिक़ को देखते ही उसके चेहरे पर कई भाव एक साथ आये और गये। जी ने चाहा था कि अपने बचपन के दोस्त के शाने पर सिर रखकर ज़ार-ज़ार रोये और पूछे कि ये क्या हो गया, क्यों हो गया! कुछ ऐसा भी महसूस हुआ जैसे किसी अनजान शहर में अचानक अपनी गली का कोई अज़ीज़ मिल गया हो। पर साथ ही एक दुविधा

*बुद्धिमान

भी थी। उसे नहीं मालूम था कि घर के इन हालात को मद्देनज़र रख सादिक़ उसके बारे में क्या सोचता हुआ आया होगा।

सादिक़ ने अम्बरनाथ के चेहरे की धूप-छाँव बहुत जल्दी भाँप ली। फ़ौरन जूते उतारे और कमरे में दाखिल हुआ। अम्बरनाथ के पास बैठकर उसके घुटने पर हाथ रखकर बोला, "नित्यानन्द कल मिला था। गज़ब हो गया! क्या क़िस्मत लेकर आयी है हमारी बहन! इस ज़रा सी उम्र में ...क्या अज़ाब* है!"

"सादिक़ तुम आ गये बहुत अच्छा किया। मैं तो रो भी नहीं पाया हूँ। शबरी को देखता हूँ तो...समझ नहीं पाता कि क्या कर डालूँ...ऐसा क्यों हुआ... ऐसा क्यों हुआ?" अम्बरनाथ का गला रुँध गया, "जी चाहता है अपना फेरन फाड़ डालूँ...सिर के बाल नोच लूँ...", उससे आगे बोला न गया।

"अम्बरनाथ...," सादिक़ ने उसका कन्धा दबाया, "हिम्मत रखो अम्बरनाथ...ऊपर वाले पर भरोसा रखो...वो सबके बारे में सोचता है।"

"हाँ बस हमारे बारे में ही नहीं...बेचारी शबरी ने क्या बिगाड़ा था उसका? पहले तो ऐसी बेमेल शादी करवाई और अब..." अम्बरनाथ ने मन ही मन सोचा कि हमारे परिवार की ओर नज़र पड़ते ही जाने क्यों परमात्मा गूँगा-बहरा हो जाता होगा!

सादिक़ की आँखें भी भर आयी थीं, "हिम्मत मत हारो...ठीक तो नहीं हुआ ये...पर उसके खेल वही जाने।" फिर कुछ क्षण की खामोशी के बाद कहा उसने, "दिन पूरे हो जाएँ तो मेरी तरफ़ आना।"

अम्बरनाथ ने बात समझने के अन्दाज़ में सादिक़ की ओर देखा तो उसने कहा, "आईने में अपना चेहरा देखो...तीन-चार दिन में क्या हाल हो गया है तुम्हारा! मैं समझ सकता हूँ दोस्त मगर अपना ख़याल रखो। मेरे लायक़ कोई ख़िदमत हो तो आधी रात को भी हाज़िर हूँ।"

कुछ ही देर बाद सादिक़ ने उठते हुए कहा, "चलता हूँ...लोगों के आने का वक़्त है।" और बाहर निकल गया।

वह जूते पहन रहा था तो अम्बरनाथ ने उसे देखते हुए मन ही मन सोचा–यहाँ कौन आने वाला है भला! मेरा तो सब बहिष्कार-सा किये बैठे हैं। जो आते हैं भाभी या गाशा जी से मिलकर चले जाते हैं। मातमपुर्सी कम और हमदर्दी की आड़ में पूछताछ का दफ़्तर-सा खुल जाता है जिसका नज़ला फिर मुझ पर ही गिरता है।

---

*यातना

सारे बाण अपनी ही छाती पर झेलकर अम्बरनाथ शबरी के लिए ढाल बना हुआ था। नीचे के जिन कमरों में लोगों का आना-जाना होता वहाँ से उसने शबरी को पूरी तरह से काट कर रखा था। शबरी को ताक़ीद थी कि वह ऊपर ही रहे। यों भी दिन अच्छे न होने की वजह से रसोई से तो शबरी का कोई नाता था ही नहीं।

शबरी अम्बरनाथ के इस अप्रत्याशित व्यवहार से हैरान-परेशान थी और अपनी हालत से सहमी हुई। इतनी तनाव-खिंचाव भरी हवा इस घर में उसने पहली बार देखी थी। इस माहौल में वह कुछ ताक़ीद और कुछ खुद-ब-खुद अपनी विपदा के तहत पृथ्वी और दुर्गा तक ही महदूद हो गयी थी। कमरे से बाहर निकलती तो भाभी की आवाज़ पर भी काँप जाती थी। बच्चों के इसरार पर उनसे थोड़ी-बहुत बातें करना और रोते रहना ही उसके हिस्से में आया।

इस बीच एक दिन सुबह-सुबह शबरी ने धीरे से अम्बरनाथ के कमरे का कपाट खोला। अम्बरनाथ प्राणायाम में व्यस्त था। शबरी ने प्रवेश किया और पट बन्द कर दिये कि कहीं भाभी न आ जाए। उसके आते ही अम्बरनाथ ने प्राणायाम छोड़ गर्दन ऊँची करके उसकी ओर ठहरकर देखा। ये वह शबरी नहीं थी जिसे उसने आज तक देखा-जाना था। शबरी ने अम्बरनाथ का पुराना घिसा हुआ मटमैला-सा फेरन पहन रखा था जो उसके लिए कुछ ज़्यादा ही लम्बा था। फेरन की जेबें लटककर झूल-सी रही थीं। अम्बरनाथ को लगा कि वे घिसी-फटी झूलती जेबें निर्वाक शबरी की ओर से दया की भीख माँग रही हैं। शबरी के फेरन के उस मटमैलेपन ने अम्बरनाथ के सारे वजूद को गहरी उदासी से ढँक लिया। शबरी पास ही बैठ गयी। उसने सिर पर एक काले रंग का शाल ओढ़ रखा था। आँखें और नाक रो-रोकर लाल हो चुकी थीं। पलकें यह सोचकर कुछ इतनी भारी हो चुकी थीं कि शबरी के जीवन का समस्त दुख-भार अब उन्हें ही ढोना है! अम्बरनाथ ने उसके सिर पर हाथ रखा तो शबरी के आँसू नियन्त्रण खो बैठे।

"सब्र कर...हम लोग तो हैं।" भर्राए गले से अम्बरनाथ ने कहा। कुछ क्षण बाद खुद को सँभालकर शबरी बोली, "वो तो है पर...।" उसके शब्द भारी गर्म साँसों में दब-से गये।

"पर क्या?" अम्बरनाथ ने पूछा।

"सोचती हूँ, " कमज़ोर आवाज़ में शबरी कह रही थी, "मुझे एक बार जाना चाहिए।" अम्बरनाथ ने शबरी के सिर से हाथ हटा लिया।

"कहाँ जाना चाहती है?" उसके सवाल में ज़रा सख्ती थी।

"घर...", आँसू पोंछते हुए कहा शबरी ने।

"वहाँ जाकर फिर कभी लौट नहीं पाएगी, ये सोचा है तूने? एक बार तो उठा लाया पर बार-बार नहीं हो पाएगा।" एक ही साँस में कह गया था अम्बरनाथ। कुछ क्षण कमरे में खामोशी रही। फिर अम्बरनाथ के स्वर में ज़रा नर्मी उभरी, "तू अब ऐसी बच्ची नहीं है। ज़रा सोचकर देख...समसार चन्द जू के बाद उस घर में तेरा क्या हश्र होगा! उनके रहते भी तू कौन-सी वहाँ सुखी थी पर अब तो नौकरानी से बदतर हालत हो जाएगी तेरी।"

"पर है तो अब वही मेरा घर।" भारी-भीगी पलकें झुकाए शबरी ने हौले-से कहा।

"हाँ...घर!" दर्द भरी आवाज़ में जवाब अम्बरनाथ के दिल से निकला था, "जिसमें दाखिल होने के एक महीने के अन्दर तूने मुझे खिड़की से अपनी हथेलियाँ दिखाईं थीं।" शबरी ने पलकें उठाईं और आँखें फैलाकर उसे देखा।

"एक बार रैनावारी में ही क्रालयार की तरफ़ गया था अपने दोस्त से मिलने। सोचा तेरा घर वहीं है...पास से गुज़रूँ। जब तेरी गली में पहुँचा और ऊपर की ओर नज़र उठाकर देखा तो अचानक पहली मंजिल का पर्दा हिला। तूने मुझे देख लिया था और फिर खिड़की से झाँका भी था। याद है उस वक्त तूने मुझे अपने फफोलों से भरे हाथ दिखाए थे।" फिर उसने मानो खुद से कहा, "ओह मेहँदी की जगह वहाँ छाले थे!"

"कब की बात लेकर बैठे हैं आप!" ये बीता दुख शबरी को खींचता हुआ कहीं पीछे लिए जा रहा था।

"मुझे तो कल की-सी बात लगती है।" उसने अम्बरनाथ को बोलते सुना और फिर मानो कहीं दूर से बोली, "हाँ अष्टमी का दिन था। घर में अम्मा जी पूरे कुनबे के लिए ढेर खीर बना रही थीं। मैं बाहर से बर्तन माँजकर उन्हें रखने रसोई में आयी तो मुझे देखते ही अम्मा जी बोली थीं-'अब पहले खीर सँभाल... मैं आती हूँ।' मैंने चूल्हे की ओर देखा तो खीर में तेज़ उफान आने वाला था। मँजे बर्तन झट नीचे रख मैं चूल्हे की ओर दौड़ी मगर खीर से भरा इतना बड़ा भगोना उठाने के लिए मेरे पास में कोई कपड़ा न था। अचानक मेरे मुँह से निकल गया कि 'इतना बड़ा भगोना कैसे उठाऊँ!' फिर भी मैं अपने फेरन की आस्तीन से उसे उठाने का सोच ही रही थी कि अम्मा जी आँखें लाल किये लपकती हुई आयीं और बोलीं-'मरी तेरी ज़बान को जलता कोयला लगे...मेरे खानदान को नज़र लगती है! आ मैं तुझे सिखाती हूँ भगोना कैसे उतारते हैं', और फिर..." शबरी ने एक लम्बी साँस लेकर डूबे स्वर में कहा, "मेरे दोनों

हाथ पकड़कर उस भभकते-उफनते भगोने के दोनों तरफ़ चिपका दिये थे उन्होंने।" शबरी ने अपने हाथ देखकर आगे कहा, "मैं बिलबिलाकर चीख उठी थी।" अम्बरनाथ ने उसके दोनों हाथों पर अपने हाथ ऐसे रखे मानों वहाँ आज भी वही पुराने फफोले हों और वो मरहम लगा रहा हो, "शबरी!"

शबरी अपने हाथ धीमे से वापस ले आयी पर खुद को न ला सकी, "जो अब नहीं है उसकी बुराई क्या करना पर...तभी मैंने उनके फेरन की झलक-सी देखी थी वहाँ से गुज़रती हुई। मगर न वो रुके थे न उन्होंने मुड़कर देखा था। जब बाद में मैंने उनसे कहा था कि देखिए मेरे हाथों में क्या हुआ तो उन्होंने फफोले देख दूसरी ओर मुँह फेरकर कहा था–'फूहड़पन से काम करोगी तो ऐसा ही होगा। घर के काम करने का सलीक़ा सीखो।' मैं क्या कहती? कह ही क्या सकती थी!"

"बस बस...अब आगे रहने दे।" अम्बरनाथ ने शबरी को रोक दिया। "भूल जा उन फफोलों को," स्नेह के साथ उसने आगे कहा। "उस नरक में जाने के बारे में अब मत सोच। घबरा मत। तू अकेली नहीं है मेरी बहना...मैं तेरे साथ हूँ। आखिरी दम तक तेरे साथ हूँ। शम्भू की कृपा हुई तो तुझे ऐसी बना दूँगा कि तुझे मेरी भी ज़रूरत न रहे।" यह कहते हुए अम्बरनाथ ने उसके कन्धे पर हाथ रख दिया।

इतने अपनत्व व स्नेह के लिए शबरी की जेबें नाकाफ़ी थीं। उन्हें बटोर कर कहाँ रखती और कैसे छिपाती! इस बार शबरी की आँखों से गर्म बूँदों की शक्ल में जो आर्द्रता बह निकली उसे क्या कहा जाए? ये शायद आँसू नहीं थे। बिन माँ-बाप, बिन पति की शबरी की ओर से अपने भाई के स्नेह का आभारस्वरूप प्रतिदान था।

समसार चन्द जू की शातिर माँ ने अपनी तरफ़ से तुरुप चाल चली थी। सोचा था पड़ोस के युवक के हाथ पैगाम भिजवाकर खामोश रहूँगी। ऐसे मौक़े पर शबरी का वही राक्षस भाई उसे वापस लेकर आने को मजबूर होगा। एक बार अपने घेरे में आ जाए शबरी तब देखूँगी कैसे दखल देंगे उसके मायके वाले हमारे मामलों में। उसे यह भी लगा था कि पैग़ाम मिलने पर खुद ही दौड़ी चली आएगी शबरी। समसार चन्द जू के बेटों के कहने के बावजूद उन्हें या किसी सम्बन्धी को वहाँ शबरी को लेने जाने की मनाही रही। इधर अम्बरनाथ के फ़ैसले को उसकी इस चाल से बल ही मिला। कुबड़े को मारी गयी लात उसके सौभाग्य से उसकी दवा साबित हुई।

मोहल्ले के ऐसे बुजुर्ग जो अपने ज़माने के सुधारवादी आन्दोलन के समर्थक होने की वजह से रिफ़ार्मी कहलाते थे उन्हें भी अम्बरनाथ की इतनी

सीना-ज़ोरी नागवार गुज़री। उन्हें यह धड़का हुआ कि ऐसी धर्म विरोधी गतिविधियाँ उनके आन्दोलन को कलंकित न कर दें। इस सम्बन्ध में उन्होंने केदारनाथ से बात की तो उनका जवाब सुन हैरान हुए, "मैं तो खुद ही मरा पड़ा हूँ क्या कहूँ! मेरे हाथ में है ही क्या?"

"सप्रू साहब के बाद अब तुम ही घर के मुखिया हो...", एक बुजुर्ग का जवाब था।

"हाँ हाँ दस्तार सिर पर ज़रूर रखता हूँ पर यह देह ठूँठ से ज़्यादा कुछ नहीं है," केदारनाथ ने झल्लाए स्वर में कहा था।

"मगर उसे समझाना तो तुम्हें ही होगा।" उनका इसरार था।

"हाथों से निकल चुका है...किसकी सुनता है? जाने क्या सोचकर बहन को उठा लाया? आख़िर तो वही उसका घर है। मैं तो हार चुका। आप समझा सकें तो समझाइए।"

केदारनाथ ने अपने मजबूर हाथ झाड़े तो मोहल्ले के बुजुर्गों ने अम्बरनाथ को अपने ढंग से समझाने के लिए कमर कसी। सारी ऊँच-नीच समझाई पर न जाने अम्बरनाथ पर कैसा सहर-सा तारी हो गया था कि वह अपने फ़ैसले से टस से मस न हुआ। केदारनाथ के परिवार को उसकी अपनी क़िस्मत पर छोड़कर आखिर वे लोग लौट गये। धीरे-धीरे अम्बरनाथ का फ़ैसला लोगों की आदत में शुमार हो गया। घटनाचक्र भी कुछ ऐसा था कि जैसे-जैसे दिन बीतते गये शबरी का ससुराल लौटना धीरे-धीरे अर्थहीन होता चला गया।

अलबत्ता समसार चन्द जू के दसवें पर संस्कारी केदारनाथ और संसारी सोमावती की राय एक-दूसरे से मिली जिसके फलस्वरूप केदारनाथ घर में कोई विज्ञप्ति जारी किये बिना ही सुबह-सुबह पिंडदान के समय घाट पर पहुँच गये। सोमावती को उम्मीद थी कि बिरादरी के कुछ वयोवृद्ध लोग शबरी को घर वापस ले जाने की चर्चा छेड़ेंगे और केदारनाथ दबाव में आकर अम्बरनाथ की ओर से क्षमा माँग कर शबरी को वापस ले जाने की सहमति दे आएँगे पर केदारनाथ जिन क़दमों से गये थे उन्हीं से लौट आये। रोते गये और मरों की खबर लाए की तर्ज़ पर।

उनके इस तरह घर लौटने पर सोमावती ने अब इस बात पर विश्वास कर ही लिया कि शबरी अब सारी ज़िन्दगी उन्हीं की छाती पर सवार रहेगी। एक दिन मेहमान, दो दिन मेहमान, तीसरे दिन बला-ए-जान! लोक-लाज, रीति-रिवाज और पृथ्वी-दुर्गा के आइन्दा साल-सब उसकी आँखों के सामने घूम गये। घबराहट, परेशानी और झुँझलाहट सब एकाकार हो उसकी छाती में

बगूला बनकर घुमड़ने लगे। इस मामले में उसकी एक न चली थी। तब से केदारनाथ काम पर भी नहीं गये थे पर उसके फेंटे में भी नहीं आये थे।

उसका व्यक्तित्व अंगूर की बेल की ऐंठन-सा था। इस कलियुग में जब सभी ओर त्राहि-त्राहि वाली अनहोनियाँ हो रही थीं तो भला अंगूर की यह ऐंठन कैसे बनी रहती! अब उसकी हार ने ऐंठन का दम निकाल दिया था। इधर ऐंठन का दम निकला उधर सोमावती पर दमे का हमला हुआ। उसी रात उसे हमेशा की तरह बदलते मौसम में होने वाले दमे का-सा कुछ ज़्यादा ही दमदार दौरा पड़ गया। सोमावती की समझ में आ गया था कि इस बार मौसम का यह बदलाव शायद स्थायी ही होगा। इससे उसकी साँस की नली धौंकनी की-सी आवाज़ें करने लगी थी।

बीमारी के दौरान सप्ताह भर सर्वकाक की दवा के साथ काँगड़ी और रज़ाई का सुख उसे दो वर्षों बाद अब मयस्सर हुआ था। जब से शबरी ब्याह कर गयी थी बीमारी में भी उसे ही अकेले खटना होता था। इस बार घर और रसोई फ़ौरन शबरी ने सँभाल ली थी सो उसे कुछ आराम मिला। ऐसे में सोमावती ने पिछले कुछ दिनों से जाग्रत अपनी सामाजिक और नैतिक चेतना को अपने मोटे गद्दों के नीचे दबा दिया और हालात से समझौता कर अपने घर के कामों में शबरी को झोंक दिया। घर में शबरी की जगह बनने लगी।

समसार चन्द जू का बारहवाँ जैसे-तैसे निपटा तो अम्बरनाथ ने लगभग दो सप्ताह बाद घर से बाहर पाँव निकाला। नित्यानन्द के साथ वह अपने कुछ साथियों से मिला। शाम को वापस आकर सीढ़ियाँ चढ़ रहा था तो उसे शबरी के कमरे से शबरी की आवाज़ सुनाई दी –

छोटे-मोटे तारो आओ

छोड़ के नभ अब उतर भी आओ।*

उसके पाँव ठिठक गये। शबरी दुर्गा को लोरी सुनाकर सुला रही थी शायद। उसने मन ही मन गुनगुनाया 'छोड़ के नभ अब उतर भी आओ'। अचानक उसे लगा उसके पाँव, उसकी देह, उसका मन बहुत हल्के हो गये हैं। शबरी की आवाज़ ने उनका भार हर लिया था शायद। समाज की नज़रों से खुद को देखता था तो परेशान हो जाता था। वहाँ एक मरा हुआ शख़्स दिखाई देता था या कोई दुरदुराया हुआ नीम अन्धा – नीम गूँगा, माजूर◆। शबरी की

---

*लौकटे मौकटे तारको/त्राव नभ वौल यूरि वस।

◆विवश

इस जीवन की ओर लौटती आवाज़ से उसे लगा कि उसकी बीनाई बढ़ रही है। उसकी सुनने की ताक़त भी बढ़ रही है। उसकी देह में प्राण बाकी हैं। उसने क़दम आगे कमरे की ओर बढ़ाए। एक लड़ाई वह जीत चुका था। पर अभी तो उसे शबरी के लिए नभ से तारे लाने थे और वे तारे वह लाकर रहेगा। यह सोचता हुआ अपने कमरे में एक मोटा कम्बल ओढ़कर वह लगभग दो सप्ताह बाद चैन से ऐसे सोया मानो नाग-निद्रा में हो। किसका भोजन, कैसा भोजन! फिर वह अगले दिन कब जगा—क्या खबर!

केदारनाथ के मोहल्ले और रैनावारी में कुछ समय तक लोग समसार चन्द जू के अकस्मात निधन के बाद मातम में भी शबरी के ससुराल में मौजूद न होने और अम्बरनाथ के व्यवहार को लेकर कानाफूसी करते रहे। मगर कितने दिन करते? समाज दरअसल एक छोटे बच्चे की मानिन्द है जो कुछ दिन एक खिलौने से खेलता है फिर उसका जी उससे भर जाता है। बहुत जल्द वह अपने लिए कोई दूसरा खिलौना ढूँढ़ लेता है!

अम्बरनाथ ने दूसरी मंज़िल के छज्जे से गली में झाँका तो दूर एक मज़दूर सिर पर दो-तीन वगुव* लेकर जाता दिखाई दिया। जाने क्यों उसने उस मज़दूर को ठहरकर देखा तो उसे लगा मानो फूसवाली छत का कोई छोटा-मोटा मकान चला जा रहा हो। उसी क्षण उसे महसूस हुआ कि उसके सिर पर भी गोल-गोल लिपटा हुआ एक वगुव रखा है! वगुव एक बार सिर पर उठाना तो आसान है पर ये मज़दूर उसे लेकर चलेगा और फिर गन्तव्य तक भी पहुँचाएगा। यही वगुव फिर जाने कितनों की ज़मीन बनता है।

अम्बरनाथ पहली मंज़िल पर अपने कमरे में गया और कपड़े बदलने लगा। आज उसे कई दिन बाद बन्धु जी से मिलना है। अपने मोहल्ले में घर-घर से प्राप्त होने वाले 'मुट्ठी भर चावल' के भंडार और धनराशि में हो रही लगातार प्रगति के बारे में बैठक में विशेष तौर पर बताना है। इस चावल और धनराशि को उन्होंने इस बार पहले से कहीं ज़्यादा असहाय विधवाओं, अपंगों और गरीबों में बाँटा है।

बन्धु जी से मिलने के उत्साह में उसने तेज़ी से फेरन उतारा। अन्दर पहले ऊनी कपड़ों पर एक कमीज़ पहनी और टाँगों में तंग पायजामा। हाथ अब तेज़ी

---

*फ़र्श पर बिछाई जाने वाली विशेष घास की एक प्रकार की चटाई

से पैरों को मोज़े पहनाने लगे। जूते वह पहले ही साफ़ कर चुका था। सिर पर टोपी पहनी। बन्धु जी ने उसके क्या समस्त श्रीनगर के जीवन में उत्साह की लहर-सी भर दी थी।

कश्मीर के पुलवामा ज़िले के गेरु गाँव में जन्मे बन्धु जी बहुत पहले अपने जन्मजात ताराचन्द नाम से शजराकश के रूप में ज़मीन के नक़्शे बनाने का काम करते थे। तब भला किसने सोचा था कि कुछ साल बाद वे कश्मीरी समाज का नक़्शा बनाएँगे और जाने कितने अम्बरनाथों को अपने जीवन में समाज की बेहतरी के लिए कुछ करने का मक़सद देंगे। ताराचन्द नाम से लाहौर जाने वाले बन्धु जी 'कश्यप बन्धु' नाम से जब 1931 में अपनी मातृभूमि पर लौटे तो वे एक भिन्न व्यक्तित्व थे। अब वे 'बुलबुल' उपनाम से उर्दू में शायरी भी करते थे।

कश्मीर में जब वे शजराकश थे उन दिनों तहसीलदार कभी शाम को अगर गाँव की राह से घोड़े पर गुज़रता था तो मजबूर देहातियों को अपने उस आक़ा की सुविधा के लिए अपनी घास के गट्ठर जलाकर रोशनी करनी पड़ती थी। और वही तहसीलदार बन्धु जी को कभी समय पर वेतन नहीं देता था। उस तहसीलदार की नाक़ाबिले बर्दाश्त सख्तियों और अन्याय को लोग बर्दाश्त करने को मजबूर थे। पर लाहौर से लौटने के बाद बन्धु जी ऐसे असंख्य अन्यायों के ख़िलाफ़ आवाज़ उठाने और लोगों को एकजुट करने की हिम्मत रखते थे।

लाहौर में उन्हें मिले 'कश्यप बन्धु' नाम में कश्मीर ही धड़कता था क्योंकि मिथकीय आख्यानों के अनुसार कश्मीर को कश्यप ऋषि ने बसाया था। लाहौर में बन्धु जी आर्य समाज की सुधारवादी प्रवृत्ति से प्रभावित हुए तो देश की आज़ादी के आन्दोलन में शरीक होकर भगत सिंह की पार्टी में भी शामिल हुए। सैंडर्स केस में उन्हें वहाँ जेल भी हुई थी।

अम्बरनाथ ने कहीं यह भी पढ़ा था कि बन्धु जी ने लाहौर में 'कश्मीरी मज़दूर बोर्ड' की स्थापना की थी। इस बोर्ड के एक अधिवेशन में उन्होंने पंडित मोतीलाल नेहरू को भी बुलाया था। मोतीलाल जी आये थे और उन्होंने कश्मीरियों के हक़ में भाषण भी दिया था। इन सब बातों का अम्बरनाथ पर बहुत अधिक प्रभाव था क्योंकि हिन्दुस्तान की आज़ादी की लड़ाई के सिलसिले में वह महात्मा गांधी, जवाहरलाल नेहरू और उनके पिता मोतीलाल नेहरू के नामों से अब अच्छी तरह वाक़िफ़ था।

खादी की धोती, कुर्त्ता, वास्कट और शाल धारण किये हुए लम्बे, गठी देह वाले कश्यप बन्धु को बोलते सुनना उसके लिए स्वर्गिक आनन्द था।

उनका एक-एक शब्द कानों के रास्ते अम्बरनाथ के भीतर जाकर अनुगूँज बन जाता था। कुछ शब्दों ने तो उसके भीतर एक मुस्तक़िल जगह बना ली है–'नाकामियाँ सामने आएँ तो उनका मुक़ाबला करो और इस बात का दिल में यक़ीन रखो कि ये नाकामियाँ ज़िन्दगी के बिस्यार* क़दमों में तुम्हें जकड़े रखेंगी। तुम्हारा पीछा करेंगी। जिस वक्त इन्हें पता लग जाएगा कि तुम्हारी क़ुव्वते बर्दाश्त◆ इनकी ताकत से कहीं ज़्यादा है तो ये खुद-ब-खुद तुम्हें छोड़ कर चली जाएँगी।'

जब से बन्धु जी ने लड़कियों की शिक्षा, विधवाओं के पुनर्विवाह, दहेज-निषेध, उत्सवों पर कम से कम खर्च की मुहिम चलाई थी कश्मीर में यहाँ-वहाँ, घर-चौराहों पर उनकी या उनके कामों की ही चर्चा थी। रीझकर या खीझकर बस उन्हीं का ज़िक्र करने को मजबूर थे लोग। गरीबों के दिलों में जगह थी बन्धु जी की। और बन्धु जी? उनके लिए तो गरीबों-मजबूरों का दर्द उनकी अपनी फटी बिवाई बन जाता था। बचपन में भूख लगने पर चावल का माँड़ पीकर मन को समझा लेने वाले बन्धु जी ग़ुरबत की क़ुरबत• में रहे थे। इसलिए उसे बहुत करीब से देखा-जाना था। अम्बरनाथ के लिए कश्यप बन्धु का दूसरा नाम था 'सोशल रिफ़ार्म ज़िन्दाबाद'।

समसार चन्द जू के देहान्त के बाद बारह दिनों तक घर और मन के कारागारों में बन्दी रहकर उसने घंटों बन्धु जी से बातें करने का तसव्वुर किया था। जब वह हालात के हाथों पस्त होकर उदास हो जाता तो उसे लगता कि बन्धु जी दरवाज़े पर खड़े कह रहे हैं, 'मायूसी को अपने क़ुव्वते इरादे○ के महल में मत आने दो। दुनिया में एक बदतरीन बदमाश को माफ़ किया जा सकता है लेकिन एक मायूस आदमी को माफ़ करना गुनाह है।' उन्हीं दिनों एक बार जब भोजन करते समय समाज के दबाव के बारे में कुछ सोचते हुए उसका हाथ रुक गया था तो अम्बरनाथ को लगा था कि बन्धु जी कन्धे पर हाथ रखकर कह रहे हैं, 'मूर्ख तुम्हें शेर बनना है। यह गीदड़ों जैसी बातें क्यों करते हो! अगर सिफ़ते ज़माना❖ मुवाफ़िक नहीं तो यह कौन सी अफ़सोस की बात है! बहादुर आज़माइश की कड़ी मंज़िलों से गुज़रते हैं। दुनिया की आज़माइशें डरपोक, बुज़दिलों और कायरों के लिए नहीं हुआ करतीं। सख़्त आज़माइश होती है उनके

---

*असंख्य ◆बर्दाश्त करने की शक्ति

•सान्निध्य ○संकल्प शक्ति ❖ज़माने के लक्षण

लिए जिन्होंने कान पकड़कर ज़माने को अपने पीछे चलाना है।' पर उन दिनों भी वह सोचा करता था कि शबरी को यूँ उठा लाने और फिर वापस न भेजने की ज़िद के बारे में सुनकर बन्धु जी क्या कहेंगे। अम्बरनाथ के भीतर कहीं रह-रहकर डर की सर्द हवाओं का झोंका सरसरा जाता।

कुछ हद तक उसका डर सही निकला। बन्धु जी ने पूरे ध्यान से उसकी बात सुनकर उसे नसीहत दी थी कि रिफ़ार्म की ये मूवमेंट चलाने वाले नौजवानों को यह याद रखना होगा कि बिना सोचे-समझे जज़्बात की रौ में बहना और आवेश में आना जीवन और मूवमेंट दोनों के लिए मुज़िर• है। हम लोगों को ऐसा कुछ भी नहीं करना चाहिए कि लोग हम पर उँगली उठा सकें। हम समाज को तोड़ने की नहीं उसे बेहतर बनाने की कोशिश में लगे हैं। उसको कमज़ोर बनाना हमारा मक़सद नहीं है। लेकिन चूँकि तुम्हारी हमशीरा○ तुम्हारे ज़ेरे असर❖ है तो अब उसकी बहबूदी** के बारे में सोचना तुम्हारा फ़र्ज़ है।

आज अम्बरनाथ अपने उन्हीं बन्धु जी से शबरी के भविष्य के बारे में सलाह करेगा। दो साल हो चुके हैं। उन्हीं की सलाह से उसने शबरी को घर में फिर से पढ़ाना शुरू किया है। जीवन का सिद्धान्त है कि निर्वात अधिक देर कहीं नहीं रहता। पढ़ाई का अभ्यास भी शबरी की ज़िन्दगी की ख़ला को ताज़ा हवा से भरने में मदद दे रहा था।

नित्यानन्द जब पृथ्वी और दुर्गा को पढ़ाने आता तो शबरी कभी कहवा तो कभी क्षीर चाय◆ लेकर वहाँ आती। चाय एक शिष्टाचार से कहीं अधिक बहाना होता था क्योंकि वह अब पृथ्वी की उर्दू और अंग्रेज़ी की पढ़ाई में भी दिलचस्पी लेने लगी थी। पर अम्बरनाथ शबरी के लिए कुछ ऐसा काम भी चाहता था कि शबरी अपने अतीत से पूरी तरह उबरे और अपना आप उसे बेकार-बेवजह न लगे। वह इस बात का ख़याल रखता था कि वह किताबों, कामों और बच्चों से घिरी रहे। कभी-कभी शबरी को घर के किसी कोने में अकेला अपने भीतर खोया हुआ-सा पाता तो शबरी के चेहरे और सूने माथे पर खिंची अवसाद की रेखाएँ देख सहम जाता। उसे लगता वह खुद अपने आपको और अपनी ज़िन्दगी को कोस रही है। पर किताबों की ओर राग़िब होने से शबरी के भीतर किसी दर्रे में साँस लेती ललद्यद के भाव धीरे-धीरे फिर प्रकट होने लगे थे। खुद शबरी के शब्दों का जामा पहने–

•हानिकारक ○बहन ❖प्रभाव में **कल्याण

◆दूध वाली नमकीन चाय

भव-सागर से पार उतरना
कच्ची है डोरी मेरी।
कच्चे घट में जल हूँ भरती
हैं प्रयास ये व्यर्थ सभी
कर्म-पथ के बोझ से
हूँ मुक्ति की आकांक्षिणी
माया-सर धँसी मेरी तरी
मैं तो तेरी लल्लेश्वरी।

खुद अम्बरनाथ की अपनी ज़िन्दगी में भी सही दिशा बन्धु जी की ही दी हुई थी। अब वह बन्धु जी के अखबार 'मार्त्तण्ड' के लिए खबरें बटोरता था और छोटे-मोटे लेख लिखता था।

अम्बरनाथ ने बन्धु जी से मुलाक़ात कर शबरी का ज़िक्र छेड़ा तो उन्होंने छूटते ही पूछा, "धोती पहनने लगी है कि अभी वही दक़ियानूसी फेरन...?" क्या जवाब देता? वह निर्वाक हो गया। कैसे कहता कि घर से बाहर की महिलाओं को फेरन छोड़कर धोती या शलवार-कमीज़ अपनाने के आग्रह की मुहिम में दिलो जान से लगा है पर खुद उसके घर के आँगन में अब तक फेरनों के ही अम्बार हैं। बन्धु जी को उसका निःशब्द उत्तर समझते देर न लगी थी। उन्होंने उसके कन्धे पर हाथ रखकर कहा था कि 'बरखुरदार दूसरों को नसीहत देना आसान काम है पर सच्चा बदलाव वह होता है जो खुद अपने से और अपने घर से शुरू हो।'

'मार्त्तण्ड' से कुछ पैसे लेकर अम्बरनाथ ने घर लौटते हुए शबरी के लिए हल्के नीले रंग की किनारीदार एक सूती धोती खरीदी तो दुकानदार ने सवाल किया, "जम्पर-पेटीकोट का कपड़ा भी दे दूँ क्या?" इस सवाल ने अम्बरनाथ को असमंजस में डाल दिया। उसने दुकानदार से कहा, "इसके साथ जो भी होता हो दे दो।"

अम्बरनाथ से मिला धोती वाला पैकेट शबरी ने सोमावती से छिपा कर रखा। उसे दिखाने और फेरन छोड़ धोती अपनाने का ज़िक्र करने की हिम्मत कहाँ से लाती! पर नन्हीं दुर्गा ने जैसे ही वह धोती देखी तो खुशी से उछल पड़ी। उसने कुछ महिलाओं को इस नयी-सी पोशाक में देखा था। इस खुशी का उसने अपनी माँ से इज़हार किया और बताया कि बुआ के लिए धोती आयी है तो सोमावती ने उस बुधवार के दिन से लेकर केदारनाथ के घर लौटने के शनिवार के दिन तक घर में कोहराम मचाये रखा। केदारनाथ के

आने तक सहमी शबरी ने वह पैकेट भंडार घर में रज़ाइयों और कम्बलों की तहों के बीच जानबूझकर कहीं खो-सा दिया।

घर लौटने पर केदारनाथ ने हुक़्क़ा गुड़गुड़ाते हुए सोमावती की लम्बी गज़दार बातें सुनी और शबरी को हमेशा की तरह फेरन पहने ही घर के काम करते पाया तो हुक़्क़े की नली से मुँह हटाकर थके-ठंडे लहजे में बस यही जवाब दिया, "अरे धोती घर में दाखिल हुई है तो क्या...शबरी ने पहनी तो नहीं। जब पहनेगी तब देखेंगे।" और वे फिर से हुक़्क़ा गुड़गुड़ाने लगे। सोमावती को लगा जो चूल्हा उसने जतन से इतने दिनों तक फूँक मार-मारकर सुलगाए रखा था किसी ने उस पर एक लोटा ठंडा पानी डाल दिया। उसे खाँसी का दौरा-सा उठा और वह वहीं निढाल हो गयी।

"क्यों बेकार के पचड़ों में उलझती हो, अपनी सेहत का ध्यान रखो," कहते हुए केदारनाथ ने कमरे से बाहर आकर शबरी को पुकारा, "शबरी...बेटा ज़रा गर्म पानी लाना...तेरी भाभी को फिर वही दौरा...।" पलटकर देखा तो सोमावती देह और मन से पस्त हुई नज़रों से दरवाज़े की ओर ताक रही थी।

अम्बरनाथ और नित्यानन्द पृथ्वी को मानसिक रूप से तैयार कर रहे थे कि वह उनके 'फेरन छोड़ो' मुहिम में उनका साथ दे। इस मुहिम के बाल विभाग में ऐसे ही कई बच्चे पहले से ही सक्रिय थे। पृथ्वी को उन्होंने लकड़ी की एक छोटी पतली छड़ दी जिसके सिरे पर एक नुकीली कील लगी थी। पृथ्वी को लेकर उन्हें हब्बा कदल जाना है जहाँ वे इशारे से पृथ्वी को बताएँगे कि किस प्रौढ़ा के पीछे-पीछे जाकर अचानक उस छड़ पर लगी कील से वह उसके फेरन को ऐसे छुएगा कि फेरन का ज़रा-सा हिस्सा कील में अटक कर फट जाए। ऐसा करते हुए उसे 'फेरन छोड़ो, धोती पहनो' भी कहना था और झट तेज़ी से वहाँ से भाग जाना था। पृथ्वी डर रहा था सो उसे समझाया गया कि डरने की कोई बात नहीं है क्योंकि अम्बरनाथ और नित्यानन्द कुछ ही क़दमों की दूरी पर उसके पीछे-पीछे रहेंगे और उसे हर मुसीबत से बचा लेंगे।

दोपहर सिर पर थी कि अचानक रसोई में बैठी सोमावती ने मुगलानी की पुकार सुनी। उसने शबरी से कहा, "ज़रा देख नित्या की माँ क्या कह रही है!" शबरी बाहर आयी और नित्यानन्द के घर के छज्जे की ओर ताका।

"क्यों शबरी अम्बरनाथ घर में है क्या?"

"नहीं तो...भाई जी तो अभी नहीं आये।"

"हाँ हाँ अभी क्यों आएगा...जश्न मना रहा होगा शीतलनाथ में...सारे मोहल्ले को परेशान कर रखा है...हमारे नित्यानन्द की भी राह भुला दी।" शबरी खामोश खड़ी रही तो मुगलानी ने फिर कहा, "सोमावती कहाँ है?"

"रसोई में," मुख़्तसर-सा जवाब दिया शबरी ने। "बीमारी में भी उस बेचारी से रसोई कहाँ छूटेगी! अरी कुछ तो रहम किया कर अपनी अलील* भाभी पर...ज़रा हाथ ही बँटा दिया कर।"

"हाँ मैं...", शबरी को भला शब्द कहाँ सूझते!

"जा ज़रा चूल्हा सँभाल और सोमावती से कह कि कुछ देर को यहाँ आये। ज़रूरी बात करनी है। वो यहाँ से करने की नहीं।"

शबरी अन्दर चली गयी तो मुगलानी भी भीतर चली। उधर सर्वानन्द कुछ बड़बड़ाए, "दोपहर का वक्त है, न खुद आराम करती है न दूसरों को करने देती है।"

"किससे कह रहे हो?" मुगलानी ने ठहरकर पूछा।

"भगवान से..."

"बहरी नहीं हूँ अभी...न बावली हुई हूँ कि समझ भी न पाऊँ। अरे अगर किसी को नींद न आये तो भला क्या करे!"

"आँखों में अरंडी के तेल का अंजन लगाए और क्या करे! उससे तो हज़ार नेत्रों वाले इंद्र को भी नींद आ जाती थी।" सर्वकाक कहाँ कोई मौका छोड़ने वाले थे अपनी हिकमत जताने का!

"तुम दोनों आँखों में लगाओ और आराम फ़रमाओ...मुझे बहुत काम है अभी...," कहते हुए मुगलानी अपने कमरे में पहुँची तो उसने अपनी और केदारनाथ की साझा दीवार में लगे छोटे से दरवाज़े के खुलने की आहट सुनी। "तो आ गयी सोमावती," कहते हुए उसने कमरे के दरवाज़े से बाहर निगाहें टिका दीं।

मुगलानी के पास से सोमावती घर पहुँची तो गुस्से से तमतमा रही थी। अम्बरनाथ घर लौट आया था और कहवे में डुबो-डुबो कर कुल्चा खा रहा था।

"आने दो अपने भाई को...इस बार फ़ैसला होकर रहेगा।"

सोमावती का तमतमाता चेहरा देख शबरी काँप उठी। अम्बरनाथ का कुल्चे वाला हाथ ठहर गया और मुँह से निकला, "कैसा फ़ैसला?"

"यही कि वो नौकरी-वौकरी छोड़ें और अपना घर-बार सँभालें। अब तो बस इसी बात की कसर है कि लोग हमें इस मोहल्ले से निकाल बाहर करें।"

---

*बीमार

अम्बरनाथ फ़ौरन समझ गया कि इस बार सोमावती सब जान चुकी है। इसलिए खामोश बैठा कहवा पीता रहा। शबरी की उँगलियाँ तेज़ी से शलगम काटने लगीं।

"पहले लोकलाज की शर्म नदी में डालकर विधवा बहन को घर उठा लाये। अब सड़कों पर औरतों के फेरन फाड़ते घूम रहे हो। और इसमें मासूम पृथ्वी का इस्तेमाल...," अचानक सोमावती को खाँसी उठी तो वह चौखट पर ही बैठ गयी।

शबरी पानी लेकर आयी तो उसने हाथ से उसे दूर रहने का इशारा करते हुए कहा, "रहम करो दोनों भाई-बहन हम पर। खुद तो दर-ब-दर हो ही अब मेरे मासूम बेटे को भी बिगाड़ने चले हो। मैं ऐसा नहीं होने दूँगी। इस बार नहीं...हरगिज़ नहीं।" कहकर वह जैसे-तैसे उठी और अपने कमरे में पहुँची। ठहरकर ज़रा साँसें खीचीं। ताक पर रखे लोटे में से दो घूँट पानी चेहरा ऊपर कर हलक में उतारा। तभी उसे बाहर से आती एक आवाज़ सुनाई दी। खिड़की से झाँका तो आँगन में नन्हीं दुर्गा अपनी सहेली के साथ खेलते हुए गा रही थी–

माता कुजी चली थी गनपथयार
वॉलेन्टेयर दौड़े लगाई गुहार।
जूता दे मारा उनकी दस्तार
बता धोती पहनोगी या क़मीज़-शलवार?*

दुर्गा और उसकी सहेली एक-दूसरे का फेरन खींच-खींचकर गाती जातीं और हँसती जातीं। सोमावती ने अपना माथा ठोक लिया। कल के बच्चों में भी यही लहर! वह समझ गयी कि घर पूरी तरह हाथ से निकल चुका है। बात अब उसके चीखने-चिल्लाने या समझाने से आगे बढ़ चुकी है। पर उसने ठान ली कि वह हथियार नहीं छोड़ेगी। वह पलटी और उसने एक ज़ोरदार आवाज़ के साथ खिड़की बन्द कर दी।

कमरे में रखी काँगड़ी उठायी। उसकी आँच का जायज़ा लेने के लिए हथेली पास ले जा रही थी कि उसके मन में सोशल रिफ़ार्म विरोधी एक प्रचलित गीत की दो पंक्तियाँ गूँज उठीं–

---

* माता कुजी खच़यी गनपथयार/वॉलेन्टेयरव करहस लार
खौर कोडुन पुल्होर वोलनख दस्तार/करखय दूत्य किन शिलवार।

ताराचन्द 'बुलबुल' जा छपा ले इश्तिहार
हम नहीं छोड़ेंगे फेरन-नरिवार।*

मगर तभी इन पंक्तियों को एक कोने से ताकती छकरी• की द्रुतताल में बद्ध रिफ़ार्म के पक्षवाली ये पंक्तियाँ उभरीं जिन्हें उसने हाल ही में पड़ोस की एक शादी में महिलाओं को तुम्बकनारी○ पर गाते सुना था–

छोड़ जूज-पूच़
निकल बिन टोप के,
है मुबारक तुझे
धोती वाली दुल्हन रे।◆

खीझकर उसने काँगड़ी अपने फेरन में दबाई। गाव-तकिए के सहारे अधलेटी-सी होकर मुँह के बल ऊनी चादर ओढ़ी और आँखें बन्द कर अपने अकेलेपन और गुस्से से लिपटकर सो गयी। ऊनी चादर ओढ़ते हुए उसके मुँह से निकला था, "हँह...बुलबुल!"

सोमावती के जाते ही शबरी ने घबराकर अम्बरनाथ की ओर देखा। वो बेफ़िक्री से कहवा पी रहा था।

"अब क्या होगा भाई जी? भाभी बहुत नाराज़ हैं।" जवाब की उम्मीद में शबरी ठहरकर अम्बरनाथ को ताकती रही पर वह बिना कुछ कहे कहवे की चुस्कियाँ लेता रहा।

"कुछ कहते क्यों नहीं भाई जी? गाशा जी सुनेंगे तो और भी गुस्सा होंगे।"

"डरेंगे तो समाज को कैसे बदलेंगे?" अम्बरनाथ ने फ़लसफ़ाना अन्दाज़ में कहा।

"क्या किसी बुढ़िया का फेरन फाड़ने से समाज बदल जाएगा?"

"बात फेरन फाड़ने की नहीं है। हल्की आवाज़ से जब लोग न जागें तो उन्हें झकझोरना पड़ता है। बताना पड़ता है कि उठो दिन निकल आया है। नयी

---

* ताराचन्द बुलबुलो छपावो इश्तिहार/अस्य नबा त्रावोय फेरन नरिवार।
(नरिवार– महिलाओं के फेरन की बाजुओं पर आगे की ओर सजावट के लिए लगाया गया छींटदार अथवा ज़री का बार्डर-सा)

• कश्मीरी लोक संगीत का एक प्रकार।

○ सुराही की शक्ल की पारम्परिक ढोलक जैसी

◆ त्रावि जूज-पूच़ नेरि वौडनेनिए/छुय मुबारक दोत्यि माहरिनिये।
(जूज-पूच़–हिन्दू स्त्रियों द्वारा टोपी के ऊपर पहने जाने वाले शिरोवस्त्र)

हवा के हमशान* चलो। और फिर ये 'फेरन फाड़ना' कहना भी कितना सही है? सोचो ज़रा। क्या हम किसी भद्र महिला का फेरन फाड़ेंगे? अरे पीछे ज़रा सी कील अटका देते हैं। उसमें उलझ कर कपड़ा ज़रा चिर-सा जाता है बस।"

"मगर मुझे तो डर लग रहा है...गाशा जी इस बार..."

अम्बरनाथ ने बात काट कर कहा, "ये डर-वर जैसे शब्द ज़हन से निकाल दो। डरना तो मरना होता है। लगता है तुम्हें पृथ्वी ने अभी रोटी एजिटेशन के बारे में नहीं बताया है!"

"रोटी एजिटेशन तो सुना है...मगर उससे पृथ्वी का क्या लेना-देना?"

"अपना बेटा समझदार हो गया है। मैंने ही तो घर में बताने से मना किया था। यानी उसने तुमसे भी ज़िक्र नहीं किया। वाह! जीते रहो।" अम्बरनाथ मुस्करा रहा था।

"क्या बात है? पृथ्वी ने और क्या किया?"

"कुछ नहीं भई...पिछले हफ़्ते एक दिन मैं उसे रोटी एजिटेशन के लिए ले गया था।"

"मतलब?"

"हम लोग दस-पन्द्रह बच्चों को लेकर महकमे माल◆ गये थे। हम सब बाहर ही रहे। बच्चों को एक बड़े मेंबर के साथ अन्दर भेजा जिससे वह उन्हें रास्ता दिखा सके। उन बच्चों में से भी कुछ तो वहाँ जाकर ऐसा घबराए कि अन्दर जाने से मना कर बैठे। खैर अपना पृथ्वी तो गया था।"

शबरी की उत्सुकता बढ़ती जा रही थी, "अन्दर क्या करना था?"

"ग्लैंसी कमीशन की रिपोर्ट के बाद सरकारी महकमों में पंडितों की जो छँटनी हुई है उसके ख़िलाफ़ आवाज़ उठानी थी।"

"मगर ये बेचारे छोटे-छोटे बच्चे क्या समझते होगें ये सब!"

"नहीं समझते तो इन्हें समझना होगा। आगे चलकर ये समाज इन्हें ही चलाना है।" अम्बरनाथ ने संजीदा आवाज़ में जवाब दिया।

"मगर भाई जी इन बच्चों ने उस महकमें में जाकर किया क्या?" शबरी की उत्सुकता बात को फ़ौरन वापस लाई।

"कमरों में जाकर वहाँ के अफ़सरों के सामने हाथ फैलाकर रोटी माँगी। कहा 'रोटी दो-रोटी दो' और नारा लगाया 'हम क्या चाहते-- रोटी-रोटी'।

---

*कन्धे से कन्धा मिलाकर

◆रेवेन्यू डिपार्टमेण्ट

अफ़सरों की फ़ाइलें बन्द करके उन्हें काम करने से रोका।"

"और ये सब पृथ्वी ने भी किया?"

"हाँ...मैं तो बाहर था पर सुना है ये आगे-आगे ही रहा। शेर है मेरा!"

"हे भगवान! भाभी सुनेंगी तो वबाल खड़ा कर देंगी।"

"उन्होंने अब तक नहीं सुना तो अब क्या सुनेंगी!" फिर अम्बरनाथ के स्वर में हल्की चिन्ता उभरी जिसे उसने फ़ौरन रफ़ा-दफ़ा किया, "हाँ गाशा जी आएँगे तो ज़रूर सुनेंगे। पता तो आखिर चल ही जाएगा पर अभी से क्या सोचना। जब जो होगा देखा जाएगा।" उसने कहवे का खोस* नीचे रखा और कमरे से निकल गया।

शबरी हाथ में खुला चाकू और शलगम लिए वहीं बैठी गाशा जी के लौटने, घर के माहौल के गर्माने और भाभी के जले-कटे उलाहनों के बारे में सोचती रही।

केदारनाथ के आते ही सोमावती ने पृथ्वी और दुर्गा के बिगड़ने का किस्सा छेड़ा तो केदारनाथ उसे टाल न सके। फिर संजीदा आवाज़ में पूछा, "ये सब तो मैंने सुन लिया और समझ भी लिया पर ये बताओ अब करें क्या?"

"मैं अपने बच्चों को ऐसे बिगड़ते नहीं देख सकती। और अम्बरनाथ की छाया में रहेंगे तो दिन-ब-दिन और बिगड़ेंगे।"

"अरे भई उसे घर से तो नहीं निकाला जा सकता न। भाई है मेरा। ये फिज़ूल का रोना-धोना बन्द करो और उपाय सुझाओ।"

"मुझसे उपाय पूछते हो! तुमने मेरी कब सुनी है जो अब सुनोगे?" तंज़ से भर उठी सोमावती।

"कहकर तो देखो...बस...बस वो घर अलहदा करने की बात मत करना।"

सोमावती ने दमे के दौरे में चूल्हा फूँकते और गोबर से बरामदा लीपते खुद की कल्पना की तो रूह काँप उठी। शबरी को वह अपनी रसोई से बेदखल नहीं करना चाहती थी। अलहदा होने के ख़याल को खिड़की से बाहर फेंकते हुए बोली, "वो मैं कब कहती हूँ। माँ की तरह पाला है मैंने उन्हें...पर...मैं तो कहती हूँ फ़ौरन अम्बरनाथ का कहीं रिश्ता पक्का कर दो। बहू आएगी तो खुद पाँव चौखट में टिकने लगेंगे। ये सारी वॉलेन्टेयरी धरी रह जाएगी।"

"मैंने एक-आध बार बात की थी अम्बरनाथ से पर वो तो मानता ही नहीं।"

---

* चाय पीने का काँसे का बिना टूँटी का पारम्परिक पात्र

"बड़े भाई हो...हमेशा से बाप की ज़िम्मेदारी निभाई है...उससे क्या बात करनी...जैसा चाहते हो, ठीक समझते हो...करो...वो भला हाँ-ना करने वाला कौन होता है! पर जो करना है जल्दी करो...ज़माने की हवा बिगड़ चुकी है। कहीं वो भी वॉलेन्टेयरी की शेखी में किसी राँड को ब्याह कर न ले आये घर।"

सोमावती की आख़िरी पंक्ति पर केदारनाथ घबरा गये। क्या अभी ये होना बाक़ी है! हुक़्क़े को एक ओर कर वे उठे। दस्तार पहना और बाहर की ओर चले।

"कहाँ जा रहे हो?" सोमावती ने पूछा तो उन्होंने मुख़्तसर-सा 'आता हूँ' कहा और गली की ओर रुख़ किया।

रात का भोजन करने के बाद केदारनाथ ने पृथ्वी को अम्बरनाथ को बुला लाने भेजा। अम्बरनाथ आया तो केदारनाथ कुछ सोचते हुए हुक़्क़े की नली से तेज़ी से कश भर रहे थे। अम्बरनाथ ने उनकी परेशानी का सबब जानना चाहा, "क्या बात है गाशा जी?"

"अरे आओ...बैठो। तुमसे कुछ बात करनी है।" केदारनाथ ने कहा तो अम्बरनाथ पास ही बैठ गया।

"सोचता हूँ समय आ गया है।"

"किस बात का गाशा जी?"

"तुम्हारी शादी का और क्या?"

फिर आवाज़ में नरमी लाकर बोले, "वैसे चिन्ता की क्या बात है...मैं तो अभी बैठा हूँ...तुम्हारी शादी पक्की कर दी है मैंने। खानदान अच्छा है। खाता-पीता घर है..."

"वो कैसे हो सकता है?" केदारनाथ की बात काटते हुए अम्बरनाथ ने कहा और ऐसे झटके के साथ खड़ा हुआ मानो जलते समावार* के पेट को नंगे हाथों से पकड़ लिया हो।

केदारनाथ उसके यूँ खड़ा हो जाने पर पहले तो अचकचाए फिर खुद को सँभालकर मुस्कराते हुए कहा, "क्यों? क्या तू लड़की देखना चाहता है... आजकल के ज़माने के नये चलन की तरह?"

"नहीं।"

"तो?"

---

*चाय बनाने का पारम्परिक पात्र जो केतली जैसा होता है और जिसमें कोयले भी होते हैं।

"अभी ये मुमकिन नहीं।"

"क्यों?"

"पहले हमें शबरी के बारे में सोचना होगा।"

"क्या मतलब?"

"अभी उसकी उम्र ही क्या है! क्या सारी ज़िन्दगी..."

"बस बहुत हुआ," हाथ से रुकने का संकेत करते हुए केदारनाथ ने भारी स्वर में कहा, "ये अपना रिफ़ार्म मूवमेंट घर की चौखट से बाहर रखो। एक ग़लती कर चुके हो...उस पर मैं ख़ून का घूँट पीकर रह गया...पर इससे आगे...," फिर ठहर कर उन्होंने एक साँस-सी क्या ली कि स्वर में गुस्सा भर आया, "इस बात को मान क्यों नहीं लेते कि हमारी बहन विधवा है। इस घर में सारे फ़ैसले क्या तुम्हीं करोगे! क्या मैं अब लोरि दस्तार◆ हूँ?"

केदारनाथ चुप हुए तो कमरे को खामोशी ने जकड़ लिया। लिहाज़ की आँख जहाज़ से भारी! अम्बरनाथ के मुँह में भी सभी शब्द अकड़कर रह गये। भारी क़दमों वाली खामोशी ने कमरे में तेज़ी से चक्कर काटने शुरू किये ही थे कि उसे तोड़ते हुए फिर केदारनाथ ने संयत स्वर में कहा, "कल सुबह घर में ही रहना...कुछ लोग आएँगे...शादी की बात करने।"

"उन्हें मना कर दीजिएगा। कह दीजिएगा कि मेरी ज़िन्दगी अब किसी और के नाम है।" अम्बरनाथ ने पहाड़-से शब्दों में कहा।

अब केदारनाथ अपने गुस्से का आवेग न रोक पाए। उन्होंने हुक़्क़े की नली निकाली और अम्बरनाथ को पीटने के लिए उठ खड़े हुए।

"इसी की कसर थी...कौन है वो लड़की?" हुक़्क़े की नली वाला अपना हाथ ऊपर उठाते हुए उन्होंने पूछा।

"मेरी वही विधवा बहन शबरी!" अम्बरनाथ का जवाब सुन उनके हाथ से हुक़्क़े की नली धड़ से नीचे गद्दे पर गिर गयी और वे सन्न रह गये। फिर उन्होंने अम्बरनाथ को नर्म शब्दों में कहते सुना, "वो विधवा है और उसकी शादी नहीं हो सकती। उसे ससुराल से मैं उठाकर लाया हूँ। वो मेरी ज़िम्मेदारी है। अब न कोई उसका पति है और न मेरी कोई पत्नी होगी। कभी नहीं। मुझसे शादी की बात फिर कभी न कीजिएगा।" अम्बरनाथ कमरे से बाहर चला गया तो केदारनाथ धम्म से नीचे बैठ गये। उनकी आँखों से आँसू बह चले थे। जाने क्यों आज उन्होंने अपने स्वर्गवासी माता-पिता से अम्बरनाथ पर समय-समय पर

◆लकड़ी पर रखी पगड़ी

ग़ुस्सा करने के लिए हाथ जोड़ कर क्षमा माँगी थी। इसके बाद उन्होंने अम्बरनाथ से कभी उसके विवाह की चर्चा न की थी।

कमरे के दरवाज़े पर खड़ी शबरी ने शायद केदारनाथ और अम्बरनाथ की बातें सुन ली थीं। अम्बरनाथ के तीर की तरह कमरे से निकल जाने के बाद उसने भीतर झाँका तो केदारनाथ का चेहरा आँसुओं से भीगा था। उन्हें देख शबरी के गले में फँसे बादल कुछ ऐसा फैले कि वे उन्हें सँभालती कमरे में आयी और केदारनाथ के पास बैठकर उनकी गोद में सिर रख फूट-फूट कर रोने लगी, "गाशा जी...गाशा जी..."

केदारनाथ ने स्नेह से उसके सिर पर हाथ फेरा, "तू क्यों रोती है शबरी?" शबरी कोई जवाब न दे पायी। बस रोती रही। ज़रा सँभली तो केदारनाथ ने कहा, "रोती क्यों है बावली...तेरा भाई तुझ पर इतना स्नेह रखता है और तू रोती है!"

"मिस्री के कूज़ों का इतना बोझ लेकर कैसे जिऊँगी गाशा जी!" और फिर बहुत देर तक दोनों भाई-बहन उसी कमरे में एक-दूसरे के कन्धे पर सिर रखकर आँसुओं से रोते रहे...रोते रहे।

खिचड़ी अमावस का दिन था। रात में जो बर्फ़बारी शुरू हुई थी सुबह भी जारी थी। जिगरी का बुना कनटोपा और दस्ताने पहने पृथ्वी बार-बार खिड़की से झाँक लेता था। बर्फ़ गिरनी बन्द हो तो वह अपने दोस्तों के साथ घर के पिछवाड़े में बर्फ़ से खेलेगा। आज वह शिवलिंग नहीं बनाएगा बल्कि बड़े लड़कों की तरह बर्फ़ का आदमी बनाएगा। उसे याद आया पड़ोस के एक भैया ने पिछली बार बर्फ़ में लकड़ी गाड़ कर उस पर बर्फ़ चिपका-चिपका कर बर्फ़ का आदमी बनाया था। बर्फ़ से सुन्न हुए हाथों से ही फिर उसने कोयला लाकर उस बर्फ़ के आदमी की आँखें बनाई थीं। अन्त में अपने पिता की दस्तार लाकर भी उसे पहना दी थी। दस्तार वाला बर्फ़ का पिता! पृथ्वी मन ही मन मुस्करा दिया। उस भैया ने फिर अपने दोस्तों के साथ वहीं उकड़ूँ बैठकर चिलम पी थी। खूब कश भर-भर कर। भला बर्फ़ का पिता उन्हें कैसे डाँट पाता! अपनी मस्ती में वे इतने चूर थे कि जाते हुए दस्तार ले जाना भूल गये थे। कुछ देर बाद बर्फ़ का आदमी पिघल गया तो लोगों को बर्फ़ में गड़ी लकड़ी पर एक दस्तार मिली। सारा दिन मोहल्ले में उसी की चर्चा रही। किसने, क्यों, कैसे, कब? मगर लड़कों ने मुँह न खोला था। पृथ्वी और उसके दोस्त भी सहमी खामोशी से हाथ सेंकते रहे थे।

सर्दी बहुत सख़्त थी। सुबह की चाय के खोस शबरी कच्चे कोयलों की

सूखी राख से माँज रही थी। पानी में हाथ डालना कुफ़्र था। नल जमे हुए थे। एक लय के साथ काँसे के खोस को राख से रगड़ती शबरी गुनगुना रही थी–

जितना लेगा वक़्त राजा करने को राज-पाट,
उतने समय किया करेगी बेटी अपनी साज़-सिंगार।

कुछ रोज़ पहले गली में पंडिता साहब की बेटी की शादी में बारात के आगमन के बाद सलीमा बहन, शकीला भाभी और नग़मा ने मिलकर कुछ टुकड़े (बन्द) गाये थे तो वह उनके अर्थों में उलझ कर रह गयी थी। कितनी मीठी धुन में हिल-हिल कर गा रही थीं तीनों। लड़की वालों के यहाँ ये शुभ के गीत शायद हर बेटी की विदाई से पहले गाये जाते हैं। उसके ससुराल वालों को आगाह करने के लिए कि हमारी लाडली को सँभाल कर रखना। मगर होता है क्या फिर ऐसा?

जूठी राख एक ओर कर साफ़ राख से एक बार फिर वही खोस चमकाते हुए उसके हाथ ठहर गये। हाथ पर लगी राख में एक पुराना दृश्य दिखाई दिया। उसकी शादी को शायद पन्द्रह-बीस दिन ही हुए थे। पड़ोस में एक और शादी थी सो पड़ोसी शबरी के ससुराल से शादी के लिए बड़े-बड़े बर्तन लेने आये थे। उसकी सास ने उन्हें थाल, देग़चे, पतीले, भगोने, करछियाँ वगैरह देकर सबसे बड़ा देग़चा रोक लिया था क्योंकि वह साफ़ नहीं मँजा था। फिर शबरी को वह बड़ा देग़चा थमाकर बोली थी कि इसे बाहर ले जाकर सफ़ाई से माँज लाये।

शबरी ने इतना बड़ा देग़चा शादियों में देखा ज़रूर था पर उसे कभी माँजा नहीं था। उसे उठाकर बाहर ले आयी तो उसने अपने फेरन की बाँहें मोड़ीं। टाँगों के पास से उसे समेट कर खड़ी हुई पर समझ न पाई कि इसे अन्दर से साफ़ कैसे किया जाए। फिर पूरी बाँह अन्दर डाले बिना हाथ तले तक न पहुँचता। वह देग़चा लगभग उसकी कमर जितना ऊँचा रहा होगा। हाथ में राख लिए वह असमंजस में खड़ी थी कि वहाँ से समसार चन्द गुज़रे। उसने झेंपी-सी मुस्कान के साथ उनकी ओर देखा तो वे रुक गये, "क्या हुआ? ऐसे खड़ी क्यों है?"

"मैं समझ नहीं पा रही...मेरा मतलब ...मुझे पता नहीं है कि...।"

"अरे क्या नहीं पता?"

"कि इस इतने बड़े देग़चे को कैसे माँजूँ?"

◆ यूत लगि राज़स राज़सी करनस/ त्यूत लगि सानि कोरि साज़ करनस।

कुछ क्षण समसार चन्द जू खामोश खड़े रहे। फिर आवाज़ को अतिरिक्त गम्भीर बनाकर बोले, "इसमें क्या सोचना...पहले इसमें ढेर सारी राख डाल दे फिर फेरन टाँगों से ऊपर करके इसके अन्दर घुस जा...इसमें गोल-गोल घूम... पैरों से खुद ही मँज जाएगा।" यह कहकर वह आगे बढ़ गये थे।

भोली शबरी ने ढेर सारी राख देगचे में डाली। फिर इधर-उधर झाँका कि कोई देख तो नहीं रहा। फेरन ऊपर किया और एक टाँग देगचे में रख दी। देगचे को मज़बूती से पकड़कर दूसरी टाँग अन्दर ले जा रही थी कि उसकी तारा भाभी की बड़ी बहू ने टोका, "अरे अरे पगला गयी है क्या? ये क्या करती है?"

शबरी की टाँग वहीं रुक गयी, "माँजूँगी इसे।" उसके मुँह से निकला।

"तो उसमें घुस क्यों रही है?" जवाब में शबरी ने उसे सारा क़िस्सा बताया तो शबरी के भोलेपन पर उसे दया आ गयी। "बावली कहीं की...उन्होंने तुझसे मज़ाक़ किया है...चल बाहर निकल...तेरे बस का नहीं है ये...चल हट मैं माँजती हूँ।" और शबरी राख सना पाँव लिए बाहर आ गयी।

देगचा माँजा जा रहा था और शबरी खड़ी देख रही थी। उसके मन में एक भोली जिज्ञासा ने झाँका कि अगर मेरा सवाल बेवक़ूफी भरा था भी तो समसार चन्द जू ने ऐसा जवाब क्यों दिया! इन पिछले पन्द्रह दिनों में उसने मन को मार कर वह सब कुछ किया था जो उन्होंने चाहा। फिर भी? पता नहीं ऐसा क्यों हुआ? ये समाज है, इसकी रीतियाँ हैं और उनसे जुड़ी कुछ घिसी-पिटी धारणाएँ हैं। जैसे कि पहली बर्फ़ पड़ने पर नवशीन और शीन मुबारक का महत्त्व है। वर्ना ऐसा क्या रखा है पहली बर्फ़ के एहसास में! और बर्फ़ ही क्यों... और भी न जाने क्या-क्या! वहीं खड़े-खड़े याद आया शबरी को वह दिन जब शादी के बाद वह अपनी अजनबी-सी धड़कनें थामे घबराई हुई रात को समसार चन्द जू के कमरे में पहुँची थी। हाथ में काँगड़ी थी जिसे लेकर अम्मा जी ने भेजा था कि जा सोने से पहले यह काँगड़ी बब जी को दे देना। समसार चन्द जू सारे घर के लिए 'बब जी' थे—यह भी उसने तभी जाना था।

कमरे में बासी हुक़्क़े के तम्बाकू की तेज़ महक थी। एक क्षण को लगा था कि पिता के कमरे में आ गयी है। शबरी को आता देख समसार चन्द जू की आँखों में पुरानी चमक-सी उभरी थी। शबरी ने काँगड़ी वाला हाथ बढ़ा दिया था, "काँगड़ी।"

उन्होंने काँगड़ी थाम कर एक ओर रख दी थी, "बैठ जा।"

शबरी पास ही उकड़ूँ-सी बैठ गयी थी। सीने में कुछ ज़ोर-ज़ोर से धड़क

रहा था। कान लाल हो गये थे। लेकिन तभी अचानक शबरी को ऐसा भी लगा था जैसा कि एक साथ दो हाथ किसी पुरानी आदत के तहत आगे को बढ़े। शबरी अपने फेरन में सिमटकर और सूक्ष्म-सी हो गयी थी। ऐसे हाथों को तो उसने केवल पिता को खोस या लोटा पकड़ाते ही देखा था। उसके हाथों से खोस, लोटा या काँगड़ी थामने के गुनहगार ही थे वे पिता के हाथ जो शबरी के बचपन में ही फिर शीघ्र खो भी गये थे। वह उन्हें याद करती थी। उसने चाहा था कि वे हाथ लौट आएँ पर इस रूप में तो नहीं! इन हाथों ने आज उसे पास खींच कर भींच लिया था। छाती से सटाकर कुछ क्षण बाद ही उसके फेरन में गले की तरफ़ से हाथ डालकर भीतर कुछ टटोला था। जाने क्यों शबरी भय और वितृष्णा से निस्पन्द हो गई। समसार चन्द जू ने चिड़चिड़ाकर उसे बिस्तर पर पटक भी दिया था, "क्या बर्फ़ की गुड़िया पल्ले पड़ी है। तुझे देखकर तो अलाव भी ठंडा हो जाए। हट परे।" और उन्होंने काँगड़ी को फेरन में रखकर हुक्क़ा गुड़गुड़ाना शुरू कर दिया था।

शबरी उठकर सिकुड़कर बैठ गयी थी। सोच रही थी कि उससे क्या ग़लती हुई। दस-बारह दिन इसी तरह के अपनाने और तिरस्कृत करने के ज़ुल्मों की चिंगारियाँ झेलते गुज़रे थे। उसे यह सुनना भी याद है कि, "मुझे नहीं पता था कि केदारनाथ अपना कोहेशीन* मेरे घर में पटक रहा है...वर्ना औरत के तो फेरन के कोने को हाथ लगाने से जिस्म में शोले भड़क उठते हैं!"

कुछ दिनों बाद शबरी रात में कमरे में गयी तो उसे देखते ही समसार चन्द जू ने जेब से कोई पुड़िया सी निकालकर फौरन मुँह में फाँकी और फिर दबादब हुक्क़ा गुड़गुड़ाया। उस रात शबरी मुश्किल से सुबह की घड़ियों में दो-तीन घंटे ही सो पाई थी। उसे पास लाने के बाद इस बार समसार चन्द जू ने उसे बिस्तर पर दूर पटका नहीं था। फिर उन सुबह की थकी-पस्त घड़ियों में खुद समसार चन्द जू औंधे मुँह बेहोश-से पड़े सोते रहे थे। यहाँ तक कि सुबह घर के लड़के-बच्चे हुक्क़ा भी ताज़ा कर गये और उन्हें होश नहीं। शबरी चाय पूछने आयी पर अपना सा मुँह लेकर वापस चली गयी। उस दिन के बाद समसार चन्द जू के लिए शबरी बर्फ़ की गुड़िया नहीं रही थी लेकिन शबरी के भीतर पहले दिन से जो बर्फ़ जमी थी वो कभी पिघलकर बाहर नहीं आयी। एकान्त क्षणों में लल द्यद की ही स्वर लहरियाँ उस बर्फ़ में कुछ भाव तरंगें पैदा कर पाती थीं।

उसने सुना था कि लल द्यद ने अपने ससुराल में बहुत दुख, त्रास व

---

* बर्फ़ का पहाड़

विपरीत परिस्थितियाँ झेली थीं। फिर अगर उसपर ये जुल्म हुआ तो क्या अजीब बात है? यह तो शायद हर वधू को ससुराल में झेलना होता ही होगा। बस यही सोच शबरी समसार चन्द जू के घर में दिन-दिन काट रही थी। सारा दिन काठ ढोने वाले मज़दूर की तरह झुकी-झुकी घर के छोटे-बड़े कामों में पिली रहती थी। जो मिलता खा लेती। हर रात सोने से पहले मन ही मन सोचती कि माँ कहती थी मेरी बेटी राजरानी-सी बहू बनेगी। क्या होती है यह राजरानी-सी बहू? फिर अपने बर्फ़ से ठंडे पैरों को गर्माने के लिए काफ़ी देर तक सहलाती। समसार चन्द जू जब अपने बिस्तर से काँगड़ी निकालकर बाहर रखते और सो जाते, तब शबरी उस काँगड़ी के ताप से अपने हाथ-पाँव गर्माती सोने की कोशिश करती।

उसका जीवन चूल्हे के कड़ुवे धुँए से त्रस्त आँखों-सा हो गया था। वे कड़ुवी नम आँखें न खोलते बनती थीं न बन्द करते। बस चूल्हा जल रहा था, अपना काला धुँआ छोड़ता। जलता चला जा रहा था और शबरी उसके सामने सिर झुकाए बैठी उसकी जलती लकड़ियाँ सँभाल रही थी मानो।

और ऐसे ही एक दिन समसार चन्द जू का ताँगा घर के आँगन में आकर रुका। वे उतरे और सीधे अपने कमरे में आये। अलगनी पर कोट और साथ वाली दूसरी अलगनी पर दस्तार टाँग कर बिस्तर पर लेट गये। इधर समसार चन्द जू ज़रा थकने लगे थे। ज़रा-सा काम का बोझ पड़ा नहीं कि साँस फूलने लगती थी। हुक़्के की चिलम की आग को ज़रा-सी चिमटी का सहारा काफ़ी होता है। मगर कोयले को अगर ज़ोर-ज़ोर से पंखा किया जाए तो अंगारों को राख होने में कुछ ज़्यादा देर नहीं लगती। समसार चन्द जू के लिए बुढ़ापे की यह शादी ज़रा महँगी पड़ रही थी। चिमटी का सहारा नाकाफ़ी था और पंखे की हवा जानलेवा साबित हो रही थी। बहरहाल घंटा भर लेटकर उन्होंने थकान उतारी। फिर उठे अपना फेरन पहना, एक पुराना दुस्सा* गले में डालकर ओढ़ा और बैठक की ओर चल दिए।

कठुआ से उनका बड़ा बेटा कुछ दिनों के लिए सपरिवार आया हुआ था। उसी के साथ बैठक में बैठे वे अपने सेब के बाग़ों की चर्चा करने लगे। आज वे उन बाग़ों से होकर आये थे। आकर थकान भी उतार ही चुके थे। सो अब चैन से बैठे हुक़्क़ा गुड़गुड़ा रहे थे।

उधर शबरी सूप में चावल फटक रही थी कि कठुआ से आयी समसार

---

* ऊनी दुशाला

चन्द ज़ू की पोती मुन्नी ने उससे पैसे माँगे। उसने कहा कि पैसे उसके पास नहीं है तो मुन्नी मुँह बनाकर बैठ गयी। थोड़ी देर बाद शबरी अपने कमरे में सफ़ाई करने गयी तो मुन्नी भी वहाँ पहुँच गयी और बहुत मासूमियत से उसने कहा, "अब तो दे दो न पैसे...अच्छा बस एक आना!"

शबरी ने स्नेह से उसका माथा चूम लिया। पर पैसों के मामले में खुद को बहुत लाचार पाया। तभी उसे अलगनी पर टँगा समसार चन्द जू का कोट दिखाई दिया। सोचा एक आना निकालकर दे दूँ तो क्या हर्ज है। उन्हें बाद में बता भी दूँगी। वह आगे बढ़ी और जेब में हाथ डाला। उसके हाथ को वहाँ बहुत से नोट और सिक्के महसूस हुए। पहले तो वह हिचकी। फिर उसने एक आने का सिक्का निकाला और बाक़ी राशि बिना देखे वहीं रहने दी। एक आना हाथ में आते ही मुन्नी खुशी से कुलाँचे-सी भरती वहाँ से गायब हो गयी। शबरी ने कमरे से बुझी काँगड़ी उठाई और दरवाज़ा खुला छोड़ नीचे रखने चल दी। तभी आँगन में हाथ धोने की पीली मिट्टी लेकर गधे वाला आ गया। उससे मिट्टी रखवाकर जब ऊपर आयी तो देखा कमरे से नन्हा जी निकल रहे थे।

"अरे आप यहाँ!" शबरी के मुँह से बेसाख्ता निकला।

"सोचा बब जी होंगे पर यहाँ तो नहीं हैं।" नन्हा जी ने अचकचाते हुए कहा।

"वो तो नीचे ही बैठे हैं...," दरवाज़े पर ठिठकी शबरी ने कहा।

"कमाल है...फिर मुझे क्यों नहीं दिखे! चलो मैं वहीं मिल आता हूँ।" कहते हुए नन्हा जी ने उस पर एक उचटती-सी ललचाई नज़र डाली और तेज़ी से सीढ़ियाँ उतर गये।

लगभग 30 वर्षीय नन्हा जी समसार चन्द जू का ममेरा भाई था जो उसी मोहल्ले में रहता था। पिता की मृत्यु हो चुकी थी पर वह गली के लौंडों-लपाड़ों की सोहबत में ही ज़िन्दगी गुज़ार रहा था। आमदनी का ज़रिया भी कुछ ख़ास न था। ऐसे में समसार चन्द जू की माँ यानी नन्हा जी की बुआ ही अपने इस लाडले इकलौते भतीजे की ख़ैरख़्वाह थी। इसी वजह से इस घर में नन्हा जी का पैर इस क़दर खुला हुआ था कि बब जी के कमरे में बेधड़क दाख़िल हो सके।

उधर समसार चन्द जू जब ऊपर आये और कोट की जेब में हाथ डाला तो रुपये नदारद थे। उन्होंने फ़ौरन शबरी को बुलाकर तफ़तीश की। शबरी ने बताया कि उसने उनकी कोट से सिर्फ़ एक आना निकालकर मुन्नी को दिया। बाकी

रुपये वहीं रहने दिए थे। इस पर समसार चन्दू जी आग-बबूला हो गये। एक ज़ोरदार तमाचे ने शबरी का गाल लाल कर दिया था, "किससे पूछकर जेब में हाथ डाला तूने? हाथ तोड़ दूँगा अगर मेरे कोट को छुआ भी तो।" गाल सहलाते आँखों में आँसू लिए शबरी क़समें खाती रही कि रुपये उसने नहीं लिए हैं पर उस पर किसी ने भरोसा न किया।

बात सारे घर में फैली तो समसार चन्द जू के बच्चों की निगाहों में वह खुद को चोर-चोट्टी पाने लगी। अम्मा जी ने चीखकर पूछा कि किसके हाथ पैसे मायके भिजवा दिए! शबरी के पास सिर्फ़ मरने की क़समें थीं खाने और दिखाने के लिए जो उसके काम नहीं आ रही थीं। एक बार अपनी सफ़ाई में कुछ बोलना चाहा तो अम्मा जी ने उसकी बद्ज़बानी को कोसा, "ज़बान लड़ाती है...ज़बानदराज़...ज़हरबाद* हो तुझे।" और चोरी के सारे इल्ज़ामों की ख़ाक ओढ़कर शबरी खामोश हो गयी थी। पर मन ही मन शीन-जंग◆ चल रही थी। कभी वह कुढ़ती हुई दम लगाकर एक बर्फ़ का गोला अपनी क़िस्मत पर फेंकती थी तो कभी क़िस्मत पलट कर मोटी गाली देते हुए एक गोला बर्फ़ उस पर दे मारती थी। उसे लगता था अब उसकी सारी उम्र बस खुद पर गिरी यह शापित बर्फ़ झाड़ते ही गुज़रेगी।

समसार चन्द जू की माँ के दिन का चैन और रात की नींद दोनों परेशान थे। आख़िर बहू ने कोट की जेब से पैसे निकालकर रखे कहाँ? और अगर अपने मायके भेजे तो किसके हाथ? अगर बहू में इतने पैसे एक झटके में हज़्म करने का जिगर है तो फिर खैर नहीं। उसे लगा यह तो शुरुआत है। इसकी कारसाज़ियों का सिर शुरू में ही कलम कर दिया जाना चाहिए वर्ना ये शेर हो जाएगी। उसने फ़ौरन समसार चन्द जू से सलाह की कि अपने छोटे बेटे के साथ इस राज़ से पर्दा उठाने वह राफ़िज़• के पास जाएगी। वहाँ दूध का दूध और पानी का पानी हो जाएगा।

नाश्ता करके जब समसार चन्द जू ताँगे में बैठकर घर से रवाना हुए तो अम्मा जी भी अपने छोटे पोते के साथ राफ़िज़ के यहाँ पहुँचीं। राफ़िज़ को सारा हाल कह सुनाया। राफ़िज़ ने कमरे में अँधेरा किया। अपने अँगूठे के नाखून पर एक बूँद नीली स्याही की टपकाई और अपने एक साथी के साथ सिर के बल ऊनी चादर ओढ़ कर बैठ गया। चादर के अन्दर के अँधेरे में सिर

---

* कानों की एक बीमारी

◆बर्फ़ के गोले एक दूसरे पर फेंक कर लड़ना

•शिया पीर

से सिर टकराए बैठे उन दोनों ने अँगूठे के नाखून पर रखी स्याही की बूँद में जो बीते दृश्य देखे अम्मा जी के समक्ष उनका साथ-साथ आँखों देखा वर्णन प्रस्तुत किया।

अम्मा जी वहाँ से लौटीं तो खामोश थीं। उनका मिज़ाज देख घर में किसी ने उनसे कुछ पूछने की हिम्मत नहीं की। उनके पोते ने आते ही बता दिया कि राफ़िज़ के कमरे के भीतर अम्मा जी अकेली गयी थीं।

शाम को जब समसार चन्द जू ने माँ से पूछा कि राफ़िज़ ने क्या कहा तो उन्होंने दस्तरख़्वान के रूप में इस्तेमाल आने वाली ऊनी चादर को झाड़ने के लिए समेटती शबरी को तरेर कर देखते हुए कहा, "क्या कहता? वही जो हुआ।"

समसार चन्द जू ने एक घृणित दृष्टि शबरी पर डाली, "किस बात की कमी है इस घर में मगर...इंसान अपनी खसलत से बाज़ कहाँ आता है!" यह कहकर समसार चन्द जू ने नज़रें फेर लीं। दुनियादारी की कई तार की चाश्नी में पगे समसार चन्द जू ने बात तो ठीक कही थी मगर अभागी शबरी को छोड़कर और कौन जानता था कि यह खसलत उसकी नहीं बल्कि समसार चन्द जू की अम्मा जी की ही थी जो असली बात को हज़्म कर गई थीं। अम्मा जी के अलावा भला कौन जानता था कि यह इशारा शबरी की ओर न होकर खुद उनके आवारा भांजे नन्हा जी की ओर था। इस तरह अम्मा जी ने एक तीर से दो शिकार किए थे। एक तरफ़ उन्होंने अपने भांजे को साफ़ बचा लिया था और दूसरी तरफ़ शबरी और समसार चन्द जू के बीच बेएतबारी की एक स्थायी दीवार चुन दी थी।

ऊनी चादर समेट कर नंगे पैर शबरी बाहर जा रही थी। काश कि चादर के साथ वह खुद पर पड़ी ये नामुराद खाक भी झाड़ पाती। काश उसका जीवन वही बड़ा-सा देग़चा होता जो उसे माँजना नहीं आया था। किसी से पूछकर या मदद लेकर उसे राख से माँज कर उसका चेहरा निखारने की कोशिश तो कर सकती थी।

आज न समसार चन्द जू हैं न ही शबरी की ज़िन्दगी में उनके घर-परिवार की कोई भूमिका है पर वे बीते दिन बीतकर भी नहीं बीतते! इतने बरस बाद अपने मायके में बैठी शबरी अपनी राख सनी हथेली को ऐसे देख रही थी मानो आज उस देग़चे को माँजने का दृश्य उसमें दिखाई दे रहा हो। तभी अचानक सोमावती की आवाज़ ने चौंका दिया, "अरे तू अभी तक ये खोस लिए बैठी है। हाँ हाँ...बर्तन माँजने के बहाने दुबककर एक कोने में बैठी रह... तुझे क्या...आज खिचड़ी अमावस है तो तेरी बला से...मैं खाँस-खाँस कर मरी

जा रही हूँ तो तेरी बला से!"

"भाभी...बस हो गया। मँज गये खोस।"

"अरे मुझे तो लगा था तू ऊपर कन्यी* पर जाकर गाँठ गोभी का अचार सँभाल रही होगी। सब काम मेरी जान के लिए ही रखे हैं।"

"अभी जाती हूँ भाभी..."

"रहने दे...रहने दे...मैं खुद देख आऊँगी।"

"नहीं...नहीं भाभी...बस जा रही हूँ।" शबरी ने खोस की राख कपड़े से पोंछनी शुरू की।

"नहीं नहीं रहने दे अब...मैं जा रही हूँ...देख आती हूँ...जाने कैसे चलाएगी तू उसे...बर्बाद ही हो जाएगा अचार। तू दोपहर बाद जाकर हाँडी नीचे ले आना। अभी उठ मछली तल ले। थोड़े सूखे बैंगन भी उबाल लेना। सूखी मिर्च और दही के बनाएँगे। तेरे गाशा जी का मन है।"

सोमावती हिदायतें देकर सीढ़ियों की ओर बढ़ी तो मन ही मन उसने मौसम को गाली दी, 'आग लगे इस बर्फ़बारी को...ताज़ा सब्ज़ियों के लिए भी तरस जाते हैं। ज़रा अच्छे दिन होते तो मछली के साथ सफ़ेद गोल मूली तलकर पकाते। स्वाद क्या से क्या हो जाता है!' वह अचानक पलटी और उसने शबरी को पुकारा। शबरी फ़ौरन दौड़ी आयी, "क्या हुआ भाभी!"

"तुम लोग तो यही मनाते हो कि मुझे कुछ हो जाए...पर मैं भी सख़्त जान हूँ।"

"नहीं-नहीं भाभी," शबरी हड़बड़ा गयी। "मेरा वो मतलब नहीं था..."

"चूल्हे में डाल अपने मतलब को...तूने पिछवाड़े के गड्ढे में देखा? कोई सिफ़त◆ नहीं है तुझमें...मेरे कहे बिना उस गड्ढे में से ताज़ी मूली ले आती तो जी खुश हो जाता।"

"देखा था भाभी...पर वहाँ...", शबरी ने घबराहट में कुछ अटक-अटक कर कहना चाहा।

"तेरे गले में हमेशा ये थूक-सा क्या अटका रहता है...जल्दी क्यों नहीं बोलती?"

"वहाँ नहीं थी।"

"क्या? मूली?"

"नहीं...हाँ...मेरा मतलब मूली नहीं थी और...और भी कुछ नहीं था।"

---

* सबसे ऊपर का कमरा

◆ गुण

"क्या कहती है अभी दो-ढाई महीने पहले ही तो पाँच सेर शलगम, पाँच सेर मूली और पाँच ही सेर गाँठगोभी गड्ढ़ा खुदवाकर दबाई थी। कहाँ गयी? क्या जिन खा गया?"

"पर मैंने तो आज सुबह-सुबह सबसे पहले वो गड्ढ़ा खोदकर ही देखा था...वहाँ कुछ नहीं था। शायद...शायद...इस्तेमाल में आ चुका हो।"

"हे भगवान! अरे तुम लोगों का शिकम* है कि तन्दूर! तेरा भाई कहीं समाज-सेवा के चक्कर में चुपके-चुपके बाँट तो नहीं आया सब्ज़ियाँ?"

"नहीं भाभी!" शबरी ने अपनी काँपती आवाज़ में कहा।

"चल चल जा काम सँभाल...तू तो उसकी पैरवी करेगी ही।" कहती हुई सोमावती ने रुख़ सीढ़ियों की ओर किया। "खाओ अब सूखी सब्ज़ियाँ...हँह... कितना भी सोचो-करो इस घर के लिए सब कम है।" आधी सीढ़ियाँ पार कर वह बैठ गयी। कलेजे में एक बगूला-सा उठा। कुछ क्षण बाद साँस बैठी तो 'हरिओम तत् सत्' कहती ऊपर की ओर चली।

दूसरी मंज़िल पर अचार की हाँडी के मुँह पर बँधा कपड़ा खोलकर उसने हाँडी को हिलाया। अचार सूँघने के लिए मुँह पास किया तो सरसों के तेल में मिली राई की ऐसी तेज़ धुँएधार धसक उठी कि सोमावती की खाँसी शुरू हो गयी। हाँडी एक ओर कर उसने खुद को सँभालने की कोशिश की। खाँसते-खाँसते नीचे की ओर चली। छाती पर हाथ रख वह खाँस रही थी तो उसे महसूस हुआ कि यह सूखी खाँसी नहीं है। अचानक मुँह में कुछ भर आया था। नीचे जाकर उसने जब वह थूका तो फटी आँखों से देखती रह गयी। वह ताज़ा खून था।

खिचड़ी अमावस की वजह से आज केदारनाथ घर में ही थे। बर्फ़ की बारिश भी हल्की हो चुकी थी। वे सर्वकाक के यहाँ उन्हें लिवा लाने दौड़े। पर यह महसूस कर हैरान हुए कि सर्वकाक उनके साथ चलने में आना-कानी सी कर रहे हैं। केदारनाथ घबरा गये, "सर्वकाक चलकर देख लीजिए ना...उसे क्या हुआ है? बच तो जाएगी? ग्रहदशा क्या कहती है?"

सर्वानन्द कुछ कहने ही वाले थे कि उनकी निगाह पास खड़ी मुगलानी पर पड़ी। वे अपने शब्द उसी रास्ते निगल गये जिस रास्ते वे आ रहे थे।

"हो क्यों नहीं आते वहाँ तक?" मुगलानी ने कहा तो वे उठे और केदारनाथ के साथ चल दिए। "ठीक है...कहती हो तो हो आता हूँ...मगर...।" कहते हुए उन्होंने फिर मुगलानी की ओर देखा जो उनसे कहीं अधिक उनके

*पेट

कुवाक् को घूर रही थी।

अब तक सोमावती खून की एक उल्टी और कर चुकी थी। सर्वकाक ने उसका चेहरा देखा। कुछ सोचा। फिर उसकी नब्ज़ देखी। माथा, गर्दन और तलुबे छूकर देखे। फिर उठे और दरवाज़े की ओर बढ़ने लगे, "केदारनाथ ये दमा नहीं है। इसके फेफड़ों में पानी भर गया है। इलाज कराना चाहते हो तो इसे ज़नाना अस्पताल ले जाओ। ठंडी काँगड़ी की आँच भला कितनी देर चलती है। वे लोग च़ालन* से आँच ऊपर-नीचे कर देंगे तो शायद कुछ दिन चल जाए मगर..."

केदारनाथ रुआँसे हो गये। हाथ जोड़कर बोले, "नहीं महाराज हमें तो आप पर ही भरोसा है। आप ही कोई उपचार कीजिए।"

"नहीं भई हमारी हिकमत तो अब पुरानी हुई...मुगलानी न कहती तो शायद में यहाँ आता भी नहीं पर..."

"ऐसा मत कहिए...," केदारनाथ के आँसुओं से भरे हलक से आवाज़ निकली तो सर्वकाक ने उनके कन्धे पर हाथ रखा, "बेटा वक़्त ज़्यादा नहीं है...इसे अस्पताल ले जाओ।" कहकर वे आगे बढ़ गये। फिर दरवाज़े के पास ठिठके और पलट कर देखा, "जाते हुए शबरी को बता जाना कि कौन सी जगह लीपनी है...कुशा, दीये वगैरह का इन्तज़ाम भी...।" वो वापस मुड़े ओर 'ऊँ नमः शिवाय' कहते हुए साझा दीवार में लगे दरवाज़े की ओर चल दिए। केदारनाथ को सिर पर अचानक इतना बोझ महसूस हुआ मानो छत की सारी बर्फ़ एक साथ सिर पर आ गिरी हो।

सर्वकाक के घर आते ही मुगलानी ने पूछा, "क्या हुआ सोमावती को?"

"अरे होना क्या था!" कहकर वे ख़ामोश हो गये। मुगलानी जानती थी कि उसके सवाल काक के समक्ष जंगल में रोने सदृश्य होते हैं। फिर भी कुछ क्षण इन्तज़ार करने के बाद उसने बेसब्री से कहा, "कुछ बताओगे भी...कैसी है वो?"

"कैसी क्या! बस बीती बात है..."

"शुभ-शुभ बोलो...अभी उम्र ही क्या है उसकी। अपने इन्हीं हाथों से तो ब्याहकर लाई हूँ उसे। कोई दवा दी क्या?"

"नहीं अस्पताल ले जा रहे हैं।"

"अस्पताल का भी तुम ही कह कर आये हो क्या?"

---

*काँगड़ी की आँच को ऊपर-नीचे करने का सपाट चम्मच जैसा जो प्रायः काँगड़ी के साथ ही बाँध कर लटकाया जाता है।

"तो क्या करता...आख़िरी वक्त में घर ले आता उसे?"

"शुक्र है अस्पताल का ही कहा...तुम्हारा कोई भरोसा नहीं...बस चलता तो कह आते श्मशान ले जाओ इसे।" फिर अपनी खीझ को बड़बड़ाते हुए ज़रा निकालकर पूछा मुगलानी ने, "तुम कुछ कुवाक् कह तो नहीं आये वहाँ?"

सर्वकाक अपने कमरे के दरवाज़े तक पहुँच चुके थे। प्रवेश करते हुए मुगलानी की जिज्ञासा के जबाव में कहा गया वाक्य मानो उन्होंने खुद से कहा, "मेरे कहने न कहने से क्या होता है। सब शिव है। पर शिव की शक्ति निकल जाए तो कहाँ का शिव! फिर तो शव है...केवल शव!"

मुगलानी ने सिर पीट लिया। फिर साझा दीवार के दरवाज़े को तेज़ी से पार कर सोमावती के घर जा पहुँची। अम्बरनाथ ताँगा ले आया था। फ़ौरन सोमावती को अस्पताल ले जाया गया।

केदारनाथ के घर की खिचड़ी अमावस उनके जीवन की अमावस में ढल गयी थी। न शाम को फिर खिचड़ी बनी थी, न यक्ष के लिए शुभ की खिचड़ी प्रस्तुत की गयी थी। सोमावती ने अस्पताल पहुँचते ही दम तोड़ दिया था।

जब तक सोमावती की देह को घर वापस लाए दोपहर सिर पर थी। सो फ़ौरन उसकी अन्तिम विदाई के इन्तज़ाम शुरू हुए।

खबर घर तक पहुँचती तो पृथ्वी घर से गायब था। शाम तक उसका पता-ठिकाना न मिला। श्मशान से लौटकर अम्बरनाथ ने स्नान किया और केदारनाथ के कमरे में कुछ रिश्तेदारों के साथ बैठा ही था कि दरवाज़े से दुर्गा ने हौले से पुकारा, "भाई जी, जिगरी बुला रही हैं।"

अम्बरनाथ दूसरे कमरे में जाने के लिए बढ़ा तो सहन में खड़ी शबरी ने पीछे से पुकार कर रोका, "भाई जी।"

"हाँ कहो," अम्बरनाथ ने मुड़ते ही कहा।

"पृथ्वी घर में नहीं है। शाम हो रही है।"

"हाँ दोपहर में भी नहीं था," अम्बरनाथ के स्वर में परेशानी-सी नज़र आयी।

"मगर अब तो बहुत देर हो चुकी है...अँधेरा होने लगा है।"

"जाता हूँ...पड़ोस में ही होगा। जियालाल के घर देख आऊँ पहले।"

"वहाँ दुर्गा को भेजा था, नहीं है। नीलकंठ के घर भी नहीं है। मुझे डर लग रहा है। कहाँ गया होगा?"

"अरे कहीं नहीं," हलकी-सी खीझ के साथ कहा अम्बरनाथ ने। "होगा

यहीं कहीं...देखता हूँ।" कहकर वह दरवाज़े की ओर बढ़ गया।

"भाई जी," शबरी ने पीछे से पुकारा तो वह रुका और पलटकर देखा। मानो पूछ रहा था—अब क्या है?

"भाई जी, उसे डाँटिएगा नहीं...वो घबराकर गया होगा।"

"घबराकर?"

"हाँ मुझे पता है। वो ज़रूर घबराकर छुपा बैठा है कहीं...आपको मेरी क़सम...उसे कुछ मत कहिएगा।"

अम्बरनाथ ने हामी-सी भरते हुए सिर हिलाया और निकल गया।

शबरी ने पास खड़ी दुर्गा के सिर पर ओढ़ा शाल ज़रा ठीक से ओढ़ाया और उसे दुलार भरी नज़रों से देख भीतर चली। उसका दिल बेचैन था। रह-रह कर ज़ोर से धड़क-सा जाता था।

उसे याद आया कुछ महीनों पहले का वह दिन। पृथ्वी सुबह से स्कूल जाने को उतावला था। आज महाराजा हरिसिंह का जन्मदिन था। महाराजा के जन्मदिन पर सजी-धजी नावों का एक क़ाफ़िला अमीरा कदल के पहले ब्रिज से शुरू होकर सातवें ब्रिज तक जाता था। एक सुन्दर-सजी नाव में महाराजा स्वयं भी काफ़िले में होते थे। किनारे-किनारे तट पर जन समुदाय उनके दर्शनों के लिए घंटों खड़ा रहता था। स्कूलों से बच्चों को भी ले जाया जाता था। जहाँ-जहाँ से महाराजा की नावों का क़ाफ़िला चलता था 'महाराज बहादुर की जय' के नारों से हवा गूँज जाती थी। इस जयघोष से पानी में कम्पन-सा पैदा होता था। पूरे शहर में उत्सव का माहौल होता था।

आज पृथ्वी को भी अपने स्कूल के साथ घाट पर जाना था और महाराज बहादुर की जय-जयकार करनी थी। सुन्दर-सजी नावें उसकी आँखों में तैर रही थीं। सुबह वह खुद नींद से जागा था। बिना कहे उसने स्नान किया था। धुले कपड़े पहने थे। बालों में क़रीने से कंघी की थी। मन में उत्साह लिए स्कूल को रवाना हुआ था।

स्कूल पहुँचा। प्रार्थना सम्पन्न हुई तो हैडमास्टर साहब ने उदास लहजे में बताया कि कल रात स्कूल के एक विद्यार्थी का अचानक गले में एक सिक्का फँस जाने से देहान्त हो गया। खेल-खेल में वह सिक्का छिपाने के लिए उसने कब मुँह में डाला पता ही न चला था। उँगली डालकर निकालने की कोशिशों के बावजूद जब वह सिक्का नहीं निकाला जा सका तो उसे फ़ौरन अस्पताल ले जाया गया था। वहाँ डॉक्टर की जाँच से पहले ही उसका मुँह नीला पड़

चुका था, साँस रुक गयी थी और उसने दम तोड़ दिया।

जब हैडमास्टर साहब ने बताया कि वह विद्यार्थी पाँचवीं कक्षा का अर्जुननाथ है तो पृथ्वी ने गर्दन मोड़ कर साथ वाली पंक्ति को देखा। अर्जुननाथ वहाँ नहीं था। उसका सबसे प्यारा दोस्त अर्जुननाथ। कल ही तो स्कूल से जाते वक्त उसे अर्जुननाथ ने मुड़ा हुआ एक काग़ज़ थमाया था। बाहर निकल कर उसने खोलकर देखा था तो दोनों खूब हँसे थे। उस पर वनमानुष का चेहरा बना था। अर्जुननाथ ने कहा था, "ये हैडमास्टर मधुसूदन है। है न ज़ोरदार?"

उनका ठहाका सुनकर आसपास के बच्चों ने उनकी ओर देखा तो पृथ्वी ने फ़ौरन काग़ज़ को फिर मोड़कर बन्द कर दिया था।

"जेब में रख ले," अर्जुननाथ ने कहा था। "घर ले जा," फिर वह फुसफुसाकर बोला था, "मैंने चेहरा और धड़ बना दिए हैं। हाथ-पाँव तू बनाकर लाना कल।"

"मैं?" पृथ्वी के मुँह से हठात् निकला था।

"हाँ मगर हाथ में केन ज़रूर होनी चाहिए...मंदलू* पर जमाने के लिए।" कहा था अर्जुननाथ ने। पृथ्वी ने हँसते हुए वह काग़ज़ जेब में रख लिया था।

कुछ दूर जाकर दोनों के रास्ते जुदा होते थे। पृथ्वी अभी अपनी सड़क पर चार-छह क़दम ही बढ़ा था कि अर्जुननाथ ने पुकारा, "पृथ्वी...सुन।"

पृथ्वी ने पलट कर देखा तो अर्जुननाथ उसी की ओर आ रहा था।

"नहीं तू केन मत बनाना।"

"क्यों?"

"उसके हाथ में केन नहीं देंगे। केन हम अपने हाथ में रखेंगे। उसके मंदलू पर जमाने के लिए।" और फिर हँसते-हँसते दोनों के पेट में बल पड़ गये थे।

बहुत देर तक वे रास्ते में खड़े-खड़े ऐसे ही हँसते रहे थे। एक राहगीर ने मुस्कराकर कहा था, "क्यों भई मस्ती हो रही है?" इस पर दोनों और ज़ोर से हँसे थे। वह राहगीर भी हँसता हुआ निकल रहा था तो किनारे उकड़ूँ बैठकर टोकरे में अम्बरी सेब बेचते एक फलवाले ने भी मुस्कराकर जोड़ा था, "करो-करो मस्ती...खूब हँसो...यही उम्र है...फिर तो पेट के धन्धे से लगोगे... हँसी फाख़्ता हो जाएगी।"

अर्जुननाथ और पृथ्वी अपनी-अपनी राह निकल गये थे।

प्रार्थना सभा की एक पंक्ति में खड़े पृथ्वी ने जेब में हाथ डालकर देखा था। कल अर्जुननाथ का दिया काग़ज़ वहाँ मौजूद था। उसने वनमानुष के

---

*पिछवाड़े

हाथ-पाँव बना दिए थे इसलिए उसे लौटाने लाया था। तो क्या अब वह काग़ज़ पृथ्वी अर्जुननाथ को कभी न दे पाएगा? अर्जुननाथ कभी न जान पाएगा कि पृथ्वी ने उस वनमानुष के हाथ-पाँव कैसे बनाये? दोनों मिलकर काग़ज़ पर बने उस वनमानुष को देखकर अब कभी न हँस सकेंगे?

तभी उसके कानों ने सुना कि हैडमास्टर साहब कह रहे हैं कि उनका स्कूल आज महाराज बहादुर के शुभ जन्मदिन पर बधाई देने नहीं जाएगा। मास्टर लोग अर्जुननाथ के दाह-संस्कार के लिए श्मशान जाएँगे। जो बच्चे अपने साथी की अन्तिम विदाई में शरीक होना चाहते हैं वे मास्टरों के साथ श्मशान जा सकते हैं। हैडमास्टर ने यह भी कहा था कि जब दोस्त इस दुनिया से विदा लेता है तो उसे अन्तिम प्रणाम करने जाना हमारा फ़र्ज़ होता है।

प्रार्थना सभा बच्चों की फुसफुसाहट से भिनभिनाने लगी थी। कई बच्चों ने जाने के लिए हाथ खड़ा किया। जो जाना चाहते थे अलग पंक्ति में खड़े हो रहे थे। पंक्ति के आगे एक मास्टर खड़ा बच्चों को गिनता जा रहा था।

पृथ्वी एक ओर खड़ा यह देख रहा था। बच्चे मास्टरों के साथ पंक्ति बनाकर स्कूल के दरवाज़े से बाहर निकल रहे थे। तभी अचानक उसे अपने क्लास के मास्टर दीनानाथ मिडिल की आवाज़ सुनाई दी, "पृथ्वी।" इस आवाज़ से वह चौंक गया।

उसने पलटकर देखा तो मास्टर दीनानाथ मिडिल ने कहा, "पृथ्वी तुम पीछे क्यों खड़े हो?"

पृथ्वी को कोई जवाब न सूझा। दोस्त का खोना, मृत्यु, श्मशान उसके लिए सब बेगाने थे।

"चलो तुम भी चलो। तुम्हारा तो सबसे पक्का दोस्त था अर्जुननाथ।" मास्टर दीनानाथ मिडिल ने कहा तो जाने किस डर से पृथ्वी का दिल ज़ोर से धड़का। धक्-धक्।

"नहीं मुझे नहीं जाना है," पृथ्वी ने छूटते ही कहा और दो क़दम पीछे हो गया।

मास्टर दीनानाथ मिडिल ने फ़ौरन आगे बढ़कर पृथ्वी की बाँह पकड़ ली, "तुम्हें चलना चाहिए।" और पृथ्वी को खींचते हुए दरवाज़े की ओर बढ़े।

"मास्टर जी मुझे नहीं जाना," पृथ्वी ने फिर कहा मगर मास्टर दीनानाथ सधे क़दमों से उसे बाँह से खींचते हुए दरवाज़े की ओर बढ़ गये थे।

जब तक बच्चे पैदल चलते हुए श्मशान पहुँचे अर्जुननाथ की चिता को मुखाग्नि दी जा चुकी थी। स्कूल के बच्चों के घेरे में चिता धूँ-धूँ जल रही

थी। मास्टर दीनानाथ ने वहाँ रखे चन्दन की लकड़ी के छोटे-छोटे टुकड़े देकर बच्चों से कहा कि चिता में डालें।

सब बच्चों ने चन्दन की लकड़ी का एक-एक टुकड़ा चिता में डाला। एक टुकड़ा पृथ्वी को भी थमाया गया था जो उसने काँपते हाथों से चिता की ओर फेंका। तो क्या इन लकड़ियों में अर्जुननाथ जल रहा है? उसका दोस्त अर्जुननाथ? जिसने कल वनमानुष बना कर दिया था वह अर्जुननाथ? मरने के बाद ऐसे ही जल जाते हैं? बिना चीखे? तब दर्द नहीं होता? आँच नहीं लगती? पृथ्वी ने जेब में हाथ डाला तो वनमानुष वाला काग़ज़ वहाँ था उसकी उँगलियाँ काँप उठी थीं।

थोड़ी देर बाद मास्टर साहब ने सब बच्चों को वापस चलने का संकेत किया और उन्हें पंक्ति बनाने को कहा। मास्टर दीनानाथ पृथ्वी के पास आये और उसकी बाँह पकड़कर कहा, "चलो पृथ्वी।"

मास्टर दीनानाथ ने वही बाँह थामी थी जिसका हाथ जेब में था। बाँह थामने से हाथ जेब से बाहर निकल आया था। हाथ में काग़ज़ था।

मास्टर दीनानाथ ने जिज्ञासावश पूछा, "ये क्या है?"

पृथ्वी के हाथ के साथ-साथ सारी देह डर से काँप उठी। कहीं मास्टर जी ने देख लिया तो?

उसने झट दूसरे हाथ में वह कागज़ लेकर तेज़ी से उसे गोलकर चिता की ओर उछाला, "ये मेरा नहीं अर्जुननाथ का है।"

पृथ्वी और मास्टर दीनानाथ दोनों ने काग़ज़ को चिता में जलते देखा। पृथ्वी डर से सहमा हुआ था। मास्टर दीनानाथ की आँखें सजल थीं। उन्होंने उसके सिर पर हाथ फेर कर कहा, "चलो वापस चलें।" और पृथ्वी खिंचता चला गया।

घर आकर उसने जिगरी को अर्जुननाथ की अचानक मृत्यु और श्मशान जाने का बताया था तो जिगरी ने फ़ौरन उसे स्नान करने का आदेश दिया था।

स्नान के बाद उसने भर पेट चावल के साथ शलगम-नदरू◆और वारिमुठ* खाई थी और ऊपर जाकर सो गया था।

कुछ ही देर बाद दुर्गा रोती हुई नीचे आयी थी, "पृथ्वी भाई सोने नहीं देते...रो रहे हैं जिगरी।"

"क्यों?" शबरी ने हैरानी से कहा था और दुर्गा की बाँह पकड़कर ऊपर चल दी थी।

◆कमलककड़ी *राजमा जैसी एक कश्मीरी दाल

पृथ्वी गहरी नींद में था और रह-रह कर सुबक रहा था। शबरी उसके पास गयी और उसके सिर व पीठ पर स्नेह से हाथ फेरा, "पृथ्वी..पृथ्वी...क्या बात है?"

पृथ्वी अचानक चौंक कर जाग उठा, "जिगरी मुझे जला रहे थे...अर्जुननाथ के साथ।"

शबरी ने पृथ्वी को पास लाकर सीने से सटा लिया, "नहीं...कोई नहीं जला रहा...किसी को नहीं...मैं तेरे पास हूँ...तेरा कोई बाल बाँका भी नहीं कर सकता...मैं हूँ न तेरे पास..."

पृथ्वी रोने लगा, "जिगरी...।" शबरी उसे थपथपाती रही।

"जिगरी हम सब जल जाएँगे?"

"नहीं बेटे नहीं...ऐसे नहीं कहते...ऐसा सोचते भी नहीं...सो जाओ....सो जाओ मेरे बेटे।" और जिगरी की गर्माहट में सुबकता पृथ्वी सो गया था।

सीढ़ियों पर कुछ क़दमों की तेज़ आहटें सुनाई दीं तो कुछ दिन पुरानी घटना की स्मृति में खोई शबरी वापस लौटी थी। आज तो पृथ्वी ने अपनी माँ को खोया है! अपने भीतर के डर से जान छुड़ाने जाने कहाँ भागता फिर रहा होगा! क्या पृथ्वी आ गया? उसने कमरे से निकलकर देखा। अम्बरनाथ और उसके पीछे सिर झुकाए पृथ्वी ऊपर ही आ रहे थे।

"कहाँ था तू?" शबरी ने बिना साँस लिए पूछा। पृथ्वी खामोश रहा।

"कुछ खिलाओ इसे पहले। लगता है सुबह का भूखा है। घाट के किनारे बैठा था। गधे वालों के साथ। वो मिट्टी बेच रहे थे और ये उनके गधों को दुलार रहा था। बाल्टी से उन्हें पानी पिला रहा था।"

पृथ्वी सामने से निकला तो शबरी ने स्नेह से पुकारा, "पृथ्वी", मगर पृथ्वी बिना सुने धीमे क़दमों से अपने कमरे की ओर बढ़ गया था।

सोमावती के शोक के दिन पूरे हो चुके थे। केदारनाथ ने अगले दिन सुबह की बस पकड़कर नौकरी की राह लेना तय किया। सुबह जाने के लिए तैयार होते हुए केदारनाथ बहुत खामोश और उदास-से थे। अम्बरनाथ ने नज़र बचाकर उनकी ओर देखा तो वे अनायास बहुत कमज़ोर और बूढ़े नज़र आये। अन्त में जब उन्होंने अपना दस्तार सिर पर रखा तो अम्बरनाथ को लगा कि गाशा जी नहीं उसके बूढ़े पिता खड़े हैं। वह उठा, केदारनाथ का सामान उठाया और बोला, "चलिए मैं बस अड्डे तक चलता हूँ।"

"नहीं नहीं...तुम बैठो...मैं चला जाऊँगा", जूता पहनते हुए कहा केदारनाथ ने।

"आइए भी," कहता हुआ अम्बरनाथ मज़बूत सधे क़दमों से आँगन पार कर सदर दरवाज़े की ओर चला।

"अरे अम्बरनाथ!" केदारनाथ 'क्या' और 'क्यों' कहना चाहते थे पर असमंजस में खड़े सोचते रहे कि शबरी बोल उठी, "ठीक तो है गाशा जी.. भाई जी बस अड्डे तक ही तो..."

केदारनाथ की आँखें नम हो आयीं। उन्होंने जाते हुए शबरी के सिर पर हाथ रखा और आगे बढ़ गये। जाने क्यों आज शबरी भी आँगन तक उनसे पीछे-पीछे उन्हें पहुँचाने आयी। दरवाज़े से बाहर जाकर गली की ओर क़दम बढ़ाने से पहले केदारनाथ ने पलटकर शबरी को कुछ इस नज़र से देखा मानो कह रहे हों, 'पृथ्वी और दुर्गा का ख़याल रखना। तुम्हारा ही सहारा है।' उन्हें ऐसा भी लगा कि शबरी ने खामोश ज़ुबान में जवाब दिया 'वो तो मेरे ही बच्चे हैं, उनकी फ़िक्र अब मेरी फ़िक्र है।'

अम्बरनाथ गाशा जी को बस में बैठाकर आया तो वह भी कुछ-कुछ अनमना व उदास था। शबरी के कहने पर उसने दोपहर का भोजन किया और अपने कमरे में गया। सोचा अपना लेख पूरा कर ले। बहुत दिन हुए थे क़लम उठाए पर ध्यान न लगा पाया। मन भटक-सा रहा था। ध्यान को केन्द्रित करना चाहा तो समझ आया कि वहाँ तो विचारों का जमघट-सा बना हुआ है। उसे कुछ घुटन भी महसूस हुई। मानो हुक़्क़े का लम्बा-सा कश लेकर धुआँ बाहर ही न फेंक पाया हो। बेचैनी हुई तो सोचा कहीं बाहर चला जाए। घर से निकलकर दोस्तों से दो-दो बातें की जाएँ। अनायास ही उसके क़दम नित्या के घर की तरफ़ बढ़ चले।

नीचे के कमरे में मुगलानी बैठी गद्दे में कुछ टाँके लगा रही थीं। अम्बरनाथ ने देखा तो बोला, "काकनी नमस्कार। ये गद्दा क्यों सी रही हो?"

"सियूँगी नहीं तो तेरा दोस्त ठिठुर नहीं जाएगा? क्या तू घर से गद्दा लाकर देगा उसे?" मुगलानी ने चिढ़कर कहा। फिर मन-ही-मन बोली, 'इसमें पूछने की बात क्या है कि क्यों सी रही हो! फटा है तभी तो सियूँगी।'

अम्बरनाथ सीढ़ियों की ओर बढ़ रहा था, "उसके लिए क्या काकनी तुम्हारे लिए भी ला दूँगा।" उसने ऊपर चढ़ते हुए सुना, "हाँ हाँ...ला देगा। उस घर में एक ही ख़ैरख़्वाह थी मेरी। वो भी नहीं रही। विष्णुभवन मिले उसे। बेचारी इतनी कम उम्र में...।"

अम्बरनाथ नित्यानन्द के कमरे में पहुँचा तो उसे ऊनी चादर ओढ़कर लेटा पाया।

"नित्या...क्या नींद?"

"नहीं यार...आओ आओ...नींद नहीं बस ऐसे ही।"

"चल उठ तैयार हो.. मैं भी तैयार होकर आता हूँ...सादिक़ की तरफ़ चलते हैं।"

"पता नहीं आज आलस-सा आ रहा है...उठने का जी नहीं है," नित्यानन्द ने ऊनी चादर को ठीक से लपेटते हुए कहा।

"अरे उठ ना यार...हम लोगों को आलस नहीं सुहाता। मुझे भी एक अर्सा हुआ सादिक़ से मिले। चल उठ...चलकर देखें कि शहर के क्या हाल-चाल हैं।" अम्बरनाथ कोने में रखे तख़्त पर बैठ चुका था।

"आज नहीं...फिर कभी...अच्छा ज़रा शाम हो जाए तब चलेंगे।"

"टाल रहे हो...मुझे लगता है तुम्हारा मन नहीं है वहाँ जाने का। क्यों?"

"नहीं ऐसा नहीं...मेरा तो घर से निकलने का ही मन नहीं कर रहा है। अब तुम भी यहीं बैठो। कहवा पीते हैं गर्मागर्म।"

अम्बरनाथ ने उसकी बात अनसुनी कर दी, "इधर कुछ दिनों से देख रहा हूँ कि तुम सादिक़ से कुछ कटने लगे हो...क्या बात है?"

"अब सुनना ही चाहते हो तो सच बात ये है कि," नित्यानन्द उठकर गावतकिये के सहारे बैठ गया।

"कि?"

"मुझे उसकी सोहबत अब कुछ मसनूई-सी लगती है। कौन नहीं जानता कि इनके जी में क्या है...मगर जब देखो वही आस्मानी बातें।"

"मुझे लगता है तुझे सचमुच कुछ ज़्यादा आलस आ रहा है...कम-से-कम इस वक़्त तो मैं यही मानना चाहूँगा क्योंकि तुम्हें यह भी ख़याल नहीं कि तुम सादिक़ के लिए ये सब कह रहे हो। उस सादिक़ के लिए जो बचपन से हमारा दोस्त रहा है। छठी से हम एक ही क्लास में साथ-साथ पढ़े हैं। हर सुख-दुख में साथ रहे हैं।"

"वो तो है पर...", नित्यानन्द ने कुछ कहना चाहा था पर अम्बरनाथ तख़्त से उठ खड़ा हुआ। "अगर ये लफ़्ज़ तुम्हारे जी की गहराई से निकल रहे हैं तो नित्यानन्द किसी दिन फुर्सत से कहीं बैठकर इस बारे में बात करनी होगी। कम-अज़-कम हम लोगों को तो इस तरह चीज़ों को खानों में बाँटकर नहीं सोचना चाहिए...चलता हूँ।" कहते हुए अम्बरनाथ ने सीढ़ियों की ओर रुख किया।

"अरे कहवा तो पीते जाओ," नित्या ने पीछे से पुकारा।

"अब कहवा उसी बहस के नाम। तुम अपने आलस के मज़े लो।" कहते हुए अम्बरनाथ सीढ़ियाँ उतर गया था।

घर पहुँचकर अम्बरनाथ ने कपड़े बदले और बाहर आ गया। गली में चलते हुए उसने सोचा सादिक़ से मिलने उसके कारख़ाने की ओर चलूँ या डल की ओर जहाँ वह कुछ दिन पहले हाउसबोट बनवा रहा था। अगर कारख़ाने पर पहुँचा और वह डल गया हो तो? या डल पहुँचा और पता चले कि हाउसबोट का काम पूरा हो चुका और वह कारख़ाने में है तो? उसने तय किया कि वह पहले कन्या कदल जाकर उसके घर से पता करेगा कि वह कहाँ होगा। वैसे भी कन्या कदल तो पास ही था।

सादिक़ के घर पहुँचा तो यह देख हैरान हुआ कि वह सुबह कारख़ाने पर गया था और अब घर से डल के लिए निकल रहा था। सादिक़ भी इतने दिनों बाद अम्बरनाथ को देखकर बहुत खुश हुआ। उसने जब जाना कि अम्बरनाथ ख़ास उसी से मिलने आया है तो उसने अम्बरनाथ के कन्धे पर हाथ रखा, "चलो यार डल चलते हैं। आज मेरा वो हाउसबोट भी तैयार हो जाएगा और शाम तक ख़रीदार के सुपुर्द करना है।"

दोनों दोस्त लम्बे-लम्बे डग भरते हुए चलने लगे। तभी सादिक़ ने कहा, "जानते हो पन्द्रह दिन बाद मिल रहे हैं हम।"

"हाँ इस बीच तुम एक बार घर आये थे...वो भाभी के लिए...'' अम्बरनाथ बोला।

"वो मिलना भी कोई मिलना हुआ...खुदा न करे कोई किसी के घर वैसे कभी जाए। पर तुमसे जी की बात किये तो लगता है अर्सा हो गया।"

"हाँ यार पता नहीं ऊपर वाले को क्या मंजूर है! कभी कोई परेशानी तो कभी कोई दुख!"

"अब बहुत हुआ...सब ठीक रहेगा अब। तुम अपने कामों में जुट जाओ। शाम को मिलकर बैठा करेंगे।"

"हाँ सादिक़...पर अब लगता है पहले जैसी फ़ुर्सत ही नहीं रही। घर की परेशानी भी रहती है। गाशा जी रवाना हो चुके हैं। बच्चे, घर सब शबरी के ही सहारे हैं।" कहते-कहते अम्बरनाथ ने पाया कि सादिक़ किसी राहगीर को रास्ता देने की वजह से शायद दो क़दम पीछे रह गया था।

पीछे से सादिक़ ने पूछा, "शबरी कैसी है?"

"नहीं...अब तो काफ़ी हद तक सँभल गयी है। बच्चों से घिरी रहती है। कामों में जुटी रहती है।"

सादिक़ ने बहुत लम्बी 'हूँ' भरते हुए कहा, "इन हालात में और हो भी क्या सकता है! बेचारी एक दुख से उबरती है तो दूसरा पहाड़ आ गिरता है।"

"पर अब मैंने सोच लिया है...मेरा इरादा है कि मैं उसे बाक़ायदा पढ़ाऊँगा।"

सादिक़ ने ठहरकर अम्बरनाथ की ओर आँखों में खुशी की चमक के साथ कहा, "बहुत नेक इरादा है।" अम्बरनाथ को भी अचानक ठहरना पड़ा। फिर सादिक़ ने उसकी बाँह पकड़कर आगे क़दम बढ़ाया तो दोनों आगे बढ़े। सादिक़ कह रहा था, "जहालत सब बुराइयों की जड़ है। हमारी क़ौम अगर पढ़ी-लिखी होती तो हमारे ये हाल न होते। खुदा का शुक्र है कि अब हम जाग रहे हैं।"

"मैं तो कहता हूँ हमारी न सही शेख़ साहब की ही सुन लें...पढ़-लिख तो जाएँ लोग। फिर बन्धु जी भी कोई कसर नहीं छोड़ रहे हैं। जहाँ ज़रूरत होती है उनके वॉलेंटियर पढ़ाने के लिए हाज़िर होते हैं।"

"हाँ हालात की बेहतरी की उम्मीद तो करनी ही चाहिए अब।" सादिक़ ने कहा और अचानक उसे नित्यानन्द की याद हो आयी। "सुन...अपना यार नित्या कैसा है? उसे मिले भी ज़माना हो गया। वो तो तेरा अक्स-सा हो गया है। तू नहीं तो वो भी नहीं मिलता। तुम तो जानते हो मैं कारख़ाने और डल के बीच बँटा रहता हूँ। उसे भी ले आते।"

"वो हम सबसे ज़्यादा मसरूफ़ रहता है।" व्यंग्य के साथ कहा अम्बरनाथ ने।

"क्यों? स्कूल के बाद तो घर पर ही रहता होगा ज़्यादातर। या उसे भी तुमने पूरी तरह रिफ़ार्म के कामों में लगा लिया है? जैसे तुम हो...न दिन को दिन समझते हो न रात को रात।"

"अरे वो तो शुरू का आलसी है। सारी बिरादरी जब हारी पर्वत पर इकट्ठा होने के लिए इतवार का इन्तज़ार करती है तब भी वह इतवार को कभी वहाँ पहुँचता है, कभी नहीं।"

सादिक़ ने आवाज़ धीमी करते हुए मुस्कराकर और आँख मारते हुए कहा, "पट्ठा कहीं जीने के सामान ढूँढ़ रहा होगा!"

अम्बरनाथ ने इससे प्रभावित हुए बिना संजीदा आवाज़ में ही जवाब दिया, "जीने का सहारा ढूँढ़ता तो वो भी ग़लत नहीं था...पर मुझे लगता है...वो भी एक आम आदमी की तरह सोचने लगा है...पहले तो हमें उसी के दिमाग के जाले साफ़ करने होंगे।"

"ओ...समझा," सादिक़ भी गम्भीर हो चुका था। उसने आगे कहा, "अगर ये सच है तो इससे बड़ी बदनसीबी क्या हो सकती है!"

"हाँ जैसे भरी जवानी में ही कोई बूढ़ा हो जाए। उसके हाथ से उसके ख़्वाब, उसका आइडियलिज़्म फिसलकर चकना-चूर हो जाए।" अम्बरनाथ कहीं खो-सा गया था। सादिक़ ने गर्दन मोड़कर उसके चेहरे को देखा तो लगा चिन्ता की छाया की बेसहारा उँगली किसी मज़बूत इरादे ने पकड़ ली है। वह गर्दन वापस ले आया और कुछ क़दम खामोश रहने के बाद बोला, "मैं भी अपने आसपास इस वबा* के जरासीम◆ देख रहा हूँ। लगातार पनपते...सरसराते हुए।"

अम्बरनाथ मानो लौट आया था, "ये तो सदियों से चले आ रहे हमारे रिश्ते ही हैं कि हम साथ-साथ एक ही सड़क पर चल रहे हैं...एक ही तरफ़ जा रहे हैं वर्ना हुकूमत ने तो अपनी तरफ़ से कोई कसर ही नहीं छोड़ी थी बर्फ़ में आग लगाने की।"

अचानक सादिक़ की आवाज़ में जोश दिखाई दिया, "बिल्कुल ठीक कहते हो। दुनिया की हर नाजायज़ हुकूमत इसी तरह लोगों में तफ़रीक़• पैदा करके पराई आग में अपनी रोटियाँ सेंकती आयी है।"

दुखी स्वर में अम्बरनाथ ने कहा, "इन्होंने खुद हमारी वादी में ऐसे हालात पैदा किये। नौकरियों के मामले में भी दीवारें चिनने की कोशिश है। भला कोई भी सूबा जगह-जगह पर चिनी हुई दीवारों में साँस ले सकता है? ज़िन्दगी कुशादगी○ का नाम है। अरे हमें तो इकोनॉमिक डेवलपमेंट में मदद चाहिए बस।"

सादिक़ ने स्वर में थोड़ी कड़वाहट के साथ कहा, "हाकिम चाहे किसी रंग का हो वो अपने सिवा किसी का नहीं होता। ऐसा ज़हर बोया है कि एक तरफ़ रिज़रवेशन-रिज़रवेशन है तो दूसरी तरफ़ रोटी दो-रोटी दो है। मज़ा ये कि रकाबी भी खाली और थाली भी खाली।"

"जहाँ नहीं है वहाँ देने के बजाय जहाँ था वहाँ से भी छीन लिया कि तुम्हें नहीं उस क़ौम के लोगों को देंगे जहाँ कम है। हुकूमत का फ़र्ज़ क्या हर इंसान को रोटी देना नहीं? क्या इंसान सिर्फ़ क़ौम है?"

सामने से फेरन पहने लोगों का एक रेला-सा निकल रहा था तो अम्बरनाथ और सादिक़ ज़रा आगे-पीछे हो गये। उस रेले के गुज़र जाने के बाद दोनों ने साथ-साथ आगे की ओर क़दम बढ़ाये। अम्बरनाथ ने अपनी बात जारी रखी, "तुम्हारे पास बुर्जुगों का दिया लकड़ी का कारख़ाना है...ईश्वर की दया से अब तुम हाउसबोट और डूँगे❖ बनाने के बिज़नेस में भी तरक्की पर हो। मैं भी पढ़-लिखकर अख़बारों से जुड़ गया हूँ। ठीक-ठाक गुज़ारा कर ही लेता हूँ...

---

*महामारी ◆कीटाणु •विभाजन ○खुलापन ❖एक तरह की नाव

नित्या भी स्कूल में मास्टरी कर रहा है...लेकिन सवाल ये है कि 90 फ़ीसदी नौजवानों के पास न सही तालीम है न रोज़गार।"

"बात ये है कि रोटियाँ कम पड़ गयी हैं इसलिए आपाधापी मची हुई है। इधर पेट ख़ाली तो उधर काँगड़ी में आँच नहीं। और ऐसे में दीन और मज़हब की दुहाई देकर रस्साकशी का खेल चल रहा है।" सादिक़ ने जवाब दिया।

"ठीक समझे हो...असली मसला तो रोटी का ही है। स्टेट बदहाल है। रोज़गार के मौक़े हैं नहीं पर कुर्सियों पर बैठे अपने को दाना* समझनेवालों ने भी क्या खूब हल निकाला। जो रोज़गार में थे उनकी भी छँटनी कर दी। यानी जो किसी तरह काम धन्धे से लग गये थे उन्हें भी बेसहारा कर दिया, बजाए इसके कि बाक़ी लोगों को भी रोज़गार देते। क्या अहमद की टोपी महमूद के सिर रखने से मसला हल हो जाएगा? टोपी एक ही होगी तो एक न एक का सिर तो उघड़ा रहेगा ही। और जिसका सिर उघड़ा रहेगा उससे दूसरे पर पत्थर फिंकवा रहे हैं।"

"हाँ यार सरकारी नौकरियाँ गिनी-चुनी हैं...इंडस्ट्री का कोई अता पता नहीं... ले-देकर एक रेशमख़ाना है...अरे कितने लग लेंगे उसमें? जो यहाँ के रिवायती पेशे हैं उनको फरोग़◆ देने के लिए भी कोई सरकारी इन्तज़ाम नहीं हैं। काश्तकारों के हालात बद से बदतर होते जा रहे हैं। आख़िर कोई जिये तो कैसे जिये!"

सादिक़ के स्वर में उभरे दुख ने अम्बरनाथ को भी कुछ और दुखी कर दिया था। उसने हुकूमत पर व्यंग्य करते हुए कहा, "क्यों जी तो रहे हैं बर्फ़बारी में देसी भात और हाख खाकर!"

दोनों काफ़ी दूर हालात पर बहस करते चलते रहे, गलियों व बाज़ारों को पीछे छोड़ते हुए। अम्बरनाथ को एक बार फिर नित्या की बात याद आ गयी, "लेकिन सबसे ज़्यादा अफ़सोसनाक बात ये है कि जो पढ़ा-लिखा तबक़ा है उनमें से भी कुछ लोग बहक रहे हैं। उन्होंने अपने दिमाग़ से सोचना बन्द कर दिया है।" फिर ज़रा ठहर कर उसने आगे कहा, "हुकूमत करने वाला चाहे दरबार में बैठा हो या इंग्लिस्तान में, उसे तो कठपुतली का नाच करवाना है। लेकिन सवाल ये है कि हमने पढ़-लिख कर वो क़ाबलियत हासिल क्यों नहीं की कि उसकी डोर को तोड़ सकें!"

सादिक़ ने एक कटु मुस्कान के साथ जवाब दिया, "सियासत...मेरे भाई सियासत इसी का नाम है।"

---

*बुद्धिमान ◆बढ़ावा

इसी तरह तेज़ डग भरते और बातें करते वे लोग डल के किनारे पहुँचे। सादिक़ का हाउसबोट तैयार होकर डल के पानी में खड़ा था।

"लो भई तैयार है," सादिक़ ने कहा।

"वाह भई क्या बात है! सादिक़ तबीयत खुश हो गयी।"

"अरे साहब दोस्तों की दुआ है।"

सादिक़ के इशारे का इन्तज़ार किये बिना ही हमीद डल में पास ही डोल रही अपनी किश्ती का चप्पू लहराता किनारे पर हाज़िर हो गया।

"शुक्रिया हमीद...कैसे हो भई?" कहते हुए सादिक़ सँभलकर किश्ती पर सवार हुआ और हाथ बढ़ाकर अम्बरनाथ को भी उसमें सवार होने में मदद दी। किश्ती नए हाउसबोट के साथ सटकर खड़ी हुई तो दोनों उचककर हाउसबोट में चढ़ गये। फिर सादिक़ ने हाथ के इशारे से अम्बरनाथ का स्वागत करते हुए नाटकीय अन्दाज़ में कहा, "महाराज पहले आप।"

मुस्कराते हुए अम्बरनाथ आगे और सादिक़ पीछे-पीछे हाउसबोट में दाख़िल हुए। चमचमाती लकड़ी के उस नए हाउसबोट के हर कमरे का मुआयना-सा कर दोनों सीढ़ियों से ऊपर पहुँचे। अम्बरनाथ टेक लगाकर उसकी छत पर बैठ गया, "बैठो यार...देखो क्या हवा चल रही है...अब थोड़ी देर यहीं बैठा जाए।"

"हाँ हाँ क्यों नहीं अभी कहवा मँगवाता हूँ। इस हाउसबोट का इनॉगरेशन आज हम ही करें। फिर तो ये किसी नामुराद अंग्रेज़ की नज़र हो ही जाएगा।" सादिक़ ने कहा फिर छत से नीचे झाँक कर पुकारा, "हमीदा...ओ हमीदा... कहवा तो ला ज़रा।"

हमीद का जवाब, 'अभी लाया जनाब,' सुनकर वह आश्वस्त हुआ। फिर अम्बरनाथ के सामने वाली मुँडेर से टेक लगाकर बैठ गया।

थोड़ी ही देर में केसर वाले कहवे की चुस्कियाँ लेते हुए सादिक़ ने कहा, "कुछ भी कहो पंडित नारायण दास के दिमाग़ की दाद देनी होगी। सोचकर देखो यार आज से भी चालीस-पचास बरस पहले का माहौल। उसमें डॉक्सी नाम के एक अंग्रेज़ से पढ़कर फर्राटेदार अंग्रेज़ी बोलना। फिर पंडित होकर यह तय करना कि क़लम-दवात एक ओर रख दुकान खोलूँगा...अलग तरह की दुकान जिसमें सिर्फ़ अंग्रेज़ों के मतलब का सामान होगा।"

"और बदक़िस्मती से दुकान में आग लग जाना।" अम्बरनाथ ने मुस्कराकर जोड़ा।

"जी हाँ...फिर आनन-फानन थोड़ा-बहुत सामान बचाकर किसी डूँगे पर लाद लेना और कोई दूसरी मुनासिब दुकान न मिलने पर उस डूँगे में ही सामान बेचते

रहना। और साहब आख़िरकार अपनी चलती-फिरती दुकान को बचाने के लिए उस पर लकड़ी के फट्टों की दीवारें खड़ी कर एक अदद छत डाल लेना।" कहकर सादिक़ ने कहवे का आख़िरी घूँट पिया।

"हाँ यार...कैसा अजूबा लगा होगा ये सब अंग्रेज़ों को।" अम्बरनाथ बोल पड़ा।

"अजूबा क्या...हम लोगों के दिमाग़ से रश्क करने लगे होंगे। तभी तो एक अंग्रेज़ ने उस छतवाले डूँगे को मुँहमाँगे दामों में ख़रीद लिया होगा...और यहाँ हम कौन से कम थे...वो एक छत वाला डूँगा बिका तो दुकान छोड़ ऐसे ही छतवाले डूँगे बना-बना कर अंग्रेज़ों को भारी कीमत पर बेचने लगे।" सादिक़ की आँखों में विस्मय की एक चमक-सी थी।

"क्यों न ख़रीदते छत वाले डूँगे अंग्रेज़। हाथ-पाँव तो उन्होंने बहुत मारे थे यहाँ बसने के। उनका बस चलता तो इसे अपनी कॉलोनी बनाकर ही दम लेते। उन्होंने तो महाराजा पर बहुत दबाव डाला था कि उनके लोगों को यहाँ ज़मीन-जायदाद लेकर बसने का हक़ मिले। पर चल नहीं पाया उनका ये सिक्का।" टाँगे समेटकर आलती-पालथी मारते हुए अम्बरनाथ बोला।

"सोचकर देखो कहीं ऐसा हो जाता तो?" सादिक़ की आँखों का विस्मय नामालूम से डर में बदल गया था।

"तो आज ये अंग्रेज़ कश्मीर के चप्पे-चप्पे पर छाए होते और हम कश्मीरी दर-ब-दर होते। आज अपनी गुरबत से लड़ते हुए हाख-भत्ता खाकर ही सही इज़्ज़त से अपने घर में तो बैठे हैं हम लोग। सिर पर छत तो है।"

"हाँ वर्ना इन्होंने तो हमारे घर हज़्म करके हमें एक-एक करके इसी डल में दफ़्न कर दिया होता।" अम्बरनाथ की बात में सादिक़ ने जोड़ा।

"पर अब भी छाए तो हुए हैं ये खबीस हम पर। हमारे अन्दरूनी मामलों में दख़ल देना इनका हक़-सा है। पूरे मुल्क की ज़िन्दगी अज़ाब कर रखी है। इन्हें ज़हरबाद हो।"

सादिक़ हाउसबोट की विस्मयकारी घटना से निकल नहीं पाया था, "मैं जब-जब राजबाग़ जाता हूँ एक बार पंडित नारायण दास के उस सबसे पहले दुमंज़िले हाउसबोट 'विक्टरी' को नज़र भरकर देखता हूँ। सुना है 1918 में बना था, वो आज भी अपनी अज़मत* के साथ शान से वहाँ खड़ा है।"

"क्या बात है आज पंडित नारायण दास बहुत याद आ रहे हैं!" अम्बरनाथ ने पूछा।

"हाँ यार जब-जब कोई नया हाउसबोट बनकर तैयार होता है मैं पंडित जी

---

*प्रतिष्ठा

के तेज़ दिमाग़ को सलाम करता हूँ।" सादिक़ ने जवाब दिया।

अम्बरनाथ ज़ोर से हँसा और उठ खड़ा हुआ, "बहुत हुआ पंडित नारायण दास पुराण...अब चलना चाहिए।"

सादिक़ भी उठ खड़ा हुआ और उसके पीछे-पीछे सीढ़ियाँ उतरता हुआ नीचे पहुँचा, "मुझे अभी यहाँ काम है। तू घर ही जाएगा या..."

सादिक़ की बात काटकर कहा अम्बरनाथ ने, "नहीं नहीं...घर ही जाऊँगा। अब शाम को अक्सर घर पर ही रहता हूँ वर्ना शबरी और बच्चे घर में कुछ अकेला-सा महसूस करते हैं।"

"बचपन से तुझे देख रहा हूँ...तूने सारी ज़िन्दगी दूसरे के दर्द को अपने सीने में उतारकर गुज़ारी है। अपने बारे में क्या सोचा है अब?"

"जब तू इतना समझता है मुझे तो पूछ क्यों रहा है?" बात को दरक़िनार करते हुए अम्बरनाथ ने सादिक़ के सवाल का जवाब एक सवाल में ही दिया। फिर बात बदल दी, "कहाँ है वो तेरा हमीद? किश्ती मँगा।"

पर सादिक़ ने उसकी यह बात मानो सुनी ही नहीं, "तू खुद से ज़्यादती कर रहा है। अब भाभी भी नहीं रहीं। शबरी का वो साथ भी छूट गया। फिर पूरे घर की ज़िम्मेदारी। अब तुझे घर बसा लेना चाहिए। शबरी का तो ख़याल कर।"

"उसी ख़याल ने तो घेर रखा है मुझे और अब तो पृथ्वी और दुर्गा का भी ख़याल रखना है। गाशा जी नौकरी छोड़कर तो बैठ नहीं जाएँगे। शबरी अकेले क्या-क्या करेगी!"

सादिक़ ने अपनी बात का सूत बढ़ाते हुए कहा, "यही तो मैं कह रहा हूँ...शबरी अकेली क्या-क्या करेगी। तुम्हें अब अपना अहद* छोड़कर घर बसाने के बारे में सोचना चाहिए।"

"अरे तूने ये क्या बड़ी-बूढ़ियों जैसी बातें शुरू कर दी! सोचकर देख कोई नया इन्सान क्या उन बच्चों को उस तरह सीने से लगाकर रख सकेगा जैसे मैं और शबरी रख रहे हैं? क्या जाने शबरी से भी उसका बर्ताव कैसा रहे!" फिर ज़रा साँस सी लेकर कहा अम्बरनाथ ने, "घर बसाने के ख़याल को मैं बहुत पीछे छोड़ आया हूँ...अब पलटकर देखना भी मुमकिन नहीं है।"

"जनाब किश्ती हाज़िर है," हमीद ने उन्हें इन्तज़ार में खड़े पाया तो खुद ही किश्ती खेता चला आया था। दोनों ने किश्ती से डल पार की और किनारे पहुँचे।

अम्बरनाथ ने "चलता हूँ," कहा तो सादिक़ के मुँह से निकला "खुदा हाफ़िज।" कुछ क्षण वहीं खड़ा रहकर वह तेज़ी से जाते अम्बरनाथ को देखता रहा।

---

* संकल्प

'तो क्या ये सारी ज़िन्दगी अब ऐसे ही गुज़ार देगा?' उसने अपने मन से पूछा। अम्बरनाथ बड़े-बड़े डग भरता तेज़ी से अपनी मंज़िल की ओर जा रहा था।

सोमावती के रहते शबरी हर रोज़ मुँह अँधेरे सीढ़ियों और दालान को ऐसे लीपती थी मानो अपनी ज़िन्दगी के एक भावी दिन का चेहरा चमका रही हो। उसे नहीं मालूम था कि अगली सुबह क्या होगी और कैसी होगी। न ही कोई अपेक्षा थी। दिन जैसे चलाता था चलती चली जाती थी। अपने जीवन से उसका कोई लेन-देन बाक़ी न था। पर सोमावती के जाते ही अचानक सब कुछ बदलने-सा लगा। जीवन उसे अब बेंत की टोकरी में पानी भरने सदृश्य नहीं लगता था जहाँ मंज़िल तक पहुँचने से पहले ही मक़सद पानी की तरह ज़मीन पर फैला मिले। अब उसे अकेले घर सँभालना था और उससे कहीं अधिक पृथ्वी और दुर्गा को।

अम्बरनाथ के इसरार पर केदारनाथ ने पृथ्वी को बिस्को साहब के मिशन स्कूल में भर्ती करवाने की इजाज़त दे दी थी। यहाँ पृथ्वी की अंग्रेजी भाषा की नींव तैयार होनी थी। नित्यानन्द पास ही एक स्कूल में उर्दू पढ़ाता था पर स्वाध्याय के ज़रिये उसे अंग्रेज़ी का अच्छा ज्ञान था। सो पृथ्वी की पढ़ाई की ज़िम्मेदारी अब उसे पूरी तौर से सौंप दी गयी थी। चाहता तो अम्बरनाथ खुद भी अपने लाडले पृथ्वी को पढ़ा सकता था पर घर से बाहर वाले का लिहाज़ ज़्यादा रहेगा यह सोचकर उसने यह काम अपने दोस्त के ज़िम्मे रखा। दिन बीतते गये। नित्यानन्द की छाया में पृथ्वी की अंग्रेज़ी पनपने लगी। नन्ही दुर्गा भी आस-पास मँडराकर फूलों की कुछ खूशबू बटोर ही लेती थी।

आज सुबह से पृथ्वी अपनी जिगरी के आगे-पीछे डोल रहा था। कभी इस बहाने से तो कभी उस बहाने से। उसके बिना कहे ही बग़ीचे से हाख चुनकर लाया था। भोजन में तेल में भुनी गोल मूली की चटनी थी और सादा-सा रसेवाला हाख। उसने बिना नाक-भौं चढ़ाए खुशी-खुशी खाना खाया। हाख को भात में मिलाकर खाता जाता और अम्बरनाथ की तर्ज़ पर हाख का गीत गाता जाता। यह गीत अम्बरनाथ अपने इस प्रिय बिना मसाले के साग के सादगी भरे स्वाद पर रीझकर गाता था –

ए हाख, तू कहाँ से आया?
न तुझमें नमक, न तुझे गलाया!*

---

* ऐ हाख, चॣ कति आख?
न च़्ये नून, त न च़्ये पाख!

जिगरी हैरान थी। पृथ्वी की दुम बनी दुर्गा भी जिगरी की मदद करने के लिए मँजे बर्तन रसोई में सजा रही थी। बाहर से चूल्हे की लकड़ी उठा लाई थी। जिगरी ख़ामोशी से यह बदलाव महसूस कर रही थी। उसे इन्तज़ार था कि बच्चे खट्टे सेबों या मीठे गिलासों के लिए पैसे माँगेगे। मामला उसे पूरी तरह से पैसे-आनों का ही लग रहा था। पर हुआ कुछ और। पृथ्वी ने बताया कि आज उसके दोस्त अकबर के यहाँ मुर्ग़ा-जंग है जिसे देखने वह और दुर्गा दोनों जाना चाहते हैं। फिर उसने जिगरी के गले में झूलते हुए उसकी ठोढ़ी पकड़ कर कहा था, "जिगरी प्यारी जिगरी... जाने दो ना...आज हम नहीं पढ़ेंगे...नित्या भाई को सँभाल लो ना।" आजिज़ी भरे उसके स्वर से जिगरी पिघल गयी और उसने हामी भर ली। कुछ ही क्षणों में बच्चे फुर्र हो चुके थे।

नित्यानन्द नियत समय पर पहुँचा तो शिष्य गायब मिला। पृथ्वी का यह व्यवहार उसे कुछ जँचा नहीं। "बताकर क्यों नहीं गया मुझे? मैं क्या दूर था?"

"नहीं वो बात नहीं...बस अचानक ही मन हो आया उसका...मुझसे तो कहकर गया है...मैंने सोचा..."

"जानता हूँ...उसे डर था कि मुझसे कहा तो मैं मना कर दूँगा। तुम्हें फुसलाकर भाग लिया।"

"जाने भी दीजिए न...बच्चा ही तो है।"

"सख़्ती की ज़रूरत बच्चों को ही होती है।" नित्यानंद कुछ क्षण गुस्से में खामोश रहा और फिर अचानक बोला, "चलता हूँ।"

"अरे रुकिये न," शबरी ने कहा तो नित्यानन्द ठहर गया। "आपके लिए चाय बनाई है।"

"नहीं घर चलूँगा अब।"

"तैयार ही है...क्षीर चाय है...रस तो पहले ही निकाल लिया था। बस दूध डालकर फ़ौरन लाती हूँ।"

"नहीं, मुझे चलना चाहिए।"

"चाय पीकर जाइएगा वर्ना मैं समझूँगी आपने पृथ्वी को माफ़ नहीं किया।" शबरी के आग्रह के सामने नित्यानन्द ने घुटने टेक दिए और क्षीर चाय के लिए मसनद पर बैठ गया। शबरी फ़ौरन एक खोस में चाय और गर्म खोस पकड़ने के लिए रूमाल लेकर आयी।

नित्यानन्द ने चाय ली और खामोश बैठा रहा। शबरी ने एक ओर बैठ उसके चेहरे की ओर देखा तो वहाँ हल्का गुस्सा और खीज मौजूद थे।

"भाई जी से मत कहिएगा...वो गुस्सा करेंगे पृथ्वी पर।"

"अच्छा तो मैं भी गुस्सा न करूँ और अम्बरनाथ भी न करे। फिर तो तुम्हारा लाडला पृथ्वी पास हो लिया बस!"

"ऐसा उसने पहले तो नहीं किया है कभी...आगे भी नहीं करेगा...बस आज ही तो...", शबरी ने फिर पृथ्वी की वकालत की।

"मगर बात तो यह ग़लत है। उसे कसना होगा।"

"हाँ हाँ आप सब मिलकर उस छोटे से बच्चे को कसते रहिए...बेचारा क्या-क्या पढ़े!" अचानक शबरी बिखर गयी, "उर्दू, फ़ारसी और हिसाब क्या कम थे जो अब अंग्रेज़ी का पहाड़ भी उसके सिर पर रख दिया। आप लोग अपना बचपन भूल गये? छोटे थे तो क्या इतनी पढ़ाई होती थी तब? कौन कसता था आप लोगों को?"

"अरे तुम्हें क्या पता हमारे ज़माने में मास्टर क्या होते थे!" शबरी के उत्तेजित स्वर में किये गये सवालों के जवाब नित्यानन्द ने भी ज़रा ऊँचे स्वर में दिए। "जल्लाद थे पूरे जल्लाद। बेंत मार-मार कर कूल्हे लाल कर देते थे। नंगी टाँगों पर भी खूब बेंत जमाते थे। बहुत छुटपन में तो मैं एक जबरी स्कूल* में जाता था। वहाँ पंडित बद्रीनाथ फ़ारसी पढ़ाते थे। 'बोस्ताँ', 'गुलिस्ताँ', 'साक़ीनामा' तो सब बाद की बातें हैं। पहले तो 'करीमा' पढ़ाया जाता था। मुझे आज भी याद है। हमें दो मिसरे ज़ोर-ज़ोर से पढ़ने को कहते और खुद सो जाते थे। हम बच्चे आधे-आधे घंटे तक वही मिसरे बोलते जाते...बोलते जाते...क्या था वो...ठहरो...याद आ रहा है...हाँ...

करीमा बिबख़्शाए बरहालिमा
कि हस्तम असीरे कमन्दे हवा

जाने आगे क्या था! बोलते-बोलते हमारा गला खुश्क हो जाता था। फिर जब पंडित बद्रीनाथ के खर्राटे सुनाई देते तो हम ख़ामोश हो जाते। मगर वो जल्लाद फ़ौरन उठ बैठता और फिर हमें उसकी बेंतें खानी होती थीं।" शबरी ये सुन ज़ोर से हँस दी।

नित्यानन्द अपने बचपन में ही टहल रहा था, "जानती हो शबरी मैं शायद दूसरी जमात में था तब इम्तिहान में उसने हमसे इसी मिसरे का मतलब पूछा। कोई बच्चा न बता पाया। पर मैंने बता दिया था। शायद कुछ यही कि ओ करम करने वाले मेरे हाल पर रहम कर। मुझे इस दुनियावी मोह और लालच की उस बड़ी छिपकली ने पकड़ रखा है जो एक बार चिपकती है तो छोड़ती नहीं।"

---

*सरकारी स्कूल जहाँ तब बच्चों को पढ़ाने के लिए जबरन ले जाते थे।

शबरी उसे आँखें फैलाए देख रही थी। नित्यानन्द ने चाय का घूँट भरा और आगे कहा, "इस पर पंडित जी इतना खुश हुए कि मुझे डबल तरक़्क़ी दे दी। दूसरी जमात से सीधा चौथी जमात में। तीसरी जमात की छुट्टी!" नित्यानन्द और शबरी दोनों एक साथ हँसे। शबरी के मुँह से निकला, "वाह! डबल तरक्की!"

अचानक दोनों ने देखा कि अम्बरनाथ दरवाज़े पर खड़ा था। उसने कब बाहर आँगन का सदर दरवाज़ा खोला, कब अन्दर आया—दोनों इससे बेखबर थे। अम्बरनाथ के साथ उसका एक वॉलेन्टियर दोस्त ओंकारनाथ भी था।

"अरे अम्बरनाथ तुम!" उसे देखते ही नित्यानन्द के मुँह से निकला।

"क्या पृथ्वी नहीं है?" अम्बरनाथ ने पूछा।

नित्यानन्द खामोश रहा तो शबरी ने बात सँभाली, "बस आता ही होगा... आज का सबक़ तो याद कर लिया है उसने।"

"उससे कहना आज पहाड़े दोहराए। तुम उसे ज़रब और तक़सीम* के कुछ सवाल दे देना। हम नित्यानन्द को ले जा रहे हैं।" अम्बरनाथ ने शबरी से कहा।

"कहाँ?" नित्यानन्द ने पूछा।

"यार आज वॉलेंटियर कुछ कम हैं। हमें ज़ईफों में रसद बाँटनी है। सोचा तुम्हें भी साथ लगा लें। चाय पी ली हो तो चलो।" अम्बरनाथ बोला।

"चाय-वाय हो चुकी...चलो," कहते हुए नित्यानन्द ने खोस ज़मीन पर रखा। रूमाल से होंठ पोंछें और अम्बरनाथ व ओंकार के पीछे हो लिया।

अगले दिन ओंकारनाथ सुबह अम्बरनाथ के घर आया और उसे अपने साथ बाहर ले गया। दोनों जब गली से दूर निकल गये तब ओंकार ने कहा, "तुमने शबरी का क्या सोचा?"

"शबरी का?"

"हाँ मेरा मतलब उसकी शादी का।" ओंकार ने बात स्पष्ट की।

"शादी का तो...कुछ नहीं...क्या सोचें!" अम्बरनाथ अचकचा गया।

"क्यों? अगर हमारा धर्म विधवाओं का पुनर्विवाह कराना है तो यह सद्कार्य अपने घर में क्यों नहीं?"

"हाँ मगर...," अम्बरनाथ को जवाब न सूझा।

"तुम्हें इस दिशा में सोचना चाहिए और मैं तो कहता हूँ कि सोचना-वोचना क्या, बात करनी चाहिए।" ओंकारनाथ ने बिना लाग-लपेट के सीधे ही कह डाला।

"किससे बात करूँ?" अम्बरनाथ हैरान था।

---

*गुणा और भाग

"अरे...अपने दोस्त नित्यानन्द से...और किससे!" ओंकार का जवाब सुन अम्बरनाथ के क़दम वहीं ठहर गए। पहले उसने खोई-खोई निगाहों से ओंकारनाथ का चेहरा देखा। फिर उसकी आँखों में आहिस्ता-आहिस्ता चमक उभरने लगी, "ये तो मैंने कभी सोचा ही न था।"

"तो अब भी क्या देर हुई है...बात करो नित्यानन्द से...कहो तो मैं करूँ?" दो क़दम आगे ठहरे ओंकारनाथ ने कहा।

"नहीं मैं ही करूँगा," कहते हुए अम्बरनाथ ने क़दम आगे बढ़ाए।

"ये काम जितना जल्दी हो सके कर डालो।"

"पर गाशा जी?"

"उन्हें तैयार करना होगा। हम सब उनसे बात करेंगे। इस शनिवार को ही लो।"

"हाँ ऐसा ही ठीक रहेगा।" डूबी-डूबी सी आवाज़ में अम्बरनाथ ने कहा, "जाने वो क्या कहेंगे!"

"वो सब तुम हम पर छोड़ दो। तुम नित्यानन्द से बात करो।" ओंकार ने कहा। उसके जवाब में अम्बरनाथ ने सस्वर कहा, "अच्छी बात है।" मगर मन ही मन खुद को कहते सुना कि पहले शबरी से बात करनी होगी।

अम्बरनाथ घर लौटा तो दोपहर ढल रही थी। शबरी को पृथ्वी के स्कूल से लौटने का इन्तज़ार थ। उसके आते ही वह उसे चावल के आटे के चीले परसने वाली थी। इसलिए चावल के आटे का घोल तैयार कर रही थी। अम्बरनाथ आकर रसोई के दरवाज़े से जुड़े कमरे में बैठ गया जिससे शबरी को बराबर देख भी सके और बात भी कर सके।

"भाई जी चाय लेंगे आप?" शबरी ने पूछा।

"नहीं," हल्के स्वर में कहा अम्बरनाथ ने और फिर खामोश बैठा रहा। शबरी ने नज़र उठाकर देखा, "क्या बात है भाई जी?"

"एक बात पूछनी थी।" अम्बरनाथ ने ऐसे कहा मानो खुद अपने शब्दों पर भरोसा न हो। शबरी ने नज़र से पूछा, "क्या?"

"नित्यानन्द कैसा लड़का है?"

"नित्या भाई तो लाखों में एक हैं। मगर आप क्यों पूछ रहे हैं?"

"कुछ नहीं...वो...उसकी शादी की बात है।"

"दिया लेकर निकलेंगे तब भी ऐसा जवाहर न मिलेगा।" फिर उसने ठहरकर पूछा, "लड़की किस घर की है?"

"हमारे घर की...शबरी।" अम्बरनाथ एक ही साँस में कह गया। शबरी का हाथ सफ़ेद घोल में ठहर गया।

"तू राज़ी हो तो गाशा जी से बात करूँ?"

शबरी खामोश सन्न बैठी रही तो अम्बरनाथ ने बात आगे बढ़ाई, "क्या हुआ शबरी? चुप क्यों है? बहुत सँभला हुआ ज़िम्मेदार लड़का है नित्यानन्द... फिर उसे बचपन से जानते हैं हम...दोस्त है मेरा...जिगरी दोस्त।"

तभी बाहर आँगन का दरवाज़ा खुला तो शबरी के हाथ में हरकत हुई। शायद पृथ्वी आ गया था। शबरी ने पास ही बर्तन में रखे पानी से हाथ साफ़ किया और उठ खड़ी हुई, "हाँ लड़का तो बहुत अच्छा है...पर सोचती हूँ किसके लिए। हमारे यहाँ उनके रिश्ते लायक कोई लड़की है कहाँ, यहाँ तो भाई जी बस एक विधवा माँ है जिसका बेटा स्कूल से आ गया है।"

शबरी अम्बरनाथ के पास से गुज़रती हुई पृथ्वी को लिवा लाने आँगन की ओर चली। अम्बरनाथ को शबरी से ऐसे जवाब की उम्मीद न थी। उसके भीतर कुछ उथल-पुथल सी हुई। वह भी उठकर पीछे आया तो देखा शबरी ने पृथ्वी का बस्ता लेकर उसे दोनों बाँहों में भर लिया था। इसे देख आँगन में खड़ी दुर्गा भी दौड़ती आयी थी और शबरी से लिपट गयी थी, "मैं भी...जिगरी मैं भी।" जिगरी ने अपनी दायीं बाँह से उसे भी घेर लिया था।

ओंकारनाथ अपने मोहल्ले की समाज सुधार सभा को जता देना चाहता था कि नित्यानन्द के साथ विधवा शबरी का पुनर्विवाह उसी की दूरदृष्टि और पहल का नतीजा है। सो उसने अम्बरनाथ की बात पर ज़रा सब्र कर बैठना उचित न समझा और दोपहर बाद दो वॉलेंटियरों को लेकर नित्यानन्द के स्कूल पहुँचा। छुट्टी का वक्त था। नित्यानन्द बाहर आया तो ये लोग भी उसके साथ हो लिए। सड़क पर पहुँचकर ओंकारनाथ ने नित्यानन्द से अपने घर चलने को कहा। नित्यानन्द के टालने के बावजूद वे लोग उसे घर ले गये। वहाँ ओंकारनाथ ने नित्यानन्द के सामने शबरी से शादी का प्रस्ताव रखा तो नित्यानन्द हकबका गया। जवाब के लिए उसे शब्द ही न सूझे। घर में बात किये बिना उसे कुछ भी कहना उचित न लगा। ओंकारनाथ ने बताया कि इस बारे में अम्बरनाथ से बात हो चुकी है और वह राज़ी है। नित्यानन्द ने जब न 'हाँ' कहा और न 'ना' तो इसे उसकी झेंप भरी स्वीकृति माना गया।

नित्यानन्द घर पहुँचा तो पाया कि उसकी शाकाहारी माँ ने ममता के हाथों एक बार फिर हार मानकर अपने बेटे के लिए भात के साथ खुद ही

घाट से लाये गुरन* पकाए थे। हाथ-मुँह धोकर नित्यानन्द भोजन करने बैठा तो उतना उत्साहित न लगा जितना प्रायः झोल वाले गुरन देखकर होता था। मुगलानी पास ही रसोई में बैठी साबूदाने की खीर में बराबर करछी चला रही थी। निगाहें नित्यानन्द के उतरे-परेशान चेहरे और माथे की उभरती-मिटती शिकन की ओर थीं।

"रसा लेगा?" पूछा मुगलानी ने।

"नहीं।" मुँह में भरे भात को सँभालते हुए कहा नित्यानन्द ने।

"क्या बात है? सब ठीक तो है?"

"हाँ हाँ...ठीक है।"

"फिर क्या सोच रहा है?"

नित्यानन्द ने पास रखा लोटा उठाकर मुँह ऊपर किया और गट-गट दो घूँट पानी पिया। "सोच रहा था कि शबरी गुरन अच्छे पकाती है।" लोटा वापस रखते हुए कहा नित्यानन्द ने।

"शबरी!!"

"हाँ शबरी।" भात में हाथ चलाते हुए वह बोला।

"ये शबरी कहाँ से आ गयी?" मुगलानी हैरान थी।

"अभी कहाँ आयी...आएगी तो तभी...जब तुम लाओगी...", जैसे-तैसे भात निगलते हुए नित्यानन्द ने कह डाला।

"कहाँ लाना है शबरी को?"

नित्यानन्द चुप रहा।

"तू कह क्या रहा है?" मुगलानी ने सशंक हो उसे टटोला।

"मैं नहीं...मेरा मतलब हाँ मैं...मैं मतलब..."

"अरे क्या मतलब-मतलब!" बेसब्री में वह झल्ला गयी।

"मतलब मुझे लगता है शबरी को शादी कर लेनी चाहिए। और मैं..मैं बारात लेकर जाने को तैयार हूँ।"

"क्या!" मुगलानी सक्ते में आ गयी। करछी चलाता उसका हाथ थम गया। "तेरा दिमाग़ तो नहीं चल गया है? अरे तू जानता भी है क्या कह रहा है। हरे... हरे...हरे...एक विधवा से शादी करेगा तू? विधवा बनेगी हमारे घर की बहू? क्या कहेगी दुनिया...पंडित सर्वानन्द कौल के बेटे की विधवा से शादी...त्राहि...त्राहि... त्राहि! जो सर्वानन्द कौल सच्चे-झूठे का इतना विचार करते हैं कि खुद अपना खाना खुद पकाते हैं....लकड़ी धोकर जलाते हैं...उनके घर बहू बनकर एक विधवा

---

*छोटी-छोटी मछलियाँ

आएगी! हे ईश्वर ये कैसी बिजली गिरी!"

"काकनी...काकनी...", नित्यानन्द ने बात सँभालनी चाही पर मुगलानी चूल्हे पर फैली साबूदाने की खीर की तरह उफन चुकी थी। अब भला करछी चलाने से क्या होता!

"जा तेरे पिता पाठ कर रहे हैं...उन्हें सुना जाकर ये खबर...कि जीते जी मार डालने की सोच रहा है तू उन्हें...यह अनर्थ मैं नहीं होने दूँगी।" मुगलानी दनदनाती हुई रसोई से बाहर निकल गयी। नित्यानन्द भी हाथ धोने उठ गया। थाल में भात पर आधे गुरन जस के तस पड़े रह गये। उसने रसोई में जाकर खीर की भगोनी चूल्हे से उतार कर नीचे रखी और निकल गया।

ये इसके दिमाग़ में आया कहाँ से? सोचा मुगलानी ने। क्या अम्बरनाथ की चाल है ये? अपनी राँड बहन को हमारे सिर पटक कर खुद घर बसाएगा अधकटा। सोमावती होती तो उसे आड़े हाथों लेती मैं अभी। इन बच्चों के क्या मुँह लगना! पर सारे फ़साद की जड़ ये बीच का दरवाज़ा है। जब देखो तब खुला ही पड़ा रहता है। कभी अम्बरनाथ यहाँ तो कभी नित्यानन्द वहाँ, सोमावती रही नहीं। ये शबरी क्या कम है! कभी पृथ्वी की दवा तो कभी दुर्गा की दवा लेने के बहाने चली आती है। हे ईश्वर मैं समझ न पायी उसके ये बहाने। मुगलानी ने खुद को कोसा। जाने मेरी आँखों में कौन-सी चिनगारियाँ लगी थीं जो मुझे दिखाई ही न दिया इतने दिनों तक और अंधी बनी रही। मगर अब नहीं चलने दूँगी मैं उनकी ये चाल।

मुगलानी ने एक बड़ा-सा ताला उठाया और फ़ौरन नीचे आँगन में जाकर दोनों घरों के बीच का छोटा दरवाज़ा बन्द कर उसकी कुंडी में ताला जड़ दिया। दरवाज़े पर लगे कुछ सौंफ के पौधे हिले और उन्होंने अपनी खुशबू बिखेरी। हमेशा की तरह यह खुशबू अब दरवाज़े के उस पार न जा सकी थी।

मुगलानी घर में प्रवेश कर ही रही थी कि उसे याद आया कि आते ही नित्यानन्द ने कहा था कि ओंकारनाथ के यहाँ जाने के कारण देर हो गयी। तो कहीं यह इन रिफ़ार्मियों का नया शगूफ़ा तो नहीं? मेरा ही घर मिला था क्या इन नासपीटों को! अगर ऐसा है तो बात इतनी सहल* नहीं है। अम्बरनाथ और केदारनाथ से निपटना तो आसान है। पर ये रिफ़ार्मी तो जंगली सौय◆ की तरह यहाँ-वहाँ खुद ही उगने लगे हैं। जिसे जहाँ छू जाते हैं वहीं जानलेवा खुजली! सौय छूते ही जी चाहता है अपने खोल से निकल भागो। इनसे कैसे दूर रहा जाए? ये तो नित्यानन्द को घेरे रहते हैं। ऐसा गबरू इन्हें मिलेगा भी कहाँ! ऐसा पापाचार फैला रहे हैं समाज में कि इन्हें नरक मिलेगा नरक। मुगलानी के भीतर कभी न

---

* आसान ◆खुजली वाली जंगली झाड़ी

दी गयी गालियाँ भी न जाने कहाँ से चीटियों के रेले की तरह उमड़ने लगीं।

मुगलानी वापस रसोई में पहुँची तो खीर की भगोनी चूल्हे के पास ज़मीन पर रखी पायी। चूल्हे में मद्धम-मद्धम आँच जल रही थी। भगोनी वापस रखने को जी न चाहा। अब क्या खीर-वीर! दीवार की टेक लगाई और वहीं बैठ गयी। अचानक उसे घबराहट-सी महसूस हुई और पसीना छूटने लगा। उसने अपने सीने के पास हल्का दर्द-सा महसूस किया तो सीना थाम लिया। क्या ज़िन्दगी है ये! होश सँभाला तो यही सुना कि अपने घर जाएगी तो जो चाहे करना। अपना घर तो शादी के बाद ही मिलता है। बारह साल की थी तो शादी हो गयी। सर्वानन्द थे कोई बाईस-तेईस साल के। पहले तीन-चार साल तो सास अपने पास ही सुलाती रही। दयामयी थी बेचारी। ईश्वर उसे स्वर्ग दे। अपनी बेटी की तरह ही रात को उठ-उठकर सँभालती थी। रज़ाई ठीक से उढ़ा देती थी। देर रात में काँगड़ी रज़ाई से निकाल ले जाती थी कि कहीं नींद की गफ़लत में लुढ़का न दूँ। ठंड में हाथों की उँगलियों में शूह* हो जाता था तो देर तक सरसों का तेल लगाकर सहलाती रहती थी।

लोग कहते थे मुगलानी बहुत खुशकिस्मत है जो ऐसे घर ब्याही गयी। फिर सर्वानन्द से वास्ता हुआ। मगर कितने दिन! यही कोई चार-पाँच साल। व्यवहार के भले थे। माँ पर ही गये थे और थे भी अकेले बेटे। घर में मुगलानी को कोई तंगी नहीं थी पर सर्वानन्द ने उन चार-पाँच सालों में मुगलानी को दो बेटे दिए और मुँह मोड़ लिया। वैसे बहुत उन्मुख भाव तो उनमें शुरू से भी नहीं रहा था। सफ़ाई को लेकर एक तरह का सनकीपन युवा वर्षों में ही उनका साथी बन गया था। ज़रूरत से ज़्यादा सफ़ाई पसंद उनका मिज़ाज मुगलानी से संसर्ग के दिनों में भी उपसर्ग और प्रत्यय बनकर चिपका ही रहता था। उस किशोरावस्था में भी मुगलानी कभी आश्चर्य तो कभी झुंझलाहट से भर जाती थी। मन ही मन सोचकर रह जाती थी कि क्या सबके साथ ऐसा ही होता होगा? किवाड़ के दूसरी तरफ केदारनाथ की माँ के यहाँ सफ़ाई-धुलाई का भव्य आयोजन देखने-सुनने में नहीं आता था।

सर्वकाक संस्कृत, फ़ारसी और शारदा के प्रकांड पंडित थे। अब उनकी ज़िन्दगी ज्योतिष और आयुर्वेद की हो गयी थी। यही अब उनकी रिद्धि-सिद्धि थीं। सर्वकाक के ज्ञान की दूर-दूर तक चर्चा थी। उन्हीं दिनों की बात है महाराजा की फ़ौज में कार्यरत एक कद्दावर अधिकारी रघुनाथ कौल उन से अपने भविष्य के बारे में पूछने आया। आँगन में खड़े होकर उसने पंडित

*सर्दी में उंगलियों का सूजकर लाल हो जाना

सर्वानन्द को पुकारा। सर्वकाक ने पहली मंज़िल की खिड़की का एक पल्ला खोलकर देखा। रघुनाथ इतना कद्दावर था कि उन्हें लगा वह घोड़े पर बैठा है। उन्होंने कहा, "इतनी जल्दी क्या है? घोड़े से उतरो और ऊपर आ जाओ।" इस पर रघुनाथ ने ठहाका लगा कर कहा, "कैसे ज्योतिषी हो सर्वकाक? मेरा तो क़द ही इतना ऊँचा है। जब अपने सामने का सही नहीं देख पा रहे हो तो भविष्य क्या बताओगे!"

इस पर सर्वानन्द ने खिड़की से गर्दन बाहर निकाल कर देखा। रघुनाथ आँगन में खड़ा व्यंग्य घुली हँसी हँसता जा रहा था। अब सर्वकाक से सहा न गया और उनके मुँह से निकला, "जा जा, दूसरों पर क्या हँस रहा है...कल जब पाख़ाने में गिरा पड़ा होगा तो दुनिया तुझ पर हँसेगी।"

रघुनाथ तैश में आकर वहाँ से निकल गया पर कुछ ही दिनों में एक दिन सुबह जब वह शौच के लिए गया तो जाने ऐसा क्या हुआ कि वह वहीं गिर गया और अचानक उसकी साँसें थम गयीं। कई घंटों बाद उसे जैसे-तैसे वहाँ से निकाला गया था।

सो गुस्से में कहे गये सर्वानन्द के इस कुवाक् और रघुनाथ के अन्त की कथा के तालमेल का संयोग दूर-दूर तक फैला। फिर ऐसी ही दो-एक घटनाएँ और भी थीं जो हवा में धूल-कणों की तरह बहते हुए जाने कहाँ से कहाँ पहुँचीं। अब सर्वकाक से लोग कतराने लगे। जाने मुँह से क्या कुवाक् निकले और सच हो जाए! जब ग्वाले गुलाम रसूल की पत्नी अपनी गाय की दुखभरी कथा सुनाकर दवा लेने आयी थी तो उसने बताया था कि गाय दो दिन से दूध नहीं दे रही। सर्वकाक ने पहले तो समझाया था कि उसे भूल जाओ। वह नहीं मानी और यही रट लगाए रही कि दूध नहीं दे रही...दूध नहीं दे रही। फिर उसके मुँह से निकला था कि एक बूँद भी नहीं दे रही.. .कुछ भी नहीं दे रही। इस पर सर्वकाक खीझ उठे और उनके मुँह से निकला था कि घर जाओ और देखो। दूध की जगह ख़ून तो नहीं दे रही! गुलाम रसूल की पत्नी छाती पीटती अपने घर वापस पहुँची तो देखा कि गाय के थन से सचमुच ख़ून टपक रहा था। शायद गाय के थनों में अतिरिक्त दूध जमा रहने से कोई विकार हो गया था। उसके थनों से ख़ून टपकना शायद संयोग मात्र था पर इस घटना ने सर्वानन्द की कुवाक् वाली छवि पर वो मोहर लगाई कि उनकी शुभ भविष्यवाणी और दवा देने की शफ़ा ऐसी छिपी जैसे बर्फ़ से ढँका कोई पेड़।

अपनी रिद्धि-सिद्धि में तन-मन से रमे सर्वानन्द ने परिवार से लगभग नाता

तोड़ ही लिया था। बस मुगलानी के हाथ का सुबह-शाम का हाख-भात खाने के गुनहगार थे। सामिष भोजन से भी उनका जी उठ चुका था। बच्चों को मुगलानी पाल ही रही थी। कभी-कभी बेटे कुछ पढ़ने-सीखने पहुँच जाते तो सर्वकाक कभी 'ना' न कहते थे। बेटों से उनका सिर्फ़ यही रिश्ता बचा था। सेबों के कुछ बाग थे। उनसे जो आमदनी होती थी बेटों के हाथ मुगलानी के पास भिजवा देते थे। वैद्यक से भी थोड़ी बहुत आमदनी हो जाती थी मगर बहुत कम। वो भी जिंस के रूप में। दवा के बदले कोई दो गड्डी नदरू दे जाता तो कोई सेर भर पनीर। जब तक माँ रही सर्वानन्द सुबह-शाम मुगलानी की रसोई से सटे कमरे में खाना खाने आते रहे। माँ बराबर सामने बैठकर उन्हें खाना खिलाती थी। धसका लगता तो झट पानी का लोटा पकड़ा देती थी। पर माँ के न रहने पर सर्वानन्द ने वहाँ आना भी छोड़ दिया था। अब वे अपने कमरे के कोने में ही दो ईंटों को लीपकर दिन में एक बार भात व साग या खिचड़ी बनाकर खाते थे। शुचितावाद की हद यह थी कि लकड़ी धोकर जलाते थे। सीली लकड़ी घंटों में आँच पकड़ती थी। कुछ साल यह भी निभा पर बाद में उन्होंने भोजन भी त्याग दिया। फल, मेवे और दूध ही उनका आहार थे। उन्हें लगता था कि जितनी जल्दी जाल समेटा जाए अच्छा है।

आज मुगलानी अपने जिगर के टुकड़े नित्यानन्द को कैसे समझाए कि वह उसके जीवन में क्या जगह रखता है! सर्वानन्द के साथ बिताए सुख के उन चार-पाँच वर्षों में उसे दो बेटे हुए और सर्वानन्द ने अपनी एक अलहदा दुनिया बसा ली थी। तब से मुगलानी कुछ वर्ष अपने इन्हीं दोनों बेटों और बाद में अपने छोटे बेटे नित्या का चेहरा देख-देख कर जीती रही। सर्वानन्द जब समाधि लगाकर बैठ गये तब मुगलानी इक्कीस-बाईस साल की थी। पति से बात करने, दो घड़ी उसका चेहरा देखने के लिए तरसती रहती थी। सारा दिन घर का काम करने के बाद की वो ठंडी अकेली रातें उसकी हड्डियों में घर करने लगी थीं। उसे हल्का-हल्का ज्वर रहने लगा था। उसी ज्वर में वह घर के काम समेटते दिन को रात और रात को दिन करती जाती थी। उसके दिनों और रातों में कोई फ़र्क नहीं रह गया था जैसे कोई रफ़ल का ऐसी कढ़ाई का दोरंगा शाल हो जिसे दोनों ओर से एक ही तरह से बरता जा सकता हो।

माँ ने सर्वानन्द से कहा था कि मुगलानी को ज्वर रहता है। ज़रा देख ले। सर्वानन्द का जवाब था कि ज़रूर पेट खराब होगा। पेट साफ़ होते ही ज्वर उतर जाएगा। इस पर मुगलानी मन ही मन आँच पर रखे कलेजी के टुकड़े की तरह भुन गयी थी। चटख-चटख कर। शाम को हिम्मत कर वह सर्वानन्द के कमरे

की ओर चली। दरवाज़ा खोलकर भीतर प्रवेश किया तो सर्वानन्द जन्तरी बाँच रहे थे। उन्होंने नज़र उठाकर देखा तो मुगलानी बोली, "मुझे ज्वर रहता है...इस वक्त भी है।"

"जानता हूँ...पेट का ख़याल रखा करो।" सर्वानन्द ने कहा था।

"अगर मैं कहूँ यह पेट का ज्वर नहीं तो?" कमर पर हाथ रखकर कहा था मुगलानी ने।

"तो? तो कैसा ज्वर है?" सर्वानन्द ने जन्तरी बन्द कर दी थी।

"वैद्य तो तुम हो...छूकर देख क्यों नहीं लेते?" मुगलानी ने बात को खींचना चाहा था। पर सर्वानन्द भला गोसाईं की लम्बी जटाओं सरीखी इन उलझनों में उलझने वाले कहाँ थे! बोले, "उससे क्या हासिल होगा? ज्वर है तो है।"

"ये ज्वर नहीं है?" आहत मुगलानी के स्वर में सख़्ती उभरी। सर्वानन्द खामोश रहे तो उसने कहा, "ताप है ताप...पति का साथ न पाने का ताप।"

सर्वानन्द ने जन्तरी एक ओर रखी और खड़े हो गये। दरवाज़े की ओर बढ़ते हुए उन्होंने कहा, "हरड़ का चूर्ण शहद में मिलाकर खाया करो...पेट साफ़ होगा तो ज्वर हो या ताप...उतर जाएगा...दवा का मन लगाकर सेवन करो। अंतःकरण साफ़ होता है तो वासना मिट जाती है।" और वे कमरे से बाहर निकल गये थे।

उसके बाद मुगलानी समझ गयी थी और उसने अपने जी को भी समझा लिया था कि अब यही उसकी नियति है। शायद भाग्य में यही लिखा हो। उसकी देह का वो ताप धीरे-धीरे उसके मस्तिष्क में पहुँचा जिसने उस सोफ़ियाना मिठास वाली युवती मुगलानी को उसी वय में एक कर्कशा प्रौढ़ा बना दिया। हर काम में कमी ढूँढ़ती, हर बात में तंज़ करती मुगलानी। खुद अपने आप से भी असन्तुष्ट, ईर्ष्यालु मुगलानी। इस स्याह रात में कहीं कोई टिमटिमाती रोशनी थी तो उसके दो बेटे—आत्मानन्द और नित्यानन्द। एक आँखों की रोशनी था तो दूसरा घुटनों की हिम्मत।

आत्मानन्द सात साल का था और नित्यानन्द पाँच का तो सर्वकाक ने दोनों बेटों के यज्ञोपवीत का मुहूर्त निकाला। शीघ्र ही घर में शुभ कार्य की तैयारियाँ ज़ोर पकड़ने लगीं। सर्वानन्द जैसे वीतरागी को तो पंडितों एवं हवन के इन्तज़ाम के अतिरिक्त भला करना ही क्या था! उत्सव का सारा ज़िम्मा मुगलानी के कन्धों पर ही आ बैठा था। लोकाचार के हिसाब से आस-पड़ोस की और सम्बन्धी औरतें सुबह या दोपहर में आतीं और थोड़ा-थोड़ा काम आगे बढ़ातीं। कोई चावल फटकती तो कोई दाल साफ़ करती। बाज़ार-हाट का काम केदारनाथ के पिता के

ज़िम्मे था। गाँव से कुछ रिश्तेदार भी आने लगे थे। यज्ञोपवीत में चार दिन बाक़ी थे। बारामुल्ला से जो रिश्तेदार आये उनके साथ दो लड़के भी थे। एक बारह साल का और दूसरा दस साल का। आते ही आत्मानन्द की उनसे ऐसी दोस्ती हुई कि वे एक क्षण भी अलग नहीं हुए। खाना खाना हो, खेलना हो, शरारतें करना हो या गलियों में बेवजह घूमना–वे साथ-साथ रहते थे। बस छोटा होने की वजह से नित्यानन्द कभी-कभी पीछे छूट जाता था।

यज्ञोपवीत के शुभकार्य की शुरुआत का लिवुन* था। मुगलानी को प्रतीक्षा थी मेहँदीरात की जब उसके दोनों लाडलों को नन्हें-नन्हें दूल्हों के रूप में सजाया जाना था। रात में दूल्हों की भाँति नए वस्त्र पहनकर, सिर पर दस्तार बाँधकर उसके आत्मानन्द और नित्यानन्द कैसे लगेंगे? रह-रह कर मन में हिलोर उठती थी कि वह घड़ी अब आ भी जाए! अन्तर्मन में आबशार-सी गीत की कुछ पंक्तियाँ निरन्तर बह रही थीं–'मेरा तोता चला यारबल◆'। नन्हें दूल्हों को भी यारबल ही तो ले जाना था। अगले दिन प्रातः देवगणों के आह्वान के लिए 'दिवगोन' का मुहूर्त था।

आज सब बच्चों को घर में ही बने रहने की ख़ास हिदायत थी। दोपहर हुई तो महिलाओं ने घर की चौखट पर शुभ 'ऊँ' लिखा और चौखट के किनारे-किनारे दीवार पर रंगोली बनानी शुरू की। लड़कों ने देखा कि महिलाएँ एक ओर व्यस्त हैं तो सोते हुए नित्यानन्द को वहीं छोड़ वे पिछवाड़े की दीवार फाँद फुर्र हो गये।

दोपहर की मीठी धूप छाई हुई थी। पड़ोसिनें और रिश्ते की महिलाएँ शुभगीत गा-गा कर रंगोली बना रही थीं। रसोई में चाय का ज़िम्मा केदारनाथ की माँ ने सँभाला हुआ था।

घंटा भर हुआ तो मुगलानी ने केदारनाथ की माँ को अपने फेरन की जेब से क्षीर चाय के लिए कुछ इलाइचियाँ निकालकर दीं। एक पड़ोसन चाय के लिए बादाम फोड़ रही थी। तभी अचानक आँगन का दरवाज़ा धड़ से खुला और गली के एक किशोर ने एक वेग के साथ प्रवेश किया। मुगलानी को सामने खड़ा पाकर बोला, "भाभी सर्वकाक कहाँ हैं?"

"घर में नहीं है," कहकर मुगलानी ने उस किशोर के चेहरे पर उड़ती हवाइयों को देखा तो घबराई। "बात क्या है?" पूछा उसने। किशोर क्षणभर अन्यमनस्क सा खड़ा रहा फिर न जाने अपने से ही क्या-कुछ कहता हुआ जैसा आया था वैसा ही निकल गया।

---

* उत्सव के शुभारम्भ की रस्म का दिन ◆नदी किनारे घाट पर

कुछ ही देर में सारा माजरा साफ़ हो गया। दीवार पर अभी-अभी बनाई गयी लगभग गीली रंगोली के सामने आँगन में एक सफ़ेद चादर बिछा दी गयी थी जिस पर नन्हा-सा शिकस्ता तैराक आत्मानन्द आँख मूँदे पड़ा था। पेट घड़े जैसा फूल गया था। डूबने से उसके पेट में पानी भर गया था जो लाख कोशिशों के बाद भी वक्त पर निकाला न जा सका था। कुछ दूरी पर उसके साथ गये उसके दोनों दोस्त भी भीगे हुए भय से काँपते से वहाँ खड़े थे। इस तरह शुभ कार्य की तैयारी वाला घर ग़मी और मातम की उदासियों में डूब गया था। शाम को जिसे रंगीन वस्त्रों में दूल्हा बनाया जाना था उसके लिए अब सफ़ेद कफ़न की तैयारियाँ होनी थीं।

जैसे-तैसे सर्वानन्द कौल को सूचना दी गयी थी और वे सरपट घर दौड़े आये थे। पुत्र बिछोह और व्यक्तिगत जीवन की महरूमियों से त्रस्त मुगलानी शील और मर्यादा के बन्धनों को पार कर चुकी थी। उन्हें देखते ही बरस पड़ी, "मेरा बेटा मुझे वापस करो। दुनिया की पोथियाँ देखते हो...उपाय सुझाते हो... क्यों नहीं बचा पाए इसे? कौन-सा पंचांग देखकर मुहूर्त निकाला था?"

वह उठी और सर्वानन्द के हाथ से पोथियों का बस्ता छीनकर उन्हें दूर पटका। उनके फेरन के गले को पकड़कर ऐसा खींचा कि खुद ही उससे झूल-सी गयी, "सारी दुनिया को राह दिखाते हो मेरे बच्चे को क्या भूल गये?" फिर विक्षिप्त सी पलटी और "मेरा बच्चा...मेरा लाल आत्मानन्द मेरी आत्मा...," कहकर आत्मानन्द के शव से लिपट गयी। बड़ी मुश्किल से पड़ोस की औरतों ने उसे आत्मानन्द के ठंडे शरीर से अलग किया था।

उसके बाद उसने नित्यानन्द को कलेजे से ऐसा सटाया कि कभी दूर कर ही न सकी। अब उसकी सारी उम्मीदें सिर्फ़ नित्यानन्द से बँध गयी थीं। और आज उस नित्यानन्द ने भी अपनी काकनी को अकेला कर दिया था। मुगलानी ने लोगों को कहते सुना था कि जैसा बोओगे वैसा काटोगे। तो उसके हाथों में क्या ट्यठवन* लगा है कि बीज ही कड़ुवा हो गया। जिसके लिए भला करने जाती है, जिसे चाहती है, वह बदले में कड़ुवाहट से भर जाता है उसे। उसका पोर-पोर अकेलेपन के दर्द से कराह उठा। क्या उसकी ममता भी ट्यठवन की कड़ुवाहट से लिपटी थी? क्या वह एक बार फिर अकेली रह जाएगी? इस बार शायद जीवन भर के लिए। क्या वह जीवन में क़िस्मत के हाथों ऐसे ही मात खाती जाएगी? कभी अपनी क़िस्मत तो कभी अपनों से! पर इस बार वह समझौता नहीं कर सकती। हार नहीं मान सकती क्योंकि यह मात उसे किसी

---

* एक अत्यधिक कड़वी बूटी जो पेट के कीड़ों का इलाज भी थी।

अपने ने नहीं एक अदना-सी छोकरी ने दी है। वह भी एक विधवा होते हुए। सोचा मुगलानी ने। नहीं, हरगिज़ नहीं। ज़िन्दगी उसने शबरी से कहीं ज़्यादा जी है। क्या शबरी अपने जीवन के अभावों और बदक़िस्मती के अँधेरों को रोशन करने के लिए मेरी खुशियों को जला कर उन्हें तापेगी? फिर उनकी राख मेरे मुँह पर दे मारेगी? चालाकियों और दुनियादारी का दुश्मन मेरा बेटा नित्या यह होने देगा? इस पर उसका पिता पेट या दिमाग़ को दुरुस्त करने के लिए मुझे कोई जड़ी-बूटी थमा देगा? फिर मुझे मायामोह से मुक्त होकर ईश्वर भक्ति में लीन होने को कहेगा? और मैं अपने अकेलेपन और अपमान में सिमटकर रह जाऊँगी? नहीं इस बार नहीं। मगर मैं क्या कर सकती हूँ? मुगलानी को लगा कि उसे चक्कर आ रहे हैं। उसका सिर घूम-सा गया।

अचानक सीढ़ियों से धम-धम किसी के तेज़ी से उतरने की आवाज़ आयी तो मुगलानी चौंक गयी। तभी दरवाज़े पर खड़ा नित्यानन्द चिल्लाया, "भूचाल...भूचाल...काकनी बाहर आओ...काकनी।"

मुगलानी सक्ते में आ गयी। ये भूचाल, ये ज़लज़ला कहाँ से आया? कब आया?

"काकनी...बाहर आओ...," नित्यानन्द ने फिर पुकारा।

काकनी टस से मस न हुई तो वह जूते निकालकर तेज़ी से अन्दर पहुँचा। "काकनी...उठो," कहते हुए उसने मुगलानी की बाँह पकड़ कर उठाना चाहा।

"छोड़ मुझे...जा जाकर उस राँड को सँभाल।"

"काकनी," नित्यानन्द ने मज़बूती से मुगलानी की बाँह थामी और खींचता हुआ बाहर की ओर चला।

"भूचाल से बचा लेगा तो क्या? तू सोचता है तू मेरे रहते उससे शादी कर लेगा? नदी में डूब मरूँगी मैं उससे पहले। मेरे शव को अग्नि देकर ही कर पाएगा तू उस राँड से शादी। समझ ले।"

नित्यानन्द ने मुगलानी को आँगन में पहुँचाया और फ़ौरन मुँह मोड़ लिया। जाने मुगलानी से या उसके धमकी भरे शब्दों से। फिर सर्वकाक को लेने ऊपर की ओर जाने ही वाला था कि आहिस्ता-आहिस्ता सीढ़ियाँ से उतरते सर्वकाक की खड़ाउँओं की आवाज़ सुनाई दी।

अब तीनों आँगन में खड़े थे। दो दीवारों के बीच का बन्द दरवाज़ा पार कर शबरी की आवाज़ इस ओर सुनाई दी, "पृथ्वी...नीचे आओ बेटा...पृथ्वी..."

काश कि घर में आनेवाली इन मनहूस आवाजों पर भी मैं ताला लगा पाती। सोचा मुगलानी ने और बीच के बन्द दरवाज़े की ओर पीठ करके खड़ी रही। पर यह उसके बस में नहीं था।

"जिगरी मुझे डर लग रहा है," दुर्गा शायद अपनी जिगरी के पास ही खड़ी थी।

"डरने की क्या बात है? तू मेरे साथ है," कहकर शबरी ने दुर्गा का हाथ थाम लिया। फिर ऊपर मुँहकर पुकारा, "पृथ्वी..."

तभी दूसरी मंज़िल के छज्जे से पृथ्वी चीखा, "जिगरी मज़ा आ गया... कमरा हिल रहा था..."

"पृथ्वी," जिगरी की आवाज़ भय से काँप उठी थी।

"देखो जिगरी दरवाज़ों की कुंडियाँ अब तक हिल रही हैं।"

"नीचे आओ," शबरी चीखी।

"पर अब तो भूचाल थम गया है।" पृथ्वी ने कहा और कमरे में चला गया।

"ये लड़का भी बस!" कहते हुए शबरी ने दीवार के बन्द दरवाज़े पर नज़र डाली। ज़लज़ले तो अक्सर आते ही रहते हैं पर पहले ज़लज़ला आने पर दोनों घरों के लोग दीवार में लगे दरवाज़े के पास होते थे या किसी एक के आँगन में। मगर अब दरवाज़ा बन्द था और आँगन दो। ज़लज़ले भी तब इतने हिलाने वाले नहीं होते थे।

न इधर के लोगों ने पूछा कि बीच का दरवाज़ा क्यों बन्द हुआ और न उधर के लोगों ने बताया कि बीच का दरवाज़ा क्यों बन्द हुआ। वह अदना-सा दरवाज़ा क्या बन्द हुआ कि जैसे सब अपने-अपने मन के दरवाज़े बन्द करके भीतर बैठ गये थे। इस बन्द दरवाज़े की वास्तविकता का उत्स मुगलानी थी। पर इस बन्द दरवाज़े पर जो साँकल जड़ी गयी थी उसकी गाथा सिर्फ़ दो ही व्यक्ति जानते-समझते होंगे – नित्यानन्द और शबरी। किन्हीं दो व्यक्तियों के बीच कब क्या घटित हुआ यह वस्तुतः कोई तीसरा कभी नहीं जान पाता और कभी-कभी तो वे दोनों स्वयं भी ठीक से नहीं जानते हैं।

दरवाज़ा बन्द होने के दिन, इसके बन्द होने से लगभग अनजान अम्बरनाथ ने रात तक नित्यानन्द का इन्तज़ार किया था। वह नहीं आया तो अपना मन मसोस कर सो गया। उसके घर जाने की हिम्मत न हुई। किस मुँह से जाता? कैसे कहता कि शबरी इस विवाह के लिए राज़ी नहीं है। पर अगले दिन की सुबह इतवार की सुबह थी। हमेशा की तरह दोनों को हारी पर्वत जाना था। जब नित्यानन्द आता दिखाई न दिया तो अम्बरनाथ की बेचैनी कुछ बढ़ गयी। वह उठा, तैयार हुआ और नित्यानन्द को बुलाने के लिए साझा दरवाज़े की ओर चला। दरवाज़ा बन्द देखा तो ज़रा ठिठका। दरवाज़ा खटखटाते हुए उसने

नित्यानन्द को पुकारा, "नित्या...नित्या...कहाँ हो भाई? चलना नहीं है क्या?"

भीतर से नित्यानन्द की आवाज़ सुनाई दी, "आ रहा हूँ। गली में पहुँचो।"

अम्बरनाथ गली की ओर बढ़ा। इधर मुगलानी ने अम्बरनाथ की आवाज़ सुनी तो खुद को रोक न सकी, "लो आ गये जाल बिछाने!" फिर नित्यानन्द को तेज़ी से बाहर की ओर जाते देखा तो बोली, "कहाँ जा रहा है...क्या काम है ऐसा?"

"हारी पर्वत। हर इतवार तो जाते हैं।"

"ठीक है...मगर वहाँ से सीधे घर आना...बहुत हो गईं मीटिंग-वीटिंग। अब आगे का सोचना है।"

नित्यानन्द मुगलानी की बातों को सुनकर दाएँ-बाएँ करता हुआ तेज़ी से गली में पहुँचा तो वहाँ खड़े अम्बरनाथ ने पूछा, "क्या बात है? घर में सब ठीक तो है? आज इतनी देर..."

नित्यानन्द ने अम्बरनाथ के क़दम से क़दम मिलाकर आगे बढ़ते हुए कहा, "नहीं बस आ ही रहा था।" फिर दोनों लगभग चुप-चुप ही हारी पर्वत की ओर चले। वापसी में भी चुप्पी के ये गुबार साथ में लौट रहे थे तो अम्बरनाथ को माहौल ज़रा बेझिल लगा। अम्बरनाथ ने हारी पर्वत में दिए गये बन्धु जी के आज के भाषण पर टिप्पणी शुरू कर दी। इस पर नित्यानन्द काफ़ी देर तक बस 'हूँ-हाँ' ही करता रहा। तब अम्बरनाथ ने सीधे मुखातिब होने की सोची, "बन्धु जी जब बोलते हैं तो एक सहर-सा तारी हो जाता है। उस समय तो लगता है कि इसके सिवा कुछ है ही नहीं दुनिया में। समाज अगर बदलेगा, आगे बढ़ेगा तो बस इसी तरह। उन्हीं के नक़्शेक़दम पर। तुम्हें क्या लगता है नित्या?"

इस सीधे प्रश्न से नित्यानन्द ज़रा चौंका। फिर कल शाम से उसके भीतर जमी फ़लसफ़ाना हवा ने बाहर निकलना शुरू किया, "हाँ...मगर जीवन और समाज के दायरे इससे कहीं दूर-दूर तक फैले हैं। उन्हें बदलना कहने में जितना आसान है करने में नहीं।"

"हाँ मगर कोई शुरुआत तो करता है...तभी तो..."

नित्यानन्द ने शायद उसकी बात सुनी ही नहीं थी, "बन्धु जी को सुनते हुए हम उनके आदर्शवादी शब्दों में अटके रहते हैं...समाज की हकीकत उन शब्दों से कहीं ज़्यादा बड़ी है...और उतनी ही सच भी।"

"बन्धु जी जो कहते हैं दिल की गहराइयों से कहते हैं...उनकी वाणी में कितना ओज हैं...मैं तो बस उनका होकर रह जाता हूँ।" अम्बरनाथ मानो बन्धु जी के वक्तव्य में एक बार फिर डूब गया।

नित्यानन्द ने गर्दन मोड़कर उसका मुग्ध चेहरा देखा। उसके भीतर के समन्दर में कुछ बहुत गहराई तक डूब गया। उसी गहराई से अपने डूबे स्वर को उबारते हुए उसने कहा, "हाँ, दिलों में तो उतरता है पर...उस पर अमल कहाँ तक हो पाता है...कहाँ तक कर पाते हैं हम।"

अम्बरनाथ ने चौंककर नित्यानन्द को देखा और कुछ समझते हुए पूछा, "सुनो, कल ओंकार तुमसे मिला था?"

"हाँ मिला था। मेरे स्कूल पहुँचा था छुट्टी के समय।"

"कुछ कहा उसने?" बेसब्री से पूछा अम्बरनाथ ने।

नित्यानन्द के मन में एक साथ दो भाव आये। पहले वह चौंका क्योंकि इतने सीधे सवाल की उसे अपेक्षा न थी। फिर उसने एक राहत की साँस ली कि जो होना है हो जाए और किसी तरह पत्थरों से लदा यह भारी सन्दूक़ उसके सिर से उतरे। अपना सिर झुकाकर उसने धीरे से जवाब दिया, "हाँ कहा...वही सब जो कहने आया था।" फिर उसके शब्द ज़रा ठहर गये और अम्बरनाथ की धड़कन तेज़ हुई। कुछ क्षण बाद नित्यानन्द ने आगे कहा, "पर मुझे लगता है...मैं उस बारे में कुछ कर नहीं पाऊँगा। तुम्हें सुनकर न जाने कैसा लगेगा...लेकिन मैं मजबूर हूँ।" अम्बरनाथ कानों को एकाग्र कर खामोशी से उसके साथ चलता रहा फिर उसने सुना, "काकनी की ज़िन्दगी की आखिरी उम्मीद हूँ मैं। उसके फ़ैसले का एहतराम करना मेरा फ़र्ज़ है।"

अब अम्बरनाथ ने एक साँस सी खींची। जाने नित्यानन्द के सिर पर धरा पत्थरों का सन्दूक उतरा या नहीं पर अम्बरनाथ ने खुद को बहुत हल्का महसूस किया। उसे डर था कि अगर नित्यानन्द शादी के लिए राज़ी होगा तो वह किस मुँह से कहेगा कि शबरी तैयार नहीं है। और अगर शबरी हाँ कर देती और नित्यानन्द तैयार न होता तो भी वह अपने को शायद ऐसी ही स्थिति में पाता। समस्या अपने आप सुलझ जाएगी उसने सोचा न था। इसलिए फ़लसफ़ाना होने की अब उसकी बारी थी, "ज़िन्दगी बहुत अजीब चीज़ है। कुछ बातें क़िस्मत पर छोड़ देनी चाहिए। शायद शबरी भी अपने भाग्य से समझौता कर चुकी है। उसे भी मैं कहाँ राज़ी कर पाया।"

यह सुनते ही नित्यानन्द को पाँव के अँगूठे पर कुछ ठोकर-सी लगी। अम्बरनाथ ने उसे कन्धे से थामकर कहा, "सँभलकर", मगर नित्यानन्द को ठोकर ज़रा ज़ोर से लगी थी क्योंकि ठेस का एहसास अन्दर तक था। काकनी का इस विवाह के लिए सहमत न होना उसने झेल लिया था मगर शबरी का इंकार उसके लिए भारी पड़ा। बेसाख़्ता उसके मुँह से निकला, "शबरी ने क्या कहा?"

"क्या कहती बेचारी...वो यह बात सुनने को भी तैयार न थी।" अम्बरनाथ का ये एक-एक शब्द नित्यानन्द के भीतर जाकर मानो किसी दलदल में धँस गया। उसके मन में एक विचार गूँज-सा गया, 'यानी उसने मेरा रिश्ता ठुकरा दिया!' अँगूठे की ठोकर में टीस-सी उठी। गली सामने थी। अचानक नित्यानन्द ने कुछ जल्दी-सी दिखाते हुए कहा, "खैर छोड़ो...तुम चलो...मुझे ज़रा एक काम याद आ गया।"

यह कहकर नित्यानन्द अम्बरनाथ की तरफ़ बिना देखे ही अचानक गली से आगे बढ़ गया। अम्बरनाथ को गली के मुँह पर ठिठका-सा खड़ा छोड़कर। ऐसी रुख़्सत! इससे पहले तो ऐसा कभी न हुआ था। अम्बरनाथ नित्यानन्द को जाता देखता रहा। अम्बरनाथ के ज़हन में दोनों घरों की साझा दीवार का बन्द दरवाज़ा कौंध गया। उसे लगा कि जैसे किसी ने उस दरवाज़े को ज़ोर से जड़ दिया हो। सोच में डूबा हुआ भारी क़दमों से वह गली के भीतर चल दिया और सिर झुकाए चलता चला गया घर की ओर। आहिस्ता-आहिस्ता।

अम्बरनाथ घर तो लौट आया था पर घर में था नहीं। रहते हुए भी अक्सर नहीं रहता था। कई दिन ऐसे ही गुज़र गये। अम्बरनाथ तो घर में था नहीं नित्यानन्द भी नहीं आया। पृथ्वी को पढ़ाने भी नहीं। शबरी को उस ज़लज़ले के वक़्त जो अजब-सी बेगानगी का अहसास हुआ था वो ये शक्ल लेगी, सोचा न था। बात यहाँ तक आ पहुँचेगी कि नित्यानन्द अम्बरनाथ से भी नाता तोड़ लेगा, विश्वास नहीं कर पा रही थी शबरी। उसने सुना था कि पानी कट सकता है खून का रिश्ता नहीं। जब-जब अम्बरनाथ और नित्यानन्द को देखती थी तो मन कह उठता था कि वह मुहावरा गलत है क्योंकि पानी कट सकता है, खून का रिश्ता कट सकता है पर दोस्ती का रिश्ता नहीं।

अम्बरनाथ से बात कर शबरी उसके जी की थाह लेना चाहती थी पर हिम्मत ने साथ न दिया। फिर एक दिन उसने पिछवाड़े की गली से गन्तव्य तक पहुँचने की सोची।

"भाई जी पृथ्वी कह रहा था...उसे नया सबक़ समझने में दिक़्क़त हो रही है।" कहा शबरी ने तो अम्बरनाथ की नज़रें उसके चेहरे पर उसका मन तलाश करने लगीं, "कहो उससे फिर पढ़े। बार-बार पढ़े।"

"पढ़ता तो है बेचारा पर...वैसे कह रहा था सबक़ बहुत मुश्किल है।"

"हूँ", नज़र फेर कर खिड़की से बाहर देखते हुए कहा अम्बरनाथ ने और ख़ामोश हो गया।

"पृथ्वी से कहूँ क्या कि...वहीं जाकर...", शबरी ने कहा तो अम्बरनाथ ने

पलट कर ऐसे देखा कि शबरी के शब्द ठिठक गये। पर उन्होंने भी हिम्मत न हारी, "अगर कभी मास्टर न आ पाए तो उसके यहाँ जाकर भी तो..."

"नहीं।" शबरी की बात एक झटके से काट दी अम्बरनाथ ने। फिर कहा, "मैं पढ़ाऊँगा उसे।" वह उठा और बाहर निकल गया। जाते-जाते वह एक-एक शब्द को चबाकर कह रहा था, "अब मैं ही पढ़ाऊँगा उसे।"

शबरी का जीवन अमावस्या की एक काली रात ओढ़कर लम्बी सड़क पर आहिस्ता-आहिस्ता चल रहा था अपने थके क़दमों से। क़िस्मत का कूबड़ धारण किये हुए। रास्ते में ज़रा-सी टिमटिमाहट थी तो बस भाई जी के व्यक्तित्व और अपने प्रति उनके स्नेह की। पर आज वही शबरी अपने भाई जी के दुख का कारण बन गयी थी। सोचा उसने। वह मानती थी कि वह अम्बरनाथ के जीवन में एक बोझ या कहें कि भार की तरह है और सदा बनी रहेगी, जबकि अम्बरनाथ इस भार को आँखों में काजल का भार मानता था। पर आज शबरी के कारण उसका सबसे पुराना और प्यारा दोस्त नहीं रहा था। शायद उँगलियों की खाल में नाखून-सा नित्यानन्द का साथ अम्बरनाथ के लिए कन्धे पर बेतकल्लुफी से रखी ऊनी चादर जैसा था जिसे ज़रा-सी गर्मी के अहसास के बावजूद कन्धे पर ही रखा जाता है, जुदा नहीं किया जाता क्योंकि कहीं न कहीं ज़हन में होता है कि ठंड में यही काम आएगा। पर आज वह ऊनी चादर कहीं खो गयी थी। वे दोनों दोस्त भी थे और हमसाए भी। ऐसे हमसाए जो सही मायने में हमसाए थे। पर अब वे साये भी जुदा हो गये थे। इसका ज़िम्मेदार शबरी खुद को ही मानती थी।

कैसा जीवन है उसका! सोचा शबरी ने। न ससुरालवालों को सुख दे सकी न मायकेवालों को। दो दोस्तों की दोस्ती, दो घरों के पुश्तैनी रिश्ते भी मेरी वजह से टूट गये। जब से पैदा हुई हूँ लोगों के लिए मुसीबतों के सैलाब लेकर आयी हूँ। भाई जी मुझे तो वहाँ से उठा लाये पर उस सैलाब का क्या कर पाएँगे जो जन्म से ही मेरे साथ है। जहाँ जाती हूँ खिंचा चला आता है। क्या कभी कोई कि किश्ती ऐसी बनेगी जो मुझे लेकर इस सैलाब को पार कर दूर निकल सके?

आज शबरी इतनी दुखी और असहाय थी कि उसे उठकर रसोई तक जाने की न याद रही और न ही बदन में जान। उस वक्त उस अकेले मकान में शबरी निढाल सी हो गयी। निस्पन्द! हाथ-पाँव थे मगर नहीं थे। कुछ देर ऐसे ही गुज़र जाने के बाद उसे अपनी आती-जाती साँसों का अहसास हुआ। ये साँसें ही हैं जिनकी वजह से वह आज तक अपने दुर्भाग्य की गठरी सिर पर लादे इस घर में बैठी है। कैसी है यह गठरी जो कभी-कभी सिर से पीठ तक

तो आ जाती हैं पर उतारी नहीं जा पाती। मानो उसकी जुड़वाँ हो। सोचा उसने। वो भी तो एक गठरी ही है। कभी उठाकर कहीं रख दी जाती है कभी कहीं। काश ये साँसें न होतीं। आज उसे बरसों बाद ये शब्द याद आये–

क्यों न काटा गला मेरा
काटी थी जब नाल,
सहने न पड़ते इतने दुख
और इतने जंजाल।

पिता के जाने के बाद माँ अक्सर उठते-बैठते यह कहती थी। ये शब्द उसे दरवेश बाबा से मिले थे। उसके अकेले दुखों के साथी थे ये शब्द। शबरी ने सुना था कि पिता साल में दो-तीन बार मटन जाते थे। वहाँ के आध्यात्मिक माहौल में उनका जी बहुत रमता था। मटन की राह उन्हें सर्वकाक ने दिखाई थी। प्राय: दोनों दोस्त वहाँ जाते और दस-पन्द्रह दिन बाद लौटते थे। फिर सर्वकाक का जी इस मोह से भी उखड़ गया मगर पिता जाते रहते थे। वहाँ उन्हें एक दरवेश मिले थे जिन्हें पिता बाबा जी और माँ दरवेश बाबा कहती थीं। उसने सुना था कि दरवेश बाबा कश्मीरी नहीं थे। वे शायद पंजाब के किसी गाँव के थे पर कश्मीर आकर उन्होंने यहाँ की भाषा सीख ली थी। प्राय: कश्मीरी ही बोलते थे पर जब भाव-विह्वल हो जाते या वज्द की हालत में होते तो उर्दू या पंजाबी में कुछ-कुछ कहते रहते थे। ये पद माँ ने उन्हीं से सुना था।

पिता का बाबा जी में गहरा विश्वास था। घर-परिवार पर कोई भी दुख-संकट मँडराता तो वे दौड़े हुए मटन पहुँचते और बाबा जी का आशीर्वाद लेकर लौटते। उनका मानना था कि यह आशीर्वाद ही उनके संकटों की काट है। एक बार वे माँ को भी मटन ले गये थे बाबा जी के दर्शनों के लिए।

शबरी ने यह भी सुना था कि जब वह पैदा होने वाली थी तो माँ की तबीयत खराब रहने लगी थी। माँ की दाई नूर द्यद ग्वालों के परिवार की थी। वह आकर माँ को सँभाल जाती थी। सर्वकाक की दवा भी बदस्तूर जारी थी। पिता जी सर्वकाक से उम्र में काफी बड़े थे पर उनकी लियाक़त की वजह से पिताजी उनका लिहाज़ करते थे। सर्वकाक से माँ की दवा लेते हुए कभी माँ का हाल नहीं पूछते थे। उन्हें डर था कि कहीं सर्वकाक कोई कुवाक् न कह डालें। उन दिनों उन्होंने सर्वकाक से मिलना-जुलना भी बहुत कम कर दिया था। बस दवा लाते थे या वह लेने भी कभी-कभी केदारनाथ को भेज देते थे। इस बीच नूर द्यद का घर में आना-जाना जब कुछ ज़्यादा ही बढ़ गया तो उन्होंने उसी से माँ का हाल जानना चाहा। नूर द्यद के स्वर में मायूसी थी,

"पेट देखकर तो लगता है लड़की है पर जच्चा की हालत...", कहते-कहते वह खामोश हो गयी थी।

"केदार की माँ रहेगी तो केदार के भाई-बहन...," कहते-कहते पिता रुक गये थे। फिर एक वेग के साथ बोले थे, "केदार की माँ को कुछ नहीं होना चाहिए नूर द्यद...कुछ नहीं...। बस तुम्हारा ही आसरा है।"

"ज़ियारत* करो बेटा...अपनी क्षीर भवानी जाओ। मन्नत माँगो...वहाँ की भगवती ही कुछ कर सकती हैं।" कहती हुई नूर द्यद निकल गयी थी।

यह सुनते ही पिता रास्ते का कुछ ज़रूरी सामान लेकर घर से निकल गये थे। पर वे क्षीर भवानी नहीं मटन पहुँचे बाबा जी के पास। बहुत जल्द वे बाबा जी को लेकर लौटे थे। फिर सुना था कि बाबा जी पन्द्रह-बीस दिन यहीं टिके थे। इसी बीच शबरी का जन्म हुआ था। सद्य:जात शबरी को काली ऊनी चादर में लपेट कर नूर द्यद ने सबसे पहले बाबा जी की गोद में दिया था। उस नन्हीं को थामते हुए बाबा जी के मुँह से निकला था –

बाहर सब जग उजला लागे
अन्दर काली रात।

और वह काली रात काली ऊनी चादर की तरह आज तक शबरी के जीवन से लिपटी हुई थी।

माँ को शायद तपेदिक़ था। सर्वकाक ने कहा था कि बच्ची को माँ दूध न पिलाये। हरगिज़ नहीं। पेट भरने के लिए शबरी को गाय का दूध दिया जाता था। पर माँ का वह स्नेह कौन देता जो उसकी आत्मा की भूख मिटाता? ऐसे में एक दिन पड़ोस की राहत बोबा माँ का हाल लेने और बधाई देने आयी तो वहीं शबरी ज़ार-ज़ार रो रही थी। राहत बोबा को नूर द्यद बता चुकी थी कि बच्ची को माँ का दूध मना है। वह उसके लिए ज़हर है। रोती शबरी को कभी कोई गोद में उठाता, कोई तरह-तरह की आवाज़ें निकाल कर उसका ध्यान बँटाने की कोशिश करता, कोई बाँहों के झूले में झुलाता मगर शबरी रोती रही। ऐसे रोती रही मानो आज रो-रोकर मन-प्राण बहा देगी। राहत बोबा की आँखें डबडबा आयीं और छातियों में दूध उतर आया। उसने फौरन अपनी गोद से नन्ही जून को उतारा और शबरी को गोद में लिया। अपने फेरन के गले से अपनी ममता से उफनता स्तन निकाला और शबरी के मुँह में दे दिया। तब उसके मुँह से बस यही निकल पाया था, "ये तो बेचारी के लिए अज़ाब◆ है।"

और नन्ही शबरी अचानक खामोश हो गयी थी। स्तन को अपने नन्हें हाथों

---

*तीर्थयात्रा ◆यातना

से थाम कर वह ऐसे दूध पी रही थी मानो आज आत्मा तृप्त कर लेगी। राहत बोबा ने सीने से चिपकी कमज़ोर सी शबरी को सहलाते हुए गद्दे पर लेटी माँ की तरफ़ देखा तो उसकी आँखों में आत्मिक सन्तोष पाया। ऐसा सन्तोष मानो माँ कह रही हो, 'अब महाकाल भी आये तो कोई ग़म नहीं। मैं तैयार हूँ।'

राहत बोबा ने तीन-चार महीने पहले ही एक बेटी जून को जन्म दिया था। इसलिए दूध के भंडार की चिन्ता उसे नहीं थी। वह कोशिश करती थी कि दिन में एक बार आकर शबरी को दूध पिला जाए पर कभी-कभी नाग़ा भी हो जाता था। वह जब-जब आती जून को साथ लाती। शबरी और जून में उसी उम्र से एक रिश्ता क़ायम होने लगा था।

इधर माँ अब बिस्तर से कभी-कभी उठने लगी थी। सर्वकाक हैरान थे। ऐसे चमत्कार उन्होंने कम ही देखे थे। उनका कहना था कि वह चाहे शबरी को दूध न पिला पाए, गोद में न ले पाए पर शबरी की क़िस्मत में माँ अभी है। सर्वकाक का ऐसी कोई शुभ बात बोलना भी चमत्कार से कम न था!

दरवेश बाबा पिता के देहान्त का समाचार सुनकर भी घर आये थे। तब शबरी शायद सात वर्ष की थी। शबरी ने दरवेश बाबा का ज़िक्र बहुत सुना था पर उनके दर्शन नहीं किये थे। पहली बार उन्हें देखा तो घबरा सी गयी थी। साँवले चेहरे पर लम्बी खिचड़ी दाढ़ी, सिर पर उलझे बेतरतीब से वैसे ही बाल। बालों पर बँधा एक काला रूमाल। लम्बा क़द जो काले चोग़े से और लम्बा लगे। रात में कोई दरवेश बाबा को देखता तो वे रात में ऐसे घुले-से दीखते थे कि रात दरवेश हो जाती थी। माँ के कहने पर उसने दरवेश बाबा के पाँव छुए थे तो उसके सिर पर हाथ रखकर उन्होंने फिर वही कहा था–

बाहर सब जग उजला लागे
अन्दर काली रात।

माँ ने बताया था कि तेरे जन्म के समय भी दरवेश बाबा ने यही कहा था। इन शब्दों की गाँठ बाँधकर शबरी ने फेरन की छोटी-सी जेब में छुपा लिया था। वे एक रात रुके थे। अगले दिन भोजन करके रवाना होते हुए माँ के सिर पर हाथ रखकर उन्होंने ये पंक्तियाँ कही थीं और निकल गये थे–

मैं समझूँ दुख बस मुझे
सकल जगत दुख राग,
देखूँ ऊँचा हो के तो
घर-घर यही क्यों आग!

शबरी माँ का फेरन थामे दरवेश बाबा को दरवाज़े से बाहर गली में जाता देख

रखी थी। दरवेश बाबा गाशा जी के साथ चले जा रहे थे। दूर तक उनके बेचैन-से शब्द सुनाई देते रहे थे, "घर-घर यही क्यों आग, घर-घर यही क्यों आग?"

फिर साल में दो-तीन बार दरवेश बाबा आते थे और पिता के कमरे में दो-एक रात गुज़ार कर रवाना हो जाते थे। उन दिनों माँ और शबरी अम्बरनाथ के कमरे में अपना बिस्तर जमा लेते थे।

शबरी को याद है जब वह उन्हें दरवेश बाबा कहकर पुकारती थी तो वे कहते थे, "बेटा काहे का दरवेश!" और फिर कुछ पंक्तियाँ लय में बोलने लगते थे–

काले हैं कपड़े मेरे
काला मेरा वेश,
भरा गुनाहों से मगर
लोग कहें दरवेश।

शबरी को दरवेश बाबा का यूँ खुद से ही बोलते-सुनते रहना बहुत अचम्भित करता था। एक रोज़ उसने पूछा था, "दरवेश बाबा अकेले-अकेले आप किससे बातें करते हैं?"

उन्होंने उँगली ऊपर की ओर उठाकर कहा था, "उससे...वो सब जगह है।"

"क्या वो भी आपसे बातें करता है?" नन्हीं शबरी की बाल सुलभ जिज्ञासा बोल उठी थी।

"हाँ करता है। उसकी बातों में कभी आवाज़ होती है तो कभी वो बेआवाज़ होती हैं।"

"फिर आप सुनते कैसे हैं?" अगला मासूम सवाल दरवेश बाबा के सामने था।

"जो लफ़्ज़ मेरे लिए होते हैं वो मुझ तक पहुँच जाते हैं और मैं उन तक। क्या फ़र्क़ पड़ता है उनमें आवाज़ हो या न हो।" दरवेश बाबा का यह जवाब शबरी के नन्हे दिमाग के लिए इतना बोझिल था कि वह उनसे अगला सवाल भी न पूछ पाई थी।

तभी एक खोस में चाय लिए माँ ने प्रवेश किया था, "ये लड़की आपको ज़रूर परेशान कर रही होगी। या तो चुप रहती है या अजीब-अजीब से सवाल करती रहती है।"

"नहीं-नहीं ये बच्ची तो पाक रूह है। शुद्ध आत्मा।" फिर शबरी के बालों पर स्नेह से हाथ फेरकर कहा था उन्हौंने, "मेरी सूफ़ी बेटी है यह...सूफ़िया।"

जाते हुए माँ ने जब 'दरवेश बाबा' कहकर हाथ जोड़े थे तो वे ठिठक से गये थे, "मुझे दरवेश नहीं सिर्फ़ बाबा कहा करो। दीन-दुनिया में रहते हुए

कैसा दरवेश! दरवेश होना बहुत मुश्किल होता है। जानती हो दरवेश दरख़्तों की तरह होते हैं। उनमें दरख़्तों जैसा धीरज होना चाहिए। बेचैनी नहीं चैन होना चाहिए।" फिर जाते-जाते उन्होंने कहा था, "खुश रहो...चलता हूँ...जाने अब आ पाऊँगा या नहीं।"

माँ कहती रह गयी थी, "नहीं नहीं...ज़रूर आइएगा।" पर वे गाशा जी के साथ निकल गये थे। गाशा जी जब लौटकर आये थे तो उन्होंने यही कहा था कि दरवेश बाबा आज उदास और बेचैन से थे।

दरवेश बाबा फिर नहीं आये। कभी नहीं। समय बीतता गया। जब तक माँ थी घर में कभी-कभी उनका ज़िक्र होता था। एक आस थी कि कभी भी वे आ सकते हैं। फिर माँ नहीं रही। पिता और माँ के साथ-साथ दरवेश बाबा भी शबरी की ज़िन्दगी से दूर हो गये थे।

काश उसके जन्म के समय उसकी नाल काटते हुए दाई ने उसका गला भी काट दिया होता तो इन दुखों के, मुसीबतों के इस जंजाल से मुक्त होती वह आज। शबरी ने मन से चाहा कि अगर तब न सही तो अब कोई दैवी हाथ आकर उसका गला दबा जाए। कैसे सहे वह यह दुख! अपने दुख गटकने फिर आसान होते हैं पर अपनी वजह से मिले अपनों के दुख अपनी आँखों देखना आसान नहीं होता। या तो अब वह खत्म हो जाए या उसके दुख। पिता की तरह उसका मन भी कह रहा था कि सब संकटों की काट दरवेश बाबा के पास ही है पर दरवेश बाबा कहाँ है? कहीं नहीं। दूर-दूर तक नहीं। जाने अब मटन में होंगे भी या अपने पंजाब लौट गये होंगे!

काश एक बार अपनी सूफ़ी बेटी...अपनी सूफ़िया से मिलने आ जाते! एक बार। शबरी का मन बहुत उद्विग्न था। उस अकेले मकान में अकेले बैठे उसने खुद को कहते सुना "दरवेश बाबा मुझे भी धीरज दो...दरख़्तों-सा धीरज।"

फिर उसने दीवानों की तरह ज़ोर से मानो हवा को पुकारा था, "दरवेश बाबा..."

शबरी अचानक चौंक उठी थी पर अपनी आवाज़ से नहीं। दरवाज़े पर कोई दस्तक दे रहा था। 'दरवेश बाबा' कहती हुई वह ग़फ़लत में बाहर दरवाज़े की ओर दौड़ी तो रास्ते में ही ठिठक गयी। चूनी भाभी और गौरी आँगन में खड़े थे।

चूनी भाभी ने कमर पर तौलियों में लिपटी एक देग़ची उठा रखी थी।

"शबरी, कहाँ थी तू सुबह से...दिखाई ही नहीं दी।" कहा चूनी भाभी ने। चूनी भाभी नित्यानन्द की ममेरी भाभी थी। पड़ोस के कादलबाजू परिवार की बहू गौरी बोली, "ले घर के लिए शुभ की वड़ी* ले। बर्तन ला।"

---

*मसालेदार घोटकर बनाये गये मेवेवाले चावल

"वड़ी!" असमंजस में खड़ी शबरी के मुँह से निकला।

"हाँ हाँ, नित्यानन्द की शादी की शुभ वड़ी। आज लिवुन था न।" चूनी भाभी ने देग़ची को उचकाकर सँभालते हुए कहा, "सबसे पहले यहीं लाये हैं अम्बरनाथ के लिए। सोचा नित्यानन्द के दोस्त के घर से ही शुरुआत करें।"

शबरी वहीं खड़ी उन्हें देखती रह गयी। चूनी भाभी ने मुस्कराकर कहा, "अरे किस सोच में है?"

शबरी हकबका गयी, "नहीं नहीं...लाती हूँ...बर्तन लाती हूँ।" कहते हुए वह भीतर जाने को मुड़ी तो चूनी भाभी ने धीमे स्वर में गौरी से कहा, "क़िस्मत की मारी है...बुलाया नहीं होगा इसे शुभ काज में...अब बोलेगी क्या!"

इस पर गौरी ने हमदर्दी से सिर हिलाया, "गाज़ गिरी है इस पर तो। हे भगवान हम पर पर्दा रखना...अपनी ओट बनाए रखना।"

चूनी भाभी फिर पुकार कर शबरी से बोली, "संकोच में क्यों है...वैष्णव वड़ी है अखरोटों वाली। जल्दी ला"

"इसे मालूम है सर्वकाक के घर की है तो वैष्णव ही होगी।" गौरी ने जोड़ा।

"हाँ वो तो है," कहकर चूनी भाभी ने ज़रा नाक-सी चढ़ा कर आगे कहा, "कुछ भी कहो जो बात उस सामिष वड़ी में होती है वो भला इसमें कहाँ!"

"हाँ हाँ, बकरे की चटोरी जो हो तुम...गले से उतर नहीं रही थी तुम्हारे ये वड़ी।"

"भेड़-बकरा तो तू जाने," चूनी भाभी ने फिर आँख मार कर कहा, "असली मज़ा तो बोटियों में ही होता है।"

"बोटी-बोटी करने में या करवाने में?" गौरी भी पीछे न रही। और दोनों ठहाका मारकर हँस दी थीं।

शबरी काँसे का बड़ा कटोरा लेकर आयी तो चूनी भाभी ने देग़ची कुछ आगे की और गौरी ने उसमें से दो खोस वड़ी निकालकर कटोरे में डाली, "दरवाज़े की चौखट पर व्यूग* बनाते हुए हमने जो वनवुन◆ गाए उनकी आवाज़ यहाँ नहीं पहुँच रही थी क्या?"

"नहीं...हाँ.. मेरा मतलब...मैं बस सोच ही रही थी कि...," शबरी को कुछ सूझ ही नहीं रहा था।

"अब शाम को आ जाना...तुम्बकनारी बजाएँगे...अभी तो लगता है तू सो रही थी...नींद में ही है।" हँसते हुए चूनी भाभी वापस मुड़ गयी तो गौरी भी

*शुभ की रंगोली जो चौखट की दीवार पर बेलों के रूप में बनाई जाती है।

◆पारंपरिक शुभ गीत

उसके पीछे चल दी। जाते हुए दोनों ने आँगन का दरवाज़ा बन्द कर दिया। और शबरी बीच आँगन काँसे के कटोरे में नित्यानन्द के ब्याह के शुरुआत की शुभ वड़ी लिए खड़ी की खड़ी रह गयी थी।

तो नित्यानन्द की शादी पक्की हो गयी? इतनी झटपट! और हमें कानोंकान खबर नहीं। जो दरवाज़ा जोड़ता था वह बन्द हो गया तो क्या? क्या गली के रास्ते आकर नहीं बताई जा सकती थी यह बात भाई जी को? भाई जी को खबर होगी? क्या अब शादी-ग़मी में मुलाक़ात का रिश्ता भी खत्म हो गया? आँगन गोल घूम-सा गया। शबरी को महसूस हुआ कि भूचाल तो अब आया है। उसे लगा कि उसने गुनगुनी वड़ी का नहीं बर्फ़ का कटोरा पकड़ रखा है जिससे उसके हाथ बेजान सुन्न हो गये हैं। क्या सिर्फ़ हाथ ही?

अम्बरनाथ लौटा तो देखा पृथ्वी और दुर्गा रसोई के बाहर बैठे वड़ी खा रहे थे। "अरे वाह वड़ी!" कहा अम्बरनाथ ने तो दुर्गा ने चहककर जवाब दिया, "नित्या भाई की शादी है।" अम्बरनाथ ठिठक-सा गया। उसने मन ही मन कहा, "नित्या की शादी!" तभी शबरी ने एक कटोरी वड़ी अम्बरनाथ के सामने रख दी। उसने कटोरी को एक ओर सरका दिया और उठकर ऊपर चला गया। अम्बरनाथ की कटोरी की वड़ी शबरी ने पृथ्वी की ओर बढ़ा दी। वह जानती थी कि अम्बरनाथ उस कटोरी को हाथ भी नहीं लगा पाएगा। और वह खुद? अगर हाथ वड़ी को मुँह की तरफ़ ले भी गए तो क्या उसके गले से नीचे उतर पाएगी?

"जिगरी अब तुम्बकनारी बजेगी? मज़ा आएगा ना? तुम कौन-सा गीत गाओगी? बताओ ना जिगरी।"

"पता नहीं!" सिर्फ़ यही कह पाई थी शबरी।

"तुम वो गाना...वो...मेहँदी स्वर्ग से आयी है...", दुर्गा ने उत्साह से भर कर कहा।

शबरी ने शेष बची वड़ी भी पृथ्वी और दुर्गा के सामने रख दी, "खाओ... खत्म करो।" उठी और बाहर चली गयी। जाते हुए उसने छाँटी-टूटी सौचल* की टोकरी उठायी और बाहर नल की ओर चली। नल के पास बनी मुँडेरी पर बैठकर उसने नल खोला और साग को टोकरी समेत पानी की धार के नीचे रख दिया। पानी बह रहा था लगातार शबरी के विचारों की धार-सा। उनका स्रोत भी बहुत गहरा था। ज़मीन के नीचे से आता हुआ-सा।

भीतर से भीमगति से कुछ चला आ रहा था। बाहर आने के लिए। जो कुछ भी था, उसमें विवेक था, आवेग नहीं। वह क्यों दुखी है? क्यों उदास है? तो

---

* एक कश्मीरी साग

आवाज़ आयी कि भाई जी के लिए, उनके दुख के लिए। सवाल एक और सामने आ खड़ा हुआ फिर–क्या सिर्फ़ भाई जी के लिए? ज़ाहिर है भाई जी के ही लिए। और अपने लिए? अपने लिए क्यों दुखी होऊँ मैं? मैंने खुद ही तो शादी से इंकार किया था। ये सच का दाहिना हाथ है। और बायाँ? साग धोते उसके हाथ ठिठक गये। वह जानती है कि उसकी किस्मत को घुन लगी हुई है। दीमक लगी ड्योढ़ियों में बारातें नहीं आतीं। और अगर आ ही जाती हैं तो उनका वही हश्र होता है जो शबरी के विवाह का हुआ था। चारों ओर से बड़भागी होने के आशीष मिले पर वे राख के साथ जल में विसर्जित हो गये। उन आशीषों को भी ड्योढ़ी की दीमक चाट गयी थी।

उसका मन मकड़ी हुआ जा रहा था। माना उसने विवाह से इंकार किया। विवाह तो उसे करना ही नहीं था। पर ऐसा तो नहीं सोचा था कि नित्यानन्द इस चौखट पर आकर फिर कभी खड़ा भी न होगा। भाई जी के लिए भी नहीं, पृथ्वी के लिए भी नहीं। यहाँ तक कि बीच का दरवाज़ा बन्द होने के बाद उसकी आवाज़ भी इस आँगन में नहीं पहुँचेगी। आवाज़ों के सहारे चलती शबरी की दुनिया आज अकेली हो गयी थी। बेहद अकेली और बेहिस!

उसका मन हुआ कि शाम घिर आये और वह शुभ गीत गाने, तुम्बकनारी बजाने नित्यानन्द के घर पहुँच जाए। गली से ही सही। उसका मन हुआ कि उसे कोई भयंकर रोग हो जाए तो सर्वकाक से दवा लेने उसे उम्र भर नित्यानन्द के घर जाना हो। गली से ही सही। उसका मन हुआ कि काकनी उसे आवाज़ दे कि आकर चावल फटक जा और वह दौड़ती चली जाए। गली से ही सही। मगर कैसे होता यह सब क्योंकि उसके भीतर की एक दुनिया ठहर गयी थी। अब था तलातुम* के बाद का ठहराव। शायद प्रलय के बाद किनारे लगी किश्ती में रखा शान्त स्थिर समय का टुकड़ा!

हाथ पर लगातार गिरते पानी ने जिस हाथ को बर्फ़ बना दिया था उसी हाथ से उसने नल बन्द किया। पानी झरते साग की टोकरी को उठा कर ड्योढ़ी पर रखा और सधे-सन्तुलित क़दमों से सीढ़ियों की ओर बढ़ी।

रास्ते में उसने रसोई की ओर झाँका। दुर्गा वड़ी खाकर वहीं अपने फेरन में गुड़ी-मुड़ी हो सो गयी थी। पृथ्वी वहाँ नहीं था। शायद ऊपर जा चुका था। वह अन्दर आयी। दुर्गा को वहीं ठीक से लिटाया और पास रखी ऊनी चादर ओढ़ा दी। फिर उसने सीढ़ियों की ओर रुख किया।

अपने कमरे में पहुँची। गब्बे◆ पर कती हुई कुछ पूनियाँ पड़ी थीं। उन्हें

---

*तूफ़ान ◆बैठने की ऊनी कढ़ाईदार दरी जैसी

उठाकर ताक पर रखा। ताक से कुछ रूई उठाई और उसे बायें हाथ में पकड़कर दायें से उसकी बत्ती-सी बनाकर पतला-पतला करने लगी। और पतला, और बारीक। रूई बारीक होती जा रही थी और उसके भीतर से रूई जैसे ही लल द्यद के कुछ शब्द बाहर आ रहे थे–

सहना, बिजली-गाज़ का गिरना
सहना, दिन में अन्धकार,
सहना, खुद को पाट में पीसना
धर सन्तोष, मिलेगा प्रकाश।*

नित्यानन्द के विवाह की खबर ने ओंकारनाथ के मिशन को धता बता दी थी। ये सब इतनी जल्दी कब, क्यों और कैसे हुआ–ओंकारनाथ समझ न पा रहा था। इधर अम्बरनाथ अपने दोस्त नित्यानन्द से क्या कटा कि उदासी में घिर कर उसने रिफ़ार्मी दोस्तों से भी नाता न रखा। किससे क्या कहता? कैसे कहता कि नाख़ून खाल से जुदा हो चुके हैं और ऐसे कि वह चीख भी न सका।

यह बात ओंकारनाथ ने अपनी रिफ़ार्मी टोली को बताई तो बात बन्धु जी तक भी पहुँची थी। बन्धु जी को 'मार्त्तण्ड' के लिए अम्बरनाथ के लेख का इन्तज़ार भी था। वे जानते थे कि अम्बरनाथ एक सधा हुआ उद्यमी युवक है। बस कभी-कभी ज़रा आदर्श के भावावेश में बहकर बहक-सा जाता है। वर्ना इतने कर्मठ समाजसेवक व पत्रकार उनकी नज़र में कम ही थे।

बन्धु जी ने कुछ युवकों को अम्बरनाथ को लिवा लाने के लिए भेजा। अम्बरनाथ आया मगर लेख तैयार कर न ला पाया था। बन्धु जी ने उस रोज़ अम्बरनाथ से अकेले में बहुत बातें की थीं। वे जान पाए थे कि एक ओर अम्बरनाथ को दोस्त और दोस्ती को खोने का सदमा है तो दूसरी ओर शबरी की चिन्ता है। अम्बरनाथ की ऐसी बिखरी ज़हनी हालत देखकर बन्धु जी ने फ़ैसला किया कि वे अगले रोज़ सुबह खुद अम्बरनाथ के घर आएँगे और शबरी से भी मिलेंगे।

अगले दिन अम्बरनाथ बहुत उत्साहित था कि बन्धु जी आ रहे हैं। इस उत्साह में उसने रात में ही 'मार्त्तण्ड' के लिए लेख तैयार कर लिया था जो उसे आज बन्धु जी को देना था। आज उसके चेहरे पर उदासी की छाया नहीं

*ज़ालुन छु वुज़मल त त्रटय/ज़ालुन छु मंदिन्यन गटकार
ज़ालुन छु पान पनुन कडुन ग्रटे/ह्यत मालि सन्तोष, वाति पानय।

भोर का उजाला था। शायद यह बन्धु जी मन ही मन समझते थे और इसीलिए उन्होंने खुद उसके घर आने की पेशकश की थी। ज़िन्दगी की उदास शाख़ को काटने के लिए कभी-कभी कोई मुख़्तलिफ-सी घटना कुल्हाड़ी का काम करती है। बन्धु जी के आगमन का विचार अम्बरनाथ के लिए वही कुल्हाड़ी था।

बन्धु जी आये, काफ़ी समय बैठे। फिर अम्बरनाथ और शबरी के अत्यधिक आग्रह पर उन्होंने शबरी की रसोई में तैयार हुआ भोजन भी किया। आज शबरी ने मूँग की दाल और दम आलू बनाये थे। साथ में हाख और मूली की दही वाली चटनी थी। मानो घर में किसी यज्ञ की तैयारी हो। और इस यज्ञ के माहौल ने घर की दुनिया बदल दी।

शबरी ने अपने कानों से सुना था वह सब जो बन्धु जी अम्बरनाथ को समझा रहे थे कि विधवाओं के पुनर्विवाह से हमारा मतलब किसी विधवा युवती के जबरन पुनर्विवाह से नहीं है। उससे बात कर, समझाकर ही ऐसा करना होगा। अगर वह युवती राज़ी न हो तो उसे समय देना होगा। दूसरी शादी के लिए उसका मन से तैयार होना अज़हद ज़रूरी है। फिर उन्होंने कहा था कि तुम्हारी बहन तुमसे ज़्यादा हिम्मतवाली व विवेकशील लगती है। जब तक यहाँ है घर के दोनों बच्चों को रोशन ख़याल बनाये। इसे कहो कि फेरन का आलस्य त्यागे और घर से बाहर निकले। हमारे समाज की बच्चियों को ऐसी साहसी और जुझारू औरतों की ज़रूरत है। यह चाहे तो उन्हें पढ़ा सकती है। क़ायदा न पढ़ा सके तो क़ायदे की बातें बताये। सिलाई-कढ़ाई सिखाये। इसी तरह एक-एक औरत घर की चौखट से निकलकर समाज के लिए काम करेगी तभी हम नयी दुनिया की नींव रख सकेंगे।

यही बातें बन्धु जी ने शबरी से भी कही थीं। फिर जाते हुए शबरी के नमस्कार के जवाब में बोले थे, "चलता हूँ हमशीरा...हमें तुम्हारा इन्तज़ार रहेगा। हमारी सैंकड़ों बच्चियों की ज़िन्दगियाँ तुम्हारे हाथों से सँवर सकती हैं। अपना स्नेह और सूझ-बूझ बाँटो...जितना जहाँ तक बाँट सकती हो बाँटो...।" और वो अपना शाल सँभालते हुए आँगन पारकर दरवाज़े से बाहर चले गये थे।

अब उस दरवाज़े को लाँघने की बारी शबरी की थी। शाम को अम्बरनाथ से बात कर तय हुआ कि वह थोड़ा समय निकाल कर रिफ़ार्मियों का साथ देगी। घरों में जा-जाकर लोगों को अपनी बच्चियों को पढ़ाने के लिए तैयार करेगी। खासतौर से उन मुस्लिम घरों में जहाँ युवकों का पहुँच पाना मुमकिन न था। उनके लिए कोई दरीचा खोलना ज़रूरी था।

अगले दिन शबरी ने पहली बार फेरन को त्याग कर धोती बाँधी। उस पर

मोटा शाल ओढ़ा और दोपहर में अम्बरनाथ के साथ घर से चली। आज से उसने घर की चौखट से बाहर जिस दुनिया के दरवाज़े में प्रवेश किया था उसकी परिधि लगातार फैलती गयी, फैलती चली गयी। और इसी परिधि पर अपने नन्हे-नन्हे पाँवों से लेफ्ट-राइट करते चलते रहे उसके सुख-दुख जो समाज के सुख-दुख से एकतान हो गये थे।

सबसे पहले उसे महिला वॉलेन्टियर इन्दरावती के साथ एक घरेलू प्राइमरी स्कूल में दो घंटे छोटी बच्चियों को हिन्दी और उर्दू पढ़ाने का काम सौंपा गया। कुछ महीने बाद वहाँ से निकलकर कभी-कभी इन्दरावती उसे अपने साथ आस-पास के गरीब इलाक़ों में ले जाती थी। यहाँ वे घरों की महिलाओं से बात करते। उन्हें बच्चियों को स्कूल भेजने या कम-से-कम घर में ही पढ़ाने के लिए राज़ी करते। कई चक्कर लगाने के बाद उनकी मेहनत रंग लायी। इनमें से कई मुस्लिम परिवारों ने साझा रूप से तय करके फ़ैसला किया कि वे अपनी पाँच-छह बच्चियों को उर्दू की तालीम देना चाहते हैं पर पढ़ाई मदरसे में नहीं घर पर होनी चाहिए। यह काम शबरी ने अपने ज़िम्मे लिया। अब वह फतेह कदल में एक परिवार के सबसे ऊपर वाले कमरे में बच्चियों को उर्दू पढ़ाने लगी। धीरे-धीरे उसने उन्हें सिलाई का काम सिखाना भी शुरू किया।

सुबह घर का सारा काम करती, खाना बनाती, पृथ्वी और दुर्गा को स्कूल भेजती और फिर खुद काम पर निकलती। उसका काम लगातार बढ़ता चला जा रहा था। वैसे भी काम जितना कठिन था उत्साह उससे कहीं अधिक। इस काम में वह अपनी निजी ज़िन्दगी के उतार-चढ़ाव बहुत पीछे छोड़ आयी थी।

कभी-कभी शबरी को आने में देर हो जाती तो अँधेरा घिर आता था। ऐसे में उसे अपनी गली में ज़रा भय लगने लगा था। वह सँभल-सँभल कर चलती थी। दूर-दूर तक रोशनी का कोई निशान नहीं था। एक दिन उसने पाया कि गली में प्रवेश करते ही चार-पाँच मकानों के बाद एक मकान के सदर दरवाज़े के बाहर छोटी-सी मुँडेर पर एक लालटेन रखी हुई है। उसे बहुत अजीब लगा। सोचा जाने कौन ये लालटेन जलाकर यहाँ बाहर भूल गया है! अगले ही क्षण मुस्कराकर मन ही मन कहा कि चलो मेरा तो भला कर गया। अब घर तक पहुँचने में कुछ सहारा मिलेगा।

अगले दिन लौटी तो फिर वही लालटेन उसी जगह पर मिली। वह एक क्षण को ठिठकी। फिर आगे बढ़ गयी। अब वह अक्सर अँधेरे में आती और रोशनी फैलाती वह लालटेन अपनी उसी जगह पर डटी उसका इन्तज़ार सा करती मिलती। कौन रखता है होगा यह लालटेन यहाँ और क्यों? घर तो राहत

बोबा का है मगर वे ऐसा क्यों करेंगी? सारा-सारा दिन उसके ज़हन के एक गोशे में यह ख़याल चक्कर काटता रहता। शाम और अंधेरे का अब वह उत्सुकता से इन्तज़ार करती कि क्या आज भी लालटेन मिलेगी!

एक दिन घर से फतेह कदल जाते हुए गली में उस मकान के दरवाज़े पर वह ठिठकी और अन्दर झाँका। अन्दर आँगन में राहत बोबा एक बड़ी-सी टोकरी में कटे-सूखे बैंगनों की मालाएँ गिन-गिन कर रख रही थीं। बर्फ़बारी के मुश्किल वक़्त की तैयारी हो रही है। सोचा शबरी ने। फिर ज़रा सहमते हुए पाँव अन्दर की ओर बढ़ाये।

"अरे शबरी...आओ आओ...आज कैसे...?" एक हाथ में बैंगनों की माला लिए उससे राहत बोबा ने पूछा।

"आदाब," शबरी ने कहा।

"खुश रहो। आओ ऐसे झिझक क्यों रही हो? बचपन में तो खूब आती थी यहाँ खेलने जून से।"

"जी...कैसी हैं आप?"

"बस जी रही हूँ...इस हड्डियों के मर्ज़ ने ऐसा जकड़ा है कि बस! अपने सर्वकाक से कौठ का तेल लाकर घुटनों में मालिश कर-कर के ज़िन्दगी काट रही हूँ और क्या!"

"ठंड में ज़्यादा तकलीफ़ होती होगी।" शबरी ने जोड़ा।

"चलता है...मेरी माँ को भी यही मर्ज़ था और सुना है कि नानी को भी...," फिर राहत बोबा ज़रा मुस्कराईं। "तू सुना...सालों बाद आयी है तू। जब से तेरी माँ गुज़री है मेरा भी आना ही छूट गया। क्या दिन थे वो! तुझे कहाँ याद होगा वो सब। अरे अपनी छाती का दूध पिलाया है मैंने तुझे। उस नाते मैं तेरी माँ ही हूँ।"

"इसमें क्या शक है।" शबरी ने भीगी आवाज़ में कहा।

"अब तो लगता है वक़्त-ए-सौख जू* था वो।" राहत बोबा ने भी दुपट्टे से गीली आँखे पोंछते हुए कहा।

"जून कैसी है?" शबरी ने पूछा।

"खुश है अपने घर में। अभी एक बेटा हुआ है उसे।" राहत बोबा ने कहा।

"मुबारक हो। बहुत खुशी की बात है।"

राहत बोबा ने बात आगे बढ़ाई, "तेरा ये नया जामा तुझ पर सज रहा है। अब तो बहुत-सी बट्टनियाँ◆ पहनने लगी हैं धोती और शलवार-क़मीज़।"

---

*सुख महाराज का युग ◆ब्राह्मणियाँ

"बोबा मैं पूछना चाहती थी," शबरी ने बात का रुख़ बदल दिया। "कि वो शाम को बाहर वो लालटेन कौन...," कहते हुए वह रुक-सी गयी।

"अच्छा वो लालटेन? वो मेरी बहू रखती है। शौकत की बीवी...शीरीं। तू तो मिली भी नहीं होगी उससे अब तक।"

"नहीं मैं...," शबरी कुछ कहने जा ही रही थी कि अन्दर से एक युवती आँगन में डोलती मुर्गियों के लिए चारा लेकर निकली। शबरी को देखते ही उसका चेहरा खिल गया, "शबरी!"

शबरी ने उसे देखा तो लगा कि चेहरा कुछ जाना-पहचाना सा है।

"शबरी मैं...क्या पहचाना नहीं? पिछली गली में..."

"अरे शीरीं...मगर तू यहाँ कैसे?"

"अब यही मेरा घर है।" फिर शीरीं ने राहत बोबा की ओर संकेत कर कहा, "ये मेरी फूफी हैं।"

"पर तू यहाँ कब से? पता ही नहीं चला!" शबरी के मुँह से निकला। शीरीं आगे बढ़ी और शबरी को गले से लगा लिया। "कैसे पता चलता तुझे...तू अपने ही दुखों के पहाड़ से दबी हुई थी। कितनी बार चाहा कि तुझसे आकर मिलूँ पर..."

"चल अब तो मैं ही आ गयी।" शबरी के इस वाक्य पर दोनों बचपन की सखियाँ ज़ोर से हँस दीं।

"चल अन्दर आ," कहते हुए शीरीं उसे हाथ पकड़कर भीतर ले गयी।

"ये लालटेन रोज़ तू ही रखती है?" बैठते हुए पूछा शबरी ने।

शीरीं ने सिर हिलाकर हामी भरी। फिर ज़रा ठहरकर कहा, "तू नेक काम करती है। हमारी इतनी ख़िदमत करती है...मैंने अँधेरे में ज़रा सी लालटेन रख दी तो क्या!"

"नेक काम! कौन से नेक काम?"

"मुझे सब पता है। सुना है मैंने। तू फतह कदल जाकर बच्चियों को पढ़ाती है। उन्हें सिलाई सिखाती है।" भर्राए गले से कहा शीरीं ने।

"ये नेक काम हैं?"

"बेशक...ये तो क़ौम की ख़िदमत है। ये पाक काम है।" उत्साह भरी आवाज़ में शीरीं ने जवाब दिया।

"अगर ये नेक और पाक काम है तो तू भी क्यों नहीं करती मेरे साथ?"

"मैं?" शीरीं का मुँह खुला का खुला रह गया।

"हाँ तू!" शबरी ने मुस्कराकर कहा।

"मगर मुझे तो पढ़ना-लिखना आता ही नहीं।"

"वो कौन-सा मुश्किल काम है। मैं सिखा दूँगी।"

"पर मैं...," शीरीं शबरी का चेहरा ताकती रही और उसके कान शबरी की आवाज़ सोखते रहे, "सिर्फ़ पढ़ना-लिखना सिखाना ही तो काम नहीं है। तू साथ रहेगी तो कितनी मदद मिलेगी मुझे! तू घरों में जाकर उनसे बात कर उन्हें बच्चियों को पढ़ाने के लिए राज़ी करने में मदद कर सकती है। इतने दिन हुए अब तक बमुश्किल छह लड़कियाँ मिली हैं। हम चाहते हैं उस मोहल्ले की सारी बच्चियों को पढ़ाएँ। कोई भी घर में अनपढ़ न रह जाए।"

शीरीं खामोश रही तो शबरी ने आगे कहा, "चलेगी शीरीं? तुझे बचपन की उस गुड़िया की क़सम जिसके सिर के बाल हमने साथ-साथ काले धागों से बनाए थे।"

शीरीं की आँखे भर आयीं, "और फिर हमने इस बात पर कितनी बहस की थी कि वो गुड़िया सिर पर मेरी माँ की तरह दुपट्टा पहनेगी या तेरी माँ की तरह तरंगा*!"

"गुड़िया तो हम दोनों ने मिलकर ही बनाई थी।"

शबरी ने कहा तो शीरीं ने जोड़ा, "हाँ तभी तो फ़ैसला हुआ था कि एक दिन दुपट्टा तो दूसरे दिन तरंगा।"

"वो गुड़िया तो तेरे ही पास रही फिर।" शबरी उदास हो बचपन में कहीं दूर पहुँच गयी थी।

"हाँ तेरी तो अचानक शादी हो गयी। फिर शादी के दिन तेरे दरवाज़े पर मुर्दाबाद के इतने नारे लगे कि मैं डर के मारे तुझे दुल्हन के रूप में देखने भी न आ पायी।"

अचानक शबरी ने खुद को सँभाला, "वो सब बीत गया। अब तो मेरी पोशाक भी बदल गयी और लगता है इसी पोशाक ने मेरी ज़िन्दगी बदल दी है।"

"कैसा लगता है बच्चियों को कुछ सिखाना?" शीरीं ने पूछा।

"बहुत अच्छा। जब वो कोई नया हर्फ़ और जुमला सीख जाती हैं और उसे ठीक से इस्तेमाल करती हैं तो मेरी रूह को कैसी ठंडक मिलती है क्या बताऊँ!" शीरीं शबरी को विस्मित होकर देखती रही थी। शबरी ने आगे बढ़कर उसके हाथ पर हाथ रखा और कहा, "शीरीं मेरा साथ देगी? अगर कोई दिक़्क़त हो तो मैं राहत बोबा से भी बात कर लूँगी। वो शौकत भाई को मना लेंगी। वो मुझे बहुत..."

---

*हिन्दू स्त्रियों द्वारा फेरन के साथ सिर पर धारण की जाने वाली पारंपरिक पोशाक

"जानती हूँ वो तुझे बहुत चाहती हैं। उनकी रज़ामन्दी के बिना क्या मैं तेरे लिए वो लालटेन गली में रख सकती थी?" शीरीं ने कहा।

"तो चल ना...तुझे मैं बहुत शाम तक नहीं रोकूँगी वहाँ। उजाले में ही लौट आना।"

"पर...मैं कर पाऊँगी क्या?"

"क्यों नहीं? मैं हूँ न साथ...तू तो बस मान ले कि एक गुड़िया फिर साथ-साथ बनानी है।"

नम आँखों से शीरीं ने अपने हाथ पर रखे शबरी के हाथ को प्यार से सहला दिया और सिर हिलाकर निःशब्द हामी भरी।

शीरीं के साथ ने शबरी का उत्साह दोगुना कर दिया था। उसका उपग्रह-सा व्यक्तित्व अब निखरने लगा था। समाज की बेहतरी का यह काम आसान न था। सदियों से घर-घर के सीले कोनों में ऊनी और रेशमी कपड़ों के कीड़ों की तरह छिपी बैठी रूढ़िवादी सोच को झाड़कर अलग करना और उन कोनों को खुले में फैलाकर ताज़ा धूप लगाना वाक़ई एक मुश्किल काम था। इस काम में अकेली तो शबरी पहले भी नहीं थी पर अब शीरीं के रूप में एक मन का साथ मिला था। अपनी ज़िन्दगी के मक़सद की इस सड़क पर पैदल चलते-चलते उसे अक्सर ललद्यद याद आ जाती थी। जिसने कहा था कि सत्य के मार्ग पर चलते-चलते तलुवों का मांस सड़क से चिपक जाता है, त्वचा घिस जाती है। शबरी अपनी तयशुदा सड़क पर हिम्मत के साथ लगातार आगे बढ़ती रही। फिर अब तो कश्मीर के सूफ़ियों की तरह उसकी इस मंज़िल में भी सोहम और अनलहक एक होकर चल रहे थे। साथ-साथ। उन्हें एक नयी गुड़िया जो बनानी थी।

नित्यानन्द की शादी के लिवुन के रोज़ दरवाज़े की चौखट पर ऐसी रंगोली बनी थी कि उससे नित्यानन्द का जीवन सँवर गया था। उस रंगोली का फूलों की बेलों से घिरा 'ऊँ' मुगलानी की आत्मा को सँवार गया था। उसने जीवन में पहली बार विजय और आनन्द का अनुभव किया था। शायद इसी को कहते हों सर्वकाक, आत्मानन्द।

नित्यानन्द की पत्नी सुन्दर व सलीक़ेदार युवती थी। उसके मोह में बँधा नित्यानन्द स्कूल से सीधे घर पहुँचता। फिर शाम को एक सद्गृहस्थ की तरह सब्ज़ीभाजी खरीदता और सर्दियों में काँगड़ी सेंकने के बहाने अक्सर घर में

ही रहना चाहता।

शबरी द्वारा विवाह के लिए की गयी 'ना' अभी धुँधलाई नहीं थी। कभी-कभी वह 'ना' उसके पुरुषवादी अहम् को उदरशूल की तरह त्रास ज़रूर देती थी। ऐसे में उसकी पत्नी के स्नेहसिक्त हाथ ही उपयुक्त तेल से मालिश कर उसके अहम् के पेट की यहाँ-वहाँ हुई नाड़ी को सही स्थान पर बैठाते थे और दर्द काफ़ूर* हो जाता था,

यह शूल उभरता रहता था जब-तब! आखिर अहम् का उदरशूल ठहरा। इसकी दवा तो हकीम लुकमान के पास भी नहीं थी तो भला सर्वकाक क्या सुझाते!

नित्यानन्द और अम्बरनाथ में हुआ अबोला खुद-ब-खुद सुस्त पड़ने लगा था। अब औपचारिक रूप से उनकी बात कभी-कभी हो जाती थी। गली में अचानक आमना-सामना होने पर भी वे दुआ-सलाम कर ही लेते थे। पर जिन अड्डों पर उनकी दोस्ती परवान चढ़ी थी वे अड्डे नित्यानन्द के लिए पूरी तरह ढह चुके थे। नित्यानन्द रिफ़ार्मी मूवमेंट को पूरी तरह पीठ दिखा चुका था।

अपने घर के आँगन में साझा दरवाज़े के पास से गुज़रते हुए बाज़ मर्तबा किसी हल्की-सी आवाज़ पर शबरी का ध्यान नवविवाहित नित्यानन्द की नयी गृहस्थी और अम्बरनाथ से उसकी दोस्ती टूट जाने के वाक़ये की ओर जाता था तो वह नल के पास लौट आती थी। वह जानती थी इसका मूल तो वह स्वयं है। वस्त्र से टूटकर गिरा बटन जिसे हम यहाँ-वहाँ सँभालकर रखते रहते हैं, यह जानते हुए कि किस कमीज़ का है, अन्ततः खो ही जाता है। क़मीज़ पर अपनी कमी होने का नामालूम-सा निशान छोड़कर। फिर दुनिया में ऐसा क्या रहा है जो ये निशान भी रहता। साझा दरवाज़ा खुलवाना या लाँघना भी एक ऐसा ही विचार था जिसका निशान मिट चुका था। अब तो शबरी अपने घर-परिवार की दहलीज़ तक लाँघ चुकी थी समाज से जुड़ने के लिए, उसकी बेहतरी के लिए।

***कपूर की तरह उड़ जाना**

बर्फ़ का घर

पृथ्वी ने श्री प्रताप कॉलेज, श्रीनगर से एफ़.ए. पास किया तो अम्बरनाथ ने मन से चाहा था कि वह बी.ए. करने लाहौर जाए क्योंकि बन्धु जी कभी लाहौर गये थे। वैसे भी कश्मीर के छात्र बी.ए. करने के बाद उच्चतर शिक्षा के लिए प्राय: लाहौर, इलाहाबाद, लखनऊ या अलीगढ़ जाते थे।

अम्बरनाथ के कमरे के ताक बन्धु जी के लेखों और विशेष स्तम्भों की ढेरों कतरनों से अँटे हुए थे। उर्दू के अन्य अख़बारों-'हमदर्द' और 'ख़िदमत'-की फ़ाइलें उसने अलग रखी हुई थीं। कुछ कतरनें किसी पुरानी किताब या रजिस्टर के गत्ते में रखी थीं तो कुछ फ़ाइलों में। इन गत्तों और फ़ाइलों को वर्गीकृत कर अम्बरनाथ ने भिन्न-भिन्न रंगों के पुराने कपड़ों में बाँध या लपेट कर उनका बस्ता-सा बनाकर रखा हुआ था जिससे ज़रूरत पड़ने पर वे अलग से दिखाई दें और आसानी से निकाले जा सकें। 'मार्त्तण्ड' में छपने वाले बन्धु जी के प्रचलित स्तम्भ 'चलन्त' और 'मन की मौज' की फ़ाइलें अलग थीं तो 'देश' के सम्पादकीयों और 'केसरी' के लेखों की अलग। फिर 'बुलबुल' उपनाम से लिखी गयी बन्धु जी की शायरी तो अम्बरनाथ को कंठस्थ थी ही।

बन्धु जी के सम्पादकीय की नक़ल पर वह अपने प्राय: हर लेख के शीर्ष पर पेंसिल से 'चल मेरे खामा* बिस्मिला' भी लिखने लगा था। यह लिखकर ही आगे बढ़ता था। छपने के लिए देने से पहले लेख पर पेंसिल से लिखी वह पंक्ति मिटा देता था। अपनी यह करतूत उसे हर बार बच्चों की तरह भीतर तक गुदगुदा जाती थी।

एक दोपहर में वह अपने ताज़ा लेख के शीर्ष पर लिखी पेंसिल की यही पंक्ति हरे रंग के रबड़ से रगड़-रगड़ कर मिटा रहा था कि पृथ्वी ने आकर एक खुशख़बरी सुनायी। उसे एक प्राइमरी स्कूल में पढ़ाने का काम मिल गया था। पृथ्वी को उम्मीद थी कि भाई जी इस ख़बर पर उत्साह से भर उठेंगे पर हुआ इसके विपरीत। अम्बरनाथ ने उसे समझाया कि उसे अभी से नौकरी के फेर में न पकड़कर लाहौर जाकर बी.ए. व एम.ए. की पढ़ाई करनी चाहिए और वहाँ से बन्धु जी जैसा बनकर अपनी सरज़मीं पर लौटना चाहिए।

---

*लेखनी

ख़ासा ज़िम्मेदार व संजीदा युवक होने के बावजूद पृथ्वी अभी अम्बरनाथ का कोई भावभीना आदर्शवादी वक्तव्य सुनने के लिए तैयार न था। उसने जैसे-तैसे बात को टाला। बाद में पृथ्वी ने भाई जी को मना ही लिया कि एक-दो साल वह स्कूल में नौकरी करेगा और उसके बाद आगे की पढ़ाई के लिए लाहौर जाएगा। अम्बरनाथ ने मन मार कर हामी तो भरी पर एक शर्त के साथ कि इस बीच पृथ्वी शहर के किसी अंग्रेज़ी या उर्दू अख़बार के लिए भी छोटी-मोटी टिप्पणियाँ लिखने का प्रयास करेगा जिससे उसकी लिखने-पढ़ने व विश्लेषण की आदत छूट न जाए। इस बात पर दोनों में समझौता हो गया।

केदारनाथ अब नहीं थे। ताज़िन्दगी वे खुद को लकड़ी पर दस्तार* कहते रहे थे पर उनके जाने के बाद अम्बरनाथ को पहली बार लगा था कि वह अनाथ हो गया। वह समझ गया था कि घर का बड़ा चाहे लकड़ी पर दस्तार ही क्यों न हो उसके होने का बोध भी एक बड़ी टेक होता है जिससे समय-बेसमय पीठ टिकाई जा सके। गाशा जी उसके पिता समान थे इसलिए उन्हें मुखाग्नि देने का धर्म भी उसने स्वयं निभाया था। उनके दसवें पर घाट पर इकट्ठा लोगों के बीच पिंडदान करते हुए अचानक उसकी कमर कुछ झुक गयी थी। उसे महसूस हुआ था कि मानो पूरे घर का बोझ किसी बड़ी पोटली में पीठ पर लादे वह पहाड़ की चढ़ाई कर रहा है। अब तक उसने समय-समय पर कभी उर्दू अख़बार 'हमदर्द' में कुछ दिन काम किया था तो कभी 'ख़िदमत' में। पर अब घर और बच्चों की वजह से वह लगातार ट्यूशन भी करने लगा था। अखबारों में लेख छपने के कारण उसका नाम था सो ट्यूशन भी अच्छे मिलने लगे थे। वह एक ऐसा मजूदर था जिसके लिए आर्थिक बोझ उठाना तो आसान था पर भावात्मक बोझ उसकी पीठ दोहरी किये दे रहा था।

कभी-कभी पीछे मुड़कर देखता है तो हैरान रह जाता है। क्या गाशा जी को अन्तिम दिनों में मृत्यु का बोध हो गया था? क्या उन्हें इल्हाम हो गया था? पृथ्वी उन्हीं दिनों एफ़.ए. में आया था और दुर्गा ने मिडिल का इम्तिहान दिया था। उसका नतीजा आने में भी बस कोई दिन ही जा रहा था।

शबरी सुबह उठी तो उदास-सी थी। उसने सपने में भाभी सोमावती को देखा था जो गाशा जी की तबीयत को लेकर परेशान थी। शबरी ने नाश्ते के समय यह बात अम्बरनाथ को बतायी। वैसे भी आज रविवार था और गाशा जी इस सप्ताह भी घर नहीं लौटे थे।

केदारनाथ की तबीयत कुछ ढीली रहने लगी थी। दूर की नौकरी, हर हफ़्ते

---

*लोरि दस्तार (साफ़ा)

का सफ़र, एकाकी जीवन, स्त्री का साथ छूट जाना–इन सब बातों ने मिल–मिलाकर उनके जीवन में अवसाद भर दिया था। उन्होंने जैसे थक कर कन्धा–सा डाल दिया था। उनका हर हफ़्ते घर लौटने का नियम भी भंग होने लगा था। शुरू–शुरू में यह नाग़ा अम्बरनाथ और शबरी के लिए कुछ चिन्ता का कारण बना लेकिन फिर जैसे सब समझ ही गये कि बरसों का हफ़्तावार सफ़र अब उनके बूते के बाहर की चीज़ हो गयी है। वो किसी से कहते नहीं थे लेकिन अक्सर हिचकोले खाती बसों में सफ़र करते हुए उन्हें सीने में कुछ भारीपन–सा महसूस होता था।

सीने का यह भारीपन तब तबीयत पर उतर आता था जब उन्हें रोज़ अपने लिए खाना बनाना होता था। असल में नीरस ढर्रे पर चलने वाली ज़िन्दगी ही उनके लिए बोझ हो गयी थी जिसे वे 'हतो'* की तरह ढोते चले जा रहे थे बेमन से। नौकरी करना ज़िन्दगी का दूसरा नाम था इसलिए नौकर किये चले जा रहे थे। पर जिस पेट के लिए इंसान कमाता है उसका तन्दूर रोज़ गर्म करने में अब उनकी दिलचस्पी नहीं रही थी। ऐसे में अक्सर उन्हें सर्वकाक बहुत याद आते थे। केदारनाथ सोचते थे कि सर्वकाक ने ठीक किया कि चूल्हे को ज़िन्दगी से बेदख़ल कर दिया। ऊपर वाले ने यह पेट भी क्या चीज़ बनायी है! नीचे के पेट से तो फिर कभी सम्भव हो जाती है पर ऊपर के पेट से इन्सान को जीते–जी मुक्ति नहीं! केदारनाथ समझ गए कि सर्वकाक की तरह वे पुण्य आत्मा नहीं हैं कि अन्न को प्रणाम कर उससे विदा ले पाते। इसलिए नानबाई की रोटियाँ या कुल्चे वगैरह डेरे पर रखते और दफ़्तर से आते ही सादे कहवे के साथ किसी तरह उन्हें हलक से उतारकर ये पाप भी काटते।

इस बार उनकी इस मनःस्थिति ने उन्हें ऐसा घेरा कि वे तीन हफ़्तों तक घर ही नहीं लौटे। परिवार वालों को चिन्ता तो थी पर दूरी का ख़याल कर अगले हफ़्ते पर उम्मीद से नज़र टिका देते थे। मगर आज जैसे ही नाश्ते के समय शबरी ने अपने सपने का ज़िक्र कर चिन्ता व्यक्त की तो अम्बरनाथ के भीतर दुबकी बैठी चिन्ता भी अचानक उठकर बाहर आयी। उसने तय किया कि वह दोपहर में बस लेकर गाशा जी के डेरे पर जाएगा और ऐसा ही हुआ भी।

उसने अनन्तनाग के लिए बस ली और वहाँ पहुँचकर मटन जाने वाली बस का इन्तज़ार करने लगा। मटन बहुत दूर न था पर इस वक़्त उसका पैदल चलने का मन न था। पर मन के चलते तो दुनिया नहीं चलती। काफ़ी देर इंतज़ार के बाद उसे न चाहते हुए भी अनन्तनाग से मटन का रास्ता पैदल तय करना पड़ा।

---

*कश्मीर में बोझा ढोने वाला मज़दूर

धीरे-धीरे लगभग डेढ़ घंटे तक चलने के बाद वह जब गाशा जी के डेरे पर पहुँचा तो रात के खाने का वक़्त हो गया था। हल्की-सी भूख के एहसास के साथ अम्बरनाथ यह सोचता आया कि मेरा इस वक़्त पहुँचना गाशा जी के लिए उलझन बन जाएगा। अब तक तो शायद वे खाना खा चुके होंगे। लेकिन केदारनाथ के डेरे पर पहुँचा तो उनकी धज, कमरे का उनींदा रख-रखाव और चौकी पर रखे सादे थके कहवे के साथ नानबाई की सूखी आधी खाई रोटी लिए बैठे गाशा जी को देखकर उसका जी रो दिया। यानी गाशा जी खाने के नाम पर ये सूखी रोटियाँ चाय में डुबो कर खाते हैं!

अम्बरनाथ को देखकर केदारनाथ हड़बड़ा गए। जैसे छोटे भाई के सामने उन्होंने कुछ कम कपड़े पहन रखे हों। बात को इधर-उधर करने के अन्दाज़ में बोले, "अरे आओ भाई...घर आने की हिम्मत ही नहीं पड़ी...तबीयत भारी-सी रहती है। खाना भी आज नहीं बनाया। अब तुम...करता हूँ कुछ..."

"उसकी आप चिन्ता मत कीजिए। हो जाएगा। पर आप...आप अपने खाने-पीने का ख़याल नहीं रख रहे हैं," खुद को बहुत सँभालने और रोकने के बावजूद अम्बरनाथ के मुँह से निकल ही गया।

"पहले तो इस वक़्त के खाने के बारे में सोचो। अभी चूल्हा जलाता हूँ। दही है...उसी में सूखा पोदीना मिलाकर भात खा लो आज।"

"नहीं नहीं गाशा जी...शबरी ने थैले में कुछ दिया है। देखता हूँ क्या है...उसी से काम चला लेंगे।" अम्बरनाथ ने चूल्हे का क़िस्सा किसी तरह खत्म करते हुए कहा।

इस रात्रि अल्पाहार के बाद जब दोनों भाई बैठे तो हुक़्क़े के दो-चार कश लगाने के बाद बात करते-करते केदारनाथ की साँसें कुछ अनियन्त्रित-सी हुईं। अम्बरनाथ ने बहुत ध्यान से उनके चेहरे को देखा, "गाशा जी आप ठीक तो हैं न?"

अपनी सेहत, अपने भीतर डेरा जमाए बैठी तन्हाई पर अब केदारनाथ और पर्दा न डाल सके। शायद उनका मन भी नही था। उन्होंने आख़िर कह ही दिया, "अम्बरनाथ अब जी कुछ ऐसा ही रहने लगा है। इतवार को यहीं पड़ा रहता हूँ। घर आने की भी हिम्मत नहीं पड़ती लेकिन मन तुम्हीं लोगों में अटका रहता है।" फिर उन्होंने हुक़्क़े की नली को एक ओर कर दिया, "पृथ्वी की मुझे चिन्ता नहीं है। वो तो इस साल एफ़.ए.कर ही लेगा। आगे भी तुम उसका देख लोगे।"

"गाशा जी पृथ्वी की क्या चिन्ता...वो तो पढ़ाई में बहुज अच्छा चल रहा है।"

"जानता हूँ भाई...सब तुम्हारी मेहनत है। मगर...," केदारनाथ अचानक ख़ामोश हो गये तो अम्बरनाथ को कुछ अजीब लगा, "मगर क्या गाशा जी?"

केदारनाथ कुछ क्षण ख़ामोश रहे मानो शब्द तोल रहे हों। लेकिन फिर अचानक विनती करते हुए बोले, "तुम्हें बच्चों की तरह पाला है...तुमसे भीख माँग रहा हूँ..."

"गाशा जी! " अम्बरनाथ परेशान हो गया।

"अब अपनी दुर्गा के हाथ पीले कर दो।"

अम्बरनाथ सक्ते में आ गया। उसने गाशा जी का यह रूप कभी नहीं देखा था। गाशा जी उसे एक शिकस्ता डगमगाती किश्ती की तरह लगे। उसने बस इतना ही कहा, "गाशा जी आपने कह दिया...ये भी हो जाएगा।"

"पर मैं चाहता हूँ ये जल्द से जल्द हो।"

"उसने अभी मिडिल का इम्तिहान दिया है। नतीजा भी अभी नहीं आया...।"

केदारनाथ ने अम्बरनाथ की बात काटकर कहा, "तुम्हारी ये ख़्वाहिशें पृथ्वी पूरी करेगा...दुर्गा की...बस अब जल्द शादी होनी चाहिए।"

"हाँ हाँ गाशा जी...ईश्वर ने चाहा तो अच्छे से अच्छा लड़का ढूँढ़कर लाऊँगा। मगर अभी उसकी उम्र..."

केदारनाथ जल्दी में थे, "देखो मेरी सेहत जवाब दे रही है। मैं अपनी आँखों से उसे अपने घर में बैठा देखना चाहता हूँ।"

"आप अपनी सेहत का ख़याल कीजिए। बाकी मुझ पर छोड़ दीजिए।"

केदारनाथ ने अम्बरनाथ का हाथ पकड़कर कहा, "नहीं तुम मेरी क़सम खाकर कहो कि जाते ही इस काम में जुट जाओगे।"

अम्बरनाथ कुछ क्षण निश्शब्द रहा। फिर उसकी आँखों की लाचारी ने कहा, "हाँ, मैं जाते ही इस काम में जुट जाऊँगा।"

केदारनाथ आस-पास नज़र दौड़ाते थे तो दुर्गा के उम्र की लड़कियों को उनकी आँखें बच्चा गोद में लिए देखती थीं। वे भीतर से घबरा जाते थे। सोचते थे मुझे कुछ हो गया तो ये दोनों रिफ़ार्मी भाई-बहन मिलकर न जाने क्या सोचें और क्या करें! वैसे भी ज़माने को देखते हुए उसकी उम्र शादी की हो गयी थी। सोमावती भी जब दुल्हन बनकर उनके घर आयी थी तो महज़ तेरह साल की थी। फिर दुर्गा तो तेरह पार कर चुकी थी।

इधर अम्बरनाथ को पहली बार उनकी यह इच्छा ज़्यादा नाजायज़ नहीं लगी थी क्योंकि इस इच्छा का सिरा किसी तथाकथित ख़ानदानी, कुलीन अधेड़ से नहीं जुड़ा था। अम्बरनाथ घर लौटकर फ़ौरन इस मुहिम पर तैनात-सा हो गया। उसका अपना दायरा बहुत विस्तृत था। सो अपने ही एक परिचित ज़ाडू साहब के बेटे मधुसूदन पर उसकी नज़र टिकी जिसने हाल ही में स्थापित जम्मू व

कश्मीर बैंक में नौकरी पकड़ी थी। अम्बरनाथ के मन का उत्साह देखते बनता था, जैसे वह एक साथ दो युगों में धड़क रहा हो! शबरी के लिए वह जो कुछ न कर पाया था वह सब दुर्गा के लिए कर रहा था। एक पढ़े-लिखे नवयुवक के मज़बूत हाथों में दुर्गा की ज़िन्दगी की डोर थमाने का अनुष्ठान कर रहा था।

ज़ाडू साहब खुद भी एक रोशन ख़याल रिफ़ार्मी थे और परम्परावादी होने की आड़ में लालची नहीं थे। लिहाज़ा उन्हें भी अम्बरनाथ के घर में रिश्ता करना सुहाया। अम्बरनाथ ने केदारनाथ की इच्छानुसार मिडिल के बाद ही पूरी सादगी के साथ दुर्गा को एक नयी भरपूर ज़िन्दगी के लिए रुख़सत किया।

दुर्गा की शादी के कुछ महीनों बाद केदारनाथ की तबीयत कुछ ज़्यादा ही बिगड़ी तो वे लम्बी छुट्टी लेकर घर आ गये। इन्हीं छुट्टियों में एक दिन सुबह जब वे अपने नियमित समय पर नहीं उठे तो शबरी उन्हें जगाने गयी। मगर उनकी देह शान्त हो चुकी थी। उनके शान्त मन का साथ देने के लिए। अम्बरनाथ ने उनकी अन्तिम इच्छा को जितनी श्रद्धा के साथ पूरा किया था उससे केदारनाथ की आत्मा को किनारा-सा मिल गया था। उन्हें लगा था कि उन्होंने अम्बरनाथ को अब ठीक से समझा था। वे तृप्त भाव से इस लोक से विदा हो गये थे।

केदारनाथ के जाने के बाद पृथ्वी के एफ़.ए. का नतीजा आया तो अम्बरनाथ ने मन की उस चाह को एक बार फिर दुलराया था कि पृथ्वी आगे की पढ़ाई के लिए लाहौर जाए। शायद यह पृथ्वी को घर के उदास माहौल से दूर रखने का एक तरीक़ा भी था। पर पृथ्वी भी ऐसे में भाई जी और जिगरी को छोड़कर जाने के हक़ में नहीं था। सो उसने भाई जी को राज़ी कर अपने लिए एक अदद छोटी-सी नौकरी ढूँढ़ ही ली।

अब पृथ्वी दिन में स्कूल में नौकरी करता और शामों में अम्बरनाथ के अख़बारनवीस दोस्तों से चर्चाएँ करता। उनके द्वारा सौंपे गए विषयों या घटनाओं पर कभी उर्दू तो कभी अंग्रेज़ी में छोटी-मोटी टिप्पणियाँ लिखता। उनमें से जब कोई टिप्पणी वाकई छप जाती तो उत्साह में कुछ और मेहनत से जुट जाता, ज़्यादा लिखता।

तभी एक दिन अम्बरनाथ ने उसे रेज़ीडेंसी रोड पर पेसटन जी की दुकान के सामने स्थित मरकनटाइल प्रेस से प्रकाशित होने वाले 'न्यू कश्मीर' अख़बार के दफ़्तर भेजा। यह अंग्रेज़ी का पहला दैनिक अख़बार था। यहाँ वह अख़बार के एडीटर-इन-चीफ़ श्री सोमनाथ तिक्कू से मिला। तिक्कू साहब ने भी उससे दो-चार छोटे-छोटे लेख लिखवाए तो उसकी प्रतिभा से प्रभावित हुए। अंग्रेज़ी और उर्दू दोनों भाषाओं पर उसका समान अधिकार देख अख़बारों के सम्पादक

हैरान होकर इस नवयुवक को देखते थे। अब उसे कुछ और ज़िम्मेदारी के काम मिलने लगे थे। तिक्कू साहब तो पृथ्वी को कभी-कभार शहर की नामी शख़्सियतों का इंटरव्यू लेने भी भेजने लगे थे।

'न्यू कश्मीर' में उसने पहली बार नीचे प्रेस में जाकर अख़बार का छपना देखा जिससे वह काफ़ी प्रभावित हुआ। कैसे उसका लिखा एक-एक शब्द रातों-रात सैंकड़ों हज़ारों बार एक-एक कर कागज़ पर उतर कर लोगों के घरों तक पहुँच जाता है! कभी-कभी पृथ्वी प्रेस में काम करते कंपोज़िटर मिश्रीलाल के पास जाकर बैठ जाता और बहुत देर तक उसे काम करता देखता रहता। जब मिश्रीलाल लोहे से बने एक-एक अक्षर को उठाकर जोड़ता और उनसे अलग-अलग शब्द और वाक्य बनाता तो पृथ्वी को ये सब किसी खेल की तरह मनोरंजक लगता। मिश्रीलाल का हाथ जब बिना उस ओर देखे भी ख़ास जगह बने लकड़ी के खाने में से सही अक्षर उठा लाता था तो पृथ्वी उसकी स्मृति का क़ायल हो जाता था। ऐसे ही एक-एक अक्षर उठाकर जोड़-जोड़कर वाक्य बनते और धीरे-धीरे लेख पूरा होता। कागज़ पर लिखते हुए हम ख़ाली स्थान छोड़कर लिखते रहते हैं पर यहाँ बेचारे मिश्रीलाल को ख़ाली स्थान को भी लोहे से ही भरना होता था। मगर इससे मुश्किल होती ठीक इससे उल्टी प्रक्रिया। यानी लेख के एक-एक अक्षर का फन्दा खोलकर उसका एक-एक वाक्य और शब्द उधेड़ना। फिर उन लोहे के अक्षरों को सही खाने में भी रखना होता था जिससे अगली बार बिना देखे भी सही अक्षर उठाया जा सके।

एक बार पृथ्वी देर तक मिश्रीलाल के साथ रहा और उससे आग्रह किया कि आज का अपना लेख वह खुद उधेड़ेगा। उसने अक्षरों के फन्दे तो खोल दिए पर उनके सही स्थान का पता लगाना उसे टेढ़ी खीर लगा। सो उसने मेज़ पर अलग-अलग अक्षरों के अलग-अलग ढेर से बना दिए जिन्हें देखकर मिश्रीलाल खूब हँसा था। उन ढेरों को फिर उसी ने सही खानों में डाला था। पृथ्वी को लगा था कि दुनिया में कितना कुछ है जिसे जानना है, समझना है।

उन्हीं दिनों मैडम मरिया मॉन्टेसरी श्रीनगर आयीं और वहाँ के प्राइमरी स्कूल के चुनिन्दा शिक्षकों के लिए ट्रेनिंग कोर्स कराया। अपने स्कूल विश्वभारती की ओर से इस ट्रेनिंग के लिए पृथ्वी को भी चुना गया। बाग़ाते बड़ज़ला के हॉल में अपने प्रशिक्षुओं के सामने स्कर्ट व हील की सैंडिल पहने कुर्सी पर बैठीं मैडम मॉन्टेसरी धाराप्रवाह इटेलियन में बाल मनोविज्ञान और शिक्षा पर बोलती जातीं और पास खड़ा उनका कद्दावर भतीजा, जिसे वे 'बम्बीयानो' कहकर पुकारती थीं, इटेलियन से अंग्रेज़ी में अनुवाद करता जाता। यह कार्यक्रम हफ़्तों

चला। शिक्षक ही क्या शहर के असंख्य डॉक्टर भी उनके भाषण सुनने वहाँ सुबह से ही आ बैठते थे।

इस ट्रेनिंग से पृथ्वी के भीतर एक नया दरीचा-सा खुल गया था–बच्चों की दुनिया की नयी पहचान का। अब वह बाल मनोविज्ञान पर सैद्धान्तिक सामग्री पढ़ने के साथ-साथ रिसालों में बच्चों के लिए छपे क़िस्से-कहानियाँ भी चाव से पढ़ने लगा था। मैडम मॉन्टेसरी और बच्चों की शिक्षा के क्षेत्र में उनके नये प्रयोगों व विचारों पर पृथ्वी ने एक अख़बार के लिए एक लम्बा लेख लिखा था जिसे बहुत सराहा गया।

उन्हीं दिनों मुल्कराज आनन्द श्रीनगर आये और आलीशान 'पैराडाइज़' हाउस बोट में ठहरे। 'न्यू कश्मीर' की तरफ़ से तिक्कू साहब ने पृथ्वी को उनका इंटरव्यू लेने भेजा। ऐसे उत्साही नौजवान को देखकर मुल्कराज आनन्द प्रसन्न हुए और पृथ्वी से कहा कि मेरे साथ मेरे दोस्त ख़्वाज़ा अहमद अब्बास भी आये हैं। उनका भी इंटरव्यू ले लो। पृथ्वी अब्बास साहब के नाम से पहले से ही परिचित था। वह उनसे भी मिला और समावार से तभी परोसे गए कहवे की गर्म चुस्कियाँ लेते हुए उसने अपने अखबार के लिए उनका एक लम्बा-सा इंटरव्यू लिया।

पृथ्वी अख़बार में प्रकाशित अब्बास साहब का इंटरव्यू उन्हें भेंट करने हाउसबोट पर पहुँचा तो उन्होंने लगभग उसे गले लगा लिया। अब्बास साहब को पृथ्वी की क़लम भा गयी थी। उन्होंने पृथ्वी को अपने पास बम्बई आने का न्यौता दे डाला। कहा कि तुम्हारी अंग्रेज़ी तो बढ़िया है ही उर्दू का भी जवाब नहीं। मुझे तुम जैसा ही एक लेखक चाहिए जो स्क्रिप्ट तैयार करने में मेरी मदद कर सके। जब चाहो बम्बई चले आना। मेरे दरवाज़े तुम्हारे लिए हमेशा खुले रहेंगे।

अभी तो पृथ्वी मैडम मॉन्टेसरी की दिखाई बच्चों की जादुई दुनिया में ही ग़ोते खा रहा था कि अब्बास साहब जैसे फ़िल्मकार अदीब ने पीठ थपथपा दी। पृथ्वी के पाँव ज़मीन से उखड़ने लगे। मन पतंग हो चला। चाहा कि अब्बास साहब के साथ ही बम्बई रवाना हो ले पर यह मुमकिन न था। घर और शहर से निकलना आसान न था। फिर उसने कभी जम्मू तो दूर क़ाज़ी गुंड भी पार नहीं किया था। क्या भाई जी और जिगरी मान जाएँगे?

भाई जी और जिगरी का ख़याल आते ही वह क्षण भर को ठिठका और फिर अपने पतंग हुए मन की डोर का माँजा वापस लपेटने लगा। उसने स्वयं को हल्का-सा धिक्कारा भी। भाई जी और जिगरी दोनों ने उसे और दुर्गा को माँ-बाप की तरह पाला था। अच्छी-से-अच्छी शिक्षा दिलवाई थी, दुर्गा की शादी की थी। पृथ्वी ने उन्हें कभी न छोड़कर जाने का बहुत पहले इरादा कर लिया था। असल

में यही वजह थी कि पृथ्वी अम्बरनाथ का सपना पूरा करने उच्च शिक्षा के लिए लाहौर जाने के लिए भी राज़ी नहीं हुआ था, हालाँकि यह बात सिर्फ़ उसका अन्तर्मन जानता था। घर के हालात भी वह देख ही रहा था। अम्बरनाथ के पास रोज़गार का कोई बँधा-बँधाया ज़रिया नहीं था। जिगरी अब एक प्राइमरी स्कूल में छोटी बच्चियों को पढ़ाने लगी थी। दुर्गा की शादी समाज सुधार के रास्ते करने के बावजूद खर्च तो काफ़ी हुआ ही था। फिर उसने आज अपनी पतंग की डोर को भला ढीला कैसे छोड़ दिया? क्यों?

सारी दोपहर घाट के किनारे बैठा पृथ्वी अपनी रंगबिरंगी पतंग को कभी आकाश में उड़ते देखता रहा था तो कभी बहते पानी में उसका अक्स देख भावी सपनों में डूबता-उतरता रहा था। अन्ततः उसकी डोर को सावधानी से समेटकर वह शाम को घर लौट आया था। दिन भर का भूला घर लौट रहा था कि अचानक वह एक दुकान पर रुका। उसने एक जोड़ी मोज़े खरीदे और आगे निकल गया। अपनी गली में पहुँचा तो मन कुछ हल्का लगा। डोर का माँजा लपेटते हुए उसकी बाँहें तथा हाथ इतने भारी हो गये थे मानों सदियों से उसी माँजे को लपेट रहे हों और माँजा खत्म होने में ही नहीं आ रहा था। पर जेब में मोज़े डालते ही उसकी बाँहें आराम पा गयी थीं। ये मोज़ा वह जिगरी को देगा। कितने सालों से उसके मन में था कि सर्दियों में जिगरी मोज़ा पहने और अपने पाँवों की उँगलियों को शूह* से बचाए। बचपन से देखता आया था कि सर्दियों में जिगरी के पाँव की उँगलियों में वरम◆ हो जाता है और वे गहरे गुलाबी रंग की हो जाती हैं जैसे कोई फोड़ा। फिर उन सूजी उँगलियों में से मवाद भी बहता था, कई सप्ताह तक। और जिगरी ऐसे ही मवाद वाले सूजे पाँव लिए घर-भर के काम करती जाती, बच्चियों को इल्म देने के लिए गलियों-गलियों भटकती जाती।

पृथ्वी ने आज अपनी कमाई से अपनी जिगरी के लिए मोज़े खरीदे थे। घर पहुँचा तो जिगरी सीढ़ियाँ उतर रही थी। शायद अभी-अभी लौटी थी। पृथ्वी को देखते ही बोली, "आज देर हो गई। पर सब्र था कि सब्ज़ी तो तैयार ही है। बस भात ही बनाना है।"

पृथ्वी सहन में खड़ा ख़ामोशी से देख रहा था। उसका दायाँ हाथ अपने पतलून की जेब में रखे मोज़े को छू रहा था सहलाकर। जिगरी उसे यूँ देखता देख ठिठकी, "लगता है थक गया है आज। तू बैठ मैं कहवा बनाती हूँ।" कहते हुए जिगरी ने रसोई में प्रवेश किया। पीछे-पीछे जूते बाहर उतार कर पृथ्वी भी रसोई की देहरी के बाहर बिछे गब्बे पर बैठ गया।

---

*सर्दियों में हाथ-पाँव की उंगलियों का लाल होकर सूज जाना ◆सूजन

जिगरी खोस में चाय लेकर आयी तो पृथ्वी ने उसकी बाँह पकड़ ली, "जिगरी बैठो ना।"

"हाँ हाँ...ज़रा अपनी भी चाय ले आऊँ," मुस्कराकर उसने कहा और वापस लाँघकर रसोई में पहुँची। फिर दोनों ने साथ-साथ बैठकर चाय पी। जिगरी ने महसूस किया कि पृथ्वी कुछ ख़ामोश-सा है। अम्बरनाथ को भी जब-जब कोई लेख लिखकर देना होता था तो वह भी कुछ-कुछ गुमसुम-ख़ामोश ही रहता था। यही सोचकर जिगरी भी ख़ामोश ही रही। कहवा पीकर पृथ्वी ने खोस एक किनारे रखा और जेब से मोज़ा निकालकर जिगरी की ओर बढ़ाया, "जिगरी ये तुम्हारे लिए है..."

"क्या है?" हाथ बढ़ाकर मोज़ा थामते हुए जिगरी ने बेसाख़्ता पूछा। फिर मोज़ा देख विस्मय से बोली, "मोज़ा! मेरे लिए?"

"हाँ, सर्दियों में पहनना...तब शूह नहीं होगा।"

क्षण भर को स्नेह से जिगरी का मन भीग-सा गया फिर झेंप कर बोली, "मोज़े पहनूँगी! दुनिया कहेगी ख़ुद को मुकद्दम साहब* का दामाद समझती है!"

"मुकद्दम साहब का दामाद क्या?"

"अरे गाँव में सब मिलकर खेती करने जाते थे। अगर किसी का दामाद आया होता तो बेचारा वह भी साथ में जुत जाता। ऐसे में जब गाँव के मुकद्दम का दामाद आता तो खेती करने तो वह भी जाता मगर मोज़े पहने-पहने ही जिससे सारे गाँव को पता रहता कि ऐरा-गैरा नहीं मुकद्दम साहब का दामाद है।" कहकर शबरी हँस दी।

"वो सब मैं नहीं जानता। गाँव वालों और शहर वालों के आपसी नोंक-झोंक भरे क़िस्से-कहानियाँ तो चलते ही रहेंगे पर ये मोज़े तुम पहनोगी।"

"मगर बेटा...तुझे बचपन की याद है। शूह मुझे पहले होता था। अब तो बहुत कम..."

"अगर-मगर कुछ नहीं जिगरी...तुम्हारे पाँवों का वरम मुझसे देखा नहीं जाता। इस बार तुम मोज़े ज़रूर..."

"अरे औरतें कोई मोज़े पहनती हैं!" जिगरी के स्वर में हैरानी थी जिसने पीठ पीछे खड़ी मासूम ख़ुशी की उँगली पकड़ रखी थी। यह ऐसी ख़ुशी थी जिसे सामने प्रस्तुत कर दिखाया भी नहीं जा सकता था! पृथ्वी उसके लिए मोज़े लाया था—बस इसी बात की ख़ुशी!

---

*मुखिया जी

"नहीं पहनतीं तो न पहनें...तुम पहनोगी।" पृथ्वी ने दृढ़ स्वर में कहा।

"मैं क्या औरों से अलग हूँ?" नम स्वर में कहा जिगरी ने।

"हाँ अलग हो...," कहते हुए पृथ्वी उठ खड़ा हुआ। फिर दरवाज़े पर पहुँच कर मुड़कर बोला, "क्योंकि बस तुम्हीं मेरी जिगरी हो।" और वह निकल गया।

जिगरी की आँखों से जो स्नेह बह रहा था वह उसने अपनी धोती के पल्लू में सोख लिया। फिर हाथ में मोज़े उठाकर उन्हें माथे से लगाया था और जिधर से पृथ्वी गया था उस ओर देखते हुए बुदबुदाया, "निर्भय और नीरोग रहो।"

पृथ्वी अपने घर, स्कूल और अख़बार के दफ़्तर के बीच बँटी ज़िन्दगी की राह पर दोबारा चल निकला। अपने उसी पुराने उत्साह और जुनून के साथ।

'न्यू कश्मीर' के दफ़्तर पहुँचा तो ख़बर मिली कि गांधी जी आजकल में कश्मीर आने वाले हैं जहाँ वे लोगों को सम्बोधित करेंगे। पृथ्वी का उत्साह अचानक पारे की तरह ऊपर जाकर धीरे-धीरे नीचे आ गया। यानी ख़बरों, रिपोर्टों और लेखों की गहमा-गहमी होगी पर उसे शायद इसमें शिरकत करने का मौक़ा न मिले। वह जानता था कि गांधी जी के भाषण को सीनियर लोग ही कवर करेंगे। पर यह एक बहुत बड़ी घटना होगी। उसे सीखने को बहुत कुछ मिलेगा। सोचा उसने। घर, बाहर और दफ़्तर का माहौल बदल जाएगा। मोहम्मद अली जिन्ना और वीर सावरकर के आने पर भी कश्मीर की हवाएँ अचानक सियासी लू में तबदील हो गयी थीं पर इस केसर की क्यारी में जल्द ही ठंडी भी पड़ गई थीं। देखना है कि अब क्या होगा!

घर पहुँचा तो भाई जी को सीढ़ियों के पास टोकरी लिए पाया। यह खबर सुनाई तो खुशी से अम्बरनाथ के लबों में हल्की थिरकन उभर आयी। कुछ क्षण ख़ामोश रहने के बाद उसने कहा, "ये अच्छा मौक़ा है पृथ्वी। गांधी जी को सुनने के बाद तुम अख़बार के लिए एक रिपोर्ट तैयार करना। कवर पेज के लिए।"

"मैं?" पृथ्वी को हैरानी हुई। फिर उसने कहा, "मगर भाई जी... यह ज़िम्मेदारी तो तिक्कू साहब शायद मुझे नहीं..."

"जानता हूँ... जानता हूँ," अम्बरनाथ ने बात काट कर कहा, "फिर भी।"

"फिर भी?" पृथ्वी असमंजस में था। "क्या आप उनसे इल्तिजा करेंगे कि यह ज़िम्मेदारी मुझे..."

"हरगिज़ नहीं।" अम्बरनाथ ने फिर पृथ्वी की बात काटी तो पृथ्वी ख़ामोश रहा। बात अम्बरनाथ ने ही पूरी की, "उसके लिए तुम अभी बच्चे हो। दुनिया भर के अख़बारनवीस उसे कवर करेंगे। मैं चाहता हूँ कि तुम भी अपनी रिपोर्ट तैयार करो और फिर अगले दिन बाकी अख़बारों से मिला कर देखो। इसी तरह

सीखते हैं बरखुरदार।" और अम्बरनाथ अपनी टोकरी लेकर क्यारी से तोरी तोड़ने चल दिया था।

पृथ्वी ने अपने भाई जी को जाते हुए पीछे से देखा तो उसका मन पसीज गया। भाई जी की उम्र अभी अधेड़ कहलाने लायक नहीं थी पर घर की ज़िम्मेदारियों और ज़्यादा सोचने वाले स्वभाव ने उनके बाल खिचड़ी कर दिए थे। सिर के ऊपर ज़रा-सी चाँद भी दिखाई देने लगी थी। मगर मन में युवा उत्साह साँसें ले रहा था।

अगस्त के प्रारंभ में हज़ारों-लाखों कश्मीरियों को गांधी जी के दर्शन और उन्हें अपनी सरज़मीं पर सुनने की उम्मीद थी। पर पृथ्वी और अम्बरनाथ के साथ-साथ जाने कितनों की उम्मीदों पर पाला पड़ गया। गांधी जी श्रीनगर पहुँचे पर किसी आम सभा को सम्बोधित न कर पाए। हालात कुछ ऐसे थे कि एकान्त में उनकी महाराजा हरिसिंह से बातचीत हुई जिसके बारे में प्रेस को भी अधिक जानकारी प्राप्त न हो सकी थी। अलबत्ता गांधी जी का एक जुम्ला ज़ाफरान की खुशबू की तरह कश्मीर के बुद्धिजीवियों को सराबोर कर गया कि–'जब हिन्दुस्तान में चारों तरफ़ अँधेरा छाया हुआ है तब सिर्फ़ कश्मीर ही अकेली उम्मीद बची है।'

गांधी जी श्रीनगर से 4 अगस्त को जम्मू होते हुए पश्चिमी पाकिस्तान स्थित वाह के शरणार्थी कैंप की प्रूजा सभा में पहुँचे और 5 अगस्त को उन्हें सम्बोधित किया।

गांधी जी को श्रीनगर छोड़े लगभग सप्ताह भर बीत चला था। कश्मीर का सियासी माहौल गर्म था। अम्बरनाथ भी आज घर से राज़दान के यहाँ होने वाली बैठक में शामिल होने गया था जहाँ गांधी जी की कश्मीर-यात्रा ही मुख्य चर्चा का विषय था। अभी वह हब्बा कदल तक ही पहुँचा था कि उसे बैठक में जाने का अपना इरादा बदलना पड़ा। वह वापस हो लिया।

अगस्त के इस खुशगवार मौसम में भी आज अम्बरनाथ को हब्बा कदल से घर तक का रास्ता तय करना भारी हो गया। घर के सदर दरवाज़े से दाखिल होकर वह मुश्किल से सीढ़ियाँ पार करते हुए अपने कमरे में पहुँचा। दस्तार एक तरफ़ पटक कर गावतकिये के सहारे लेट गया।

तभी शबरी पीछे-पीछे लगभग दौड़ती आई, "क्या हुआ? जल्दी कैसे आ गए? जी कैसा है?"

"ठीक है।"

"वहाँ तो दर्द नहीं उठा?"

"अरे पहुँचा ही कहाँ... रास्ते में ऐसा जी मिचलाया कि वैद्‌य जी के यहाँ

चला गया। बस वहीं से दवा लेकर लौट आया। एक पुड़िया तो उन्होंने वहीं खिला दी। तब ज़रा चैन मिला।" कहा अम्बरनाथ ने।

"चेहरा कैसा उतर गया है! ओह! सुबह कितनी भारी कै हुई थी... मैं तो घबरा ही गई थी। जाने कल ऐसा क्या खाया गया कि सभी को बदहज़मी हो गई!"

"अरे वही जो शादी के घर से आया था और क्या!" थके स्वर में कहा अम्बरनाथ ने।

"मगर वो सब्ज़ियाँ तो ठीक थीं। सुबह ही की तो थीं।"

"अरे भई शादी का घर है... हो जाती है ऊँच-नीच।"

"ठीक कहते हैं भाई जी... लगता है मूली की चटनी के दही में ही गड़बड़ रही होगी।" शबरी ने कुछ सोचते हुए कहा।

"जाने दो... अब तो जो होना था हो गया... दुर्गा कैसी है? क्या सो रही है?" अम्बरनाथ की आवाज़ में कमज़ोरी झलक रही थी।

"हाँ वो भी तब से कई बार उधर हो आयी है। बेचारी दो-चार रोज़ के लिए मायके आई और यहाँ बीमार हो गई! पेट ढीला है अभी तक।"

"ओह," एक लम्बी साँस छोड़कर कहा अम्बरनाथ ने, "चलो पृथ्वी तो बच गया।"

शबरी ने मुस्कराकर कहा, "आपसे डाँट तो खाई पर अच्छा ही हुआ जो कल अपने दोस्त के यहाँ ही खाकर आया। वर्ना वो भी पड़ा होता बेचारा!"

शबरी बोल रही थी और थकान से अम्बरनाथ की पलकें भारी होती जा रही थीं। शबरी ने देखा तो बातों को विराम देते हुए कहा, "अरे मैं भी बातों में लग गई। कुछ लाऊँ क्या?"

"नहीं आज पेट को आराम देना चाहिए। फ़ाक़ा ही ठीक रहेगा।"

"मगर नमक वाला नींबू पानी तो..."

तभी सदर दरवाज़े की लकड़ी की साँकल घुमाकर खोलने की आवाज़ हुई तो शबरी ने आगे बढ़कर खिड़की से नीचे झाँका। ओंकारनाथ आँगन की ओर बढ़ रहा था। शबरी ने गर्दन मोड़कर अम्बरनाथ से कहा, "भाई जी, ओंकार भाई आ रहे हैं। उन्हें ऊपर ही भेजती हूँ।"

शबरी तेज़ी से नीचे पहुँची, "नमस्कार।" ओंकारनाथ ने पूछा, "अम्बरनाथ निकल तो नहीं गया?"

"भाई जी ऊपर है... वहीं चले जाइए।" शबरी ने जवाब दिया।

ओंकारनाथ सीढ़ियाँ चढ़ने लगा, "मैं तो हमेशा का लेट-लतीफ़ हूँ

ही... आज इसे क्या हुआ!"

ओंकारनाथ ने कमरे में प्रवेश किया तो उसे देख अम्बरनाथ के चेहरे पर चमक-सी लौट आई, "अरे तुम राज़दान के यहाँ नहीं पहुँचे?"

"मुझे तो देर हो गई पर तुम तो अभी तक मसनद पर जमे बैठे हो!" ओंकारनाथ ने मुस्करा कर कहा।

"हाँ भई... आधी रात से पेट में मरोड़ उठ रहे थे... पर राज़दान के यहाँ कैसे न जाता! घर से निकला तो था पर रास्ते में ही जी मिचला गया। लौट आया। ये पेट दर्द भी..."

"अरे तुममें तो राजा-महाराजा होने के गुण घर करने लगे हैं। ज़रूरी बैठकों से ऐन पहले यह तुम्हारे पेट में मरोड़ से क्यों उठने लगे!" ओंकारनाथ ने दाईं भौं को ऊपर कर कहा और मुस्कराते हुए पास बैठ गया।

"ये क्या बात कही!" अम्बरनाथ के स्वर में विस्मय उभरा।

"क्यों भई अख़बारनवीस तो तुम हो... पूछ मुझसे रहे हो! भूल गए?" ओंकारनाथ ने आगे कहा। तभी अम्बरनाथ को शायद उसकी बात के व्यंग्य का निहितार्थ समझ में आ तो गया पर वह ख़ामोश ही रहा।

"अभी जून में जब जनाब माउन्ट बैटन साहब की तशरीफ़ का टोकरा यहाँ पहुँचा महाराजा से ख़ास बातचीत करने तो ऐन मौके पर अपने महाराजा के पेट में कॉलिक पेन हो गया!" फिर ओंकारनाथ ने हँसकर कहा, "हँह... शादी के लग्न के समय अतिसार*!"

अम्बरनाथ झेंप गया, "बड़ों की बातें बड़े ही जानें। असली मामला कुछ और रहा होगा... पर मुझे तो आधे रास्ते से लौटना पड़ा।"

ओंकारनाथ ने टेक लगाते हुए कहा, "हाँ हाँ... मैं तो मज़ाक कर रहा था।" तभी उसका स्वर संजीदा हुआ, "एक बात बताओ... सारे घर का दारोमदार तुम पर है... तुम अपनी सेहत से खेलते क्यों हो? ऐसी हालत में तुम राज़दान के घर चल क्यों दिए? ये कहाँ की अक्लमन्दी हुई?"

"क्या बताऊँ... बहुत जी था जाने का। न जाने और क्या-क्या बातें सुनने को मिलतीं... पर नहीं था क़िस्मत में!" तभी अम्बरनाथ उठ बैठा। क्षणभर ठहरकर बहुत नर्म आवाज़ में कहा उसने, "ओंकार, गांधी जी क्या आये जैसे मुझे नए सिरे से कश्मीरी होने का सही मतलब समझ में आया। नाज़ हुआ कश्मीर में पैदा होने पर। अपनी कश्मीरियत पर। सच कहता हूँ नाज़ हुआ!"

"हाँ अम्बरनाथ...वाह! क्या खिताब देकर गये हैं गांधी जी हमें।"

---

*लग्न विज़ि छरुन

अम्बरनाथ की आँखें नम थीं, "हाँ, वो जुम्ला मेरे कानों में गूँज रहा है।" फिर वह कहीं खो गया और उसने अख़बार में पढ़े गांधी जी के जुम्ले को दोहराने की कोशिश की, "जब हिन्दुस्तान में चारों तरफ़ अँधेरा छाया हुआ है तब सिर्फ़ कश्मीर ही अकेली उम्मीद बची है।"

"कहा तो सच उन्होंने," ओंकारनाथ बोल रहा था, "आज के दौर में दोनों क़ौमों को इस तरह शान्ति से साथ-साथ रहते उन्होंने मुल्क के भला किस हिस्से में देखा होगा! देखकर उनकी आत्मा प्रसन्न हो गयी होगी।"

"ये कश्मीर का ही जिगरा है कि मोहम्मद अली जिन्ना और वीर सावरकर दोनों को आज से तीन साल पहले... सन् 44 में ही उल्टे पाँव वापस भेज दिया।" अम्बरनाथ की आवाज़ में तवानाई लौटने लगी थी।

"हाँ दोनों अपना सा मुँह लेकर चले गये। कश्मीर ऐसे इन्तहापसन्द ख़यालात का साथ नहीं देगा।"

"सोचकर फ़ख्र होता है कि जब जिन्ना ने हमारे मुसलमान भाइयों को वरगलाने की कोशिश की थी...एक खुदा का वास्ता देकर जब कहा था कि हमारा कलमा एक है तो यहाँ से उन्हें वही जवाब मिला कि इस सरज़मीं की मुसीबतों का एक ही मदावा* है कि हिन्दुओं, मुसलमानों और सिखों को एक साथ लेकर चला जाए।" अम्बरनाथ ने पीठ के लिए अपना गावतकिया ठीक से जमाया।

"और उसके कुछ ही महीने बाद वीर सावरकर को भी यहाँ के हिन्दुओं से ऐसा ही जवाब मिला।"

अम्बरनाथ अभी कुछ साल पीछे यानी सन् 44 में ही था, "अरे खूब याद दिलाया... आम सभा में सावरकर ने जब अपने हिन्दू राज्य की थ्योरी सामने रखी तो उन्हें बता दिया गया कि ऐसी बातें हमारी क़ौमी एकता के सख्त ख़िलाफ़ हैं।" ओंकारनाथ ने सिर हिलाकर हामी भरी।

अब अम्बरनाथ लौट आया, "ये सब देख-सुनकर खुशी होती है कि.."

तभी शबरी ने एक लोटे में नींबू पानी और दो खाली गिलास लिये प्रवेश किया। "भाई जी, थोड़ा नींबू पानी लाई हूँ। नमकीन है," कहते हुए वह पहले ओंकारनाथ की तरफ बढ़ी।

"अरे भई अम्बरनाथ को पिलाओ...कब से पेट खाली है उसका। मेरे लिए तो गर्मागर्म कहवा लाओ...हमारी बैठक तो यहीं जम रही है।"

"लीजिए न...आपके नाम से ले लेंगे...वर्ना मना ही कर रहे थे। कहवा भी

---

*उपाय

अभी लाती हूँ।" शबरी बोली।

ओंकारनाथ को नींबू पानी देकर दूसरे गिलास में लोटे से वही नमकीन शर्बत डालकर उसने गिलास अम्बरनाथ की ओर बढ़ा दिया।

अम्बरनाथ ने गिलास थामते हुए ओंकारनाथ से कहा, "इन सब बातों को समेटते हुए एक मज़मून लिखूँ... किसी तरह आज ही तैयार कर सकूँ तो अच्छा रहेगा। वीकली में दे दूँगा।"

"पहले ज़रा आराम कीजिए," शबरी ने फ़ौरन उसे टोका।

"बस आराम ही हो रहा है तुम कहवा तो लाओ," अम्बरनाथ ने बात का रुख मोड़ दिया।

शबरी कहवे की तैयारी में नीचे चल दी। दोनों दोस्तों की यह महफ़िल बहुत देर तक जारी रही। तबीयत का गिरा-पड़ा होना कहीं पीछे छूट गया क्योंकि यह युगधर्म था।

अगले दिन सुबह अम्बरनाथ रसोई के बाहर वाले कमरे में बैठा कहवा पी रहा था तो पृथ्वी भी आ पहुँचा, "जिगरी कहवा।"

रसोई में शबरी नहीं दुर्गा थी। उसने जवाब दिया, "अभी लाई भाई साहब।"

"अरे कैसी तबीयत है तेरी?" पृथ्वी ने वहाँ दुर्गा को देखा तो पूछा और फिर जवाब के लिए रुके बिना जोड़ा, "आते ही तू लग गयी रसोई में... ज़रा आराम कर।"

"नहीं नहीं... अब ठीक हूँ," दुर्गा बोली और चूल्हे पर कहवे के लिए पानी चढ़ाने का इन्तज़ाम करने लगी।

"रात को आराम किया?" अम्बरनाथ ने पृथ्वी से पूछा। पृथ्वी समझ गया कि यह किसी खास बात की शुरुआत है। "जी, भाई जी," उसने फ़ौरन जवाब दिया।

तभी अम्बरनाथ ने जेब से मुड़े हुए कुछ काग़ज़ निकालकर पृथ्वी की ओर बढ़ाए, "भई हमने तो रात में ये किया।"

"कोई नया मज़मून है?" काग़ज़ थामते हुए पृथ्वी ने हैरानी से पूछा।

"हाँ रफ़ है... अभी नक़ल करना बाक़ी है... वक़्त हो तो तुम्हीं नक़ल कर दो... मैं कुछ देर आराम कर लूँ और हाँ इस बहाने तुम इसे गौर से पढ़ भी लोगे। इस पर अपनी राय बताना मुझे।"

"आप आराम कीजिए... नक़ल मैं कर दूँगा।"

"हाँ पर शाम से पहले अखबार के दफ़्तर भी जाना होगा।" कहवे का घूँट लेकर कहा अम्बरनाथ ने।

तभी बाहर से शबरी की पुकार सुनाई दी, "दुर्गा... पृथ्वी हो तो ज़रा भेजना।"

दुर्गा ने पृथ्वी की ओर देखा तो पृथ्वी "आया जिगरी" कहकर उठ ही रहा था। दरवाज़े पर पहुँचकर उसने अम्बरनाथ से कहा, "आप बेफ़िक्र रहिए। नक़्ल मैं अभी कर दूँगा... स्कूल जाने से पहले।" और वह आँगन के पीछे लगी क्यारियों की ओर चल दिया।

उसने पीछे से अम्बरनाथ को कहते सुना, "पहले जिगरी की मदद करो।"

क्यारियों के पास शबरी उसका इन्तज़ार कर रही थी। वहाँ घिया और तोरी की बेलों को सहारा देकर बाँधने और फैलाने में पृथ्वी जिगरी की मदद करने लगा।

अब पृथ्वी का मन बम्बई और लाहौर भूलकर पूरी तरह से श्रीनगर में रम चुका था। लेकिन शायद कश्मीर से उसका अन्न-जल उठ गया था। अभी हिन्दुस्तान की आज़ादी का जश्न और वाबस्ता उम्मीदों से रचाई मेहँदी शायद सूखने भी न पाई थी कि लगभग दो महीनों बाद नवरात्र सम्पन्न होने का शाही भव्य आयोजन अचानक अंधकार में विलीन हो गया। सीमापार से आये क़बाइलियों ने मोहारा बिजलीघर को तहस-नहस कर दिया था जिससे कश्मीर की बिजली गुल हो गयी थी। कई दिनों से विदेशी ताक़तों की मिलीभगत से शह पाए क़बाइलियों ने मुज़फ़्फ़राबाद की तरफ़ से कश्मीर पर धावा बोल दिया था। सियासत के रंगीन मोहरे चलते रहे और कश्मीरी बाशिन्दे तबाह होते रहे। वे क़बाइलियों के हाथों लुटे-पिटे, उनकी माँ-बहनों को अपमानित किया गया। ज़ुल्म ओर तंगहाली ने जैसे उनकी कमर तोड़ कर रख दी थी।

क़बाइलियों के हमले के बाद महाराजा ने हिन्दुस्तान के साथ किए गए सन्धि-प्रस्ताव पर हस्ताक्षर कर दिए पर तीर कमान से निकल चुका था। हिन्दुस्तानी फ़ौज को इन क़बाइलियों और छद्म वेश में आये विदेशी सैनिकों को कश्मीर से खदेड़ने में महीनों लग गये। ये क़बाइली श्रीनगर तक तो कभी नहीं पहुँच पाए पर इस हमले की वजह से पूरे कश्मीर के हालात इतनी तेज़ी से बिगड़े कि श्रीनगर भी सहम कर रह गया।

आधुनिक हथियारों से लैस भारी संख्या में क़बाइलियों ने कश्मीर की सीमा में मुज़फ़्फ़राबाद से प्रवेश किया। लूटमार मचाते इन आक्रमणकारियों ने बारामूला पर धावा बोला। हज़ारों लोगों को मौत के घाट उतारा, घरों में आग लगाई, बेहिसाब स्त्रियों के साथ बलात्कार हुए। 'फेंसिसकैन मिशनरीज़ ऑफ़ मेरी' की चौदह विदेशी ननों को भी नहीं बख़्शा। ननें फ्रेंच, स्कॉटिश, स्पैनिश, इटैलियन

और पुर्तगाली नागरिक थीं। इन मिशनरियों के अस्पताल के मरीज़ों तक को मार डाला गया।

इन आक्रमणकारियों की मंज़िल श्रीनगर थी जहाँ उन्हें भारतीय सेना ने पहुँचने न दिया। श्रीनगर के निवासियों का मनोबल बनाये रखने के लिए हर मोहल्ले में लोग सक्रिय हुए। सर्द रातों में कार्यकर्ताओं की टोलियाँ गली-गली में चक्कर लगाती बोलती जातीं–

हमलावर ख़बरदार
हम कश्मीरी हैं तैयार।

अपने मोहल्ले की एक टोली का नेतृत्व अम्बरनाथ कर रहा था। पृथ्वी को भी अक्सर रात को टोली में फेरी लगाने की ज़िम्मेदारी सौंपी जाती थी। नेशनल कॉन्फ्रेंस का झंडा लेकर छोटी-छोटी क़तारों में चलते हुए उसने भी नारे लगाए थे–

शेरे कश्मीर का क्या इरशाद?
हिन्दू, मुस्लिम, सिक्ख इत्तिहाद*।

वहाँ से लौटकर पृथ्वी काँगड़ी की मद्धम आँच सेकते हुए घंटों रज़ाई में लेटा रहता। नींद जैसे आँखों की सीमा से बाहर खदेड़ दी गयी थी। ऐसे में वह सोचने को मजबूर हो जाता कि इस दुनिया की हर चीज़, हर जज़्बा जाने क्यों सत्ता और अर्थ पर आधारित है! उसे लगता कि दरअसल इन्सान के अन्दर का दरिन्दा मरता नहीं है। हम उस दरिन्दे की देह पर मूल्यों का फेरन पहनाकर, सिर पर नैतिकता का दस्तार रखकर किसी तरह घरेलू बनाने की कोशिश करते हैं मगर ज़रा-सा उकसावा व अवसर मिलते ही वह अपना फेरन निकाल फेंकता है। दस्तार दूर पटकता है और अलिफ़ नंगा होकर अपने खूँखार दाँत कटकटाने लगता है। वर्ना जो क़बाइली धर्मयुद्ध या जेहाद के नाम पर अपने घरों, अपनी ज़मीन से मक्का और गुड़ की रसद लेकर कश्मीर की तरफ़ बढ़े थे वे फिर अपना लक्ष्य हाथों से झाड़कर मुज़फ़्फ़राबाद में रात भर सिर्फ़ दुकानों को क्यों लूटते रहे? उनके कुछ आक़ा उनके चोग़े खींच-खींच कर उन्हें याद दिलाते रहे कि उनका मक़सद कुछ और था पर वे मजबूर थे अपने भीतर बसे उस अलिफ़ नंगे दरिन्दे के हाथों। फिर वही धर्मयोद्धा बारामूला में बेगुनाह मजबूर लोगों को क्यों मौत के घाट उतारते रहे? धर्म-जाति भूलकर क्यों औरतों पर क़हर बरसाते रहे और इस काम के लिए उन्होंने मस्जिदों का भी इस्तेमाल किया! क्यों? इन हालात में कहीं कश्मीरी मर्दों ने खुद अपने घर की औरतों को इस अपमान से बचाने के लिए मौत के घाट उतार दिया तो न जाने कितनी कश्मीरी स्त्रियों ने

*एकता

घर से भाग कर नदी में कूद कर जान दे दी।

पृथ्वी जैसे अचानक कुछ और बड़ा हो गया था। वह देख पा रहा था कि इंसान में छुपा बैठा एक स्याह साया ऐसा भी होता है जिसके सामने धर्म और आस्था भी ख़ाली डिब्बे में बजते कँकड़ होते हैं। कभी-कभी तमाशे के लिए बजाकर आवाज़ भर करने के लिए। इन क़बाइलियों के हाथों हिन्दू, सिक्ख, ईसाई ही ज़लील और ग़ारत नहीं हुए थे, 25 साला मक़बूल शेरवानी जैसा सेक्यूलर मुसलमान भी कीलों से बेध दिया गया था। फिर ऐसे दरिन्दों के सामने किसी भी औरत का धर्म तो सिर्फ़ उसकी देह होती है, रही है आज तक और बरक़रार भी है। पृथ्वी समझने लगा था कि इस निर्मम संसार में जिगरी से अक्सर सुना शब्द 'मोक्ष' कोई मायने नहीं रखता। बल्कि वह तो संसार के चार पायों में भी नाम भर के लिए है। शायद सिर्फ़ राहु-केतु की तरह छायाग्रह है जिसका ज़िक्र होता है और होता रहेगा। संसार तो दरअसल सिर्फ़ तीन स्तम्भों पर टिका है– सत्ता, अर्थ और काम।

आजकल पृथ्वी का मन बड़े भारी तलातुम से गुज़र रहा था। अपने और अपनों के भविष्य के बारे में सोच-सोच कर वह सिहर उठता था। पहले से सीमित रोज़गार के ज़रिये इन हालात में सिमटते नज़र आ रहे थे। आज़ादी के बाद जहाँ देश को विकास पर ध्यान देना था वहाँ वह अपने अस्तित्व के लिए संघर्षबद्ध था। ज़मीन की तक़सीम ने पाकिस्तान से आते लाहौरी नमक की सप्लाई को अचानक रोक दिया था। ये सब क़बाइली रेड की तरह ही इतना अचानक हुआ कि इसके लिए शायद कश्मीर और दिल्ली दोनों तैयार नहीं थे। अचानक कश्मीर से नमक गुम हो गया। कश्मीर के शहरों और गाँवों में आम लोगों के लिए रोज़ इस्तेमाल की यह आम चीज़ यानी नमक एक आफ़त बन गयी। नमक 10 रु. सेर तक बिक रहा था जोकि एक औसत मध्यवर्गीय कश्मीरी की मासिक आय का लगभग एक तिहाई हिस्सा था।

सर्दियों की एक दोपहर थी कि तभी सदर दरवाज़ा खुलने की आवाज़ हुई। पृथ्वी ने अपने कमरे की खिड़की से नीचे झाँका तो अम्बरनाथ और दर्ज़ी हब जू प्रवेश कर रहे थे। हब जू आँगन में खड़े रहे और अम्बरनाथ ने भीतर की ओर रुख़ किया। पृथ्वी अपने काम में मशगूल हो गया। तभी उसे अम्बरनाथ की तेज़ी से सीढ़ियाँ चढ़ने की आवाज़ सुनाई दी। वह कुछ हैरान हुआ। इतनी जल्दी किस बात की? उसने फिर खिड़की से झाँका तो हब जू आँगन में लगे नल की मुँडेर पर बैठे दिखाई दिए। वह उन्हें देखता सोचता रहा कि ये यहाँ इस तरह किस इन्तज़ार में बैठे हैं। अगर कपड़े सिलकर लाए हैं तो पैसों के इन्तज़ार में वे ऐसे

कभी नहीं बैठते। उनका मेहनताना तो दुकान या घर पहुँचाया जाता है। तभी अम्बरनाथ की उसी तेज़ी से सीढ़ियाँ उतरने की आवाज़ सुनाई दी। फिर अम्बरनाथ तेज़ी से आँगन में पहुँचा। उसे देखते ही हब जू फ़ौरन खड़े हो गये। अम्बरनाथ के हाथ में कुछ था जो उसने हब जू को थमाया। उसे लेते ही हब जू ने आँखों से लगाया। पृथ्वी ने गौर से देखा। लाहौरी नमक का एक डला था। वह नमक का डला फ़ौरन अपने फेरन की जेब में रखकर हब जू ने अम्बरनाथ का दायाँ हाथ थाम लिया। फिर उसे चूमकर अम्बरनाथ की ओर देखा तो हब जू की आँखों में आँसू थे।

"खुदा तुम्हें लम्बी उम्र दे... इज़्ज़त दे... आज नमक का डला क्या तुमने मुझे ज़िन्दगी दी है।"

"कैसी बात करते हैं हब जू..."

"सच कहता हूँ बेटा... बीस दिन हुए ज़बान को नमक का स्वाद चखे।" हब जू का गला भर्रा गया।

"हमारे पास भी ऊपर चावल में ज़रा सा था... सोचा..."

"रहम दिलों पर खुदा अपनी रहमत बरसाता है।" हब जू अपने भावातिरेक में अम्बरनाथ की बात सुन ही नहीं पा रहे थे। "मरी ज़बान को क़ाबू में कर भी ले कोई पर जिस्म का क्या करे! टाँगों से जान निकलती रहती है। हाथ सूई में धागा डालने लायक़ नहीं रहे। नमक ज़िन्दगी है बेटा ज़िन्दगी... खुदा तुम्हारा भला करे।" हब जू सदर दरवाज़े से बाहर जा रहे थे, अम्बरनाथ उन्हें जाता देख रहा था। वह भीतर जाने को मुड़ा तो देखा दरवाज़े पर शबरी खड़ी है।

"तो रसोई में नमक ढूँढ़ रहे थे!"

"हाँ वो... ज़रा-सा," अम्बरनाथ ने झेंप कर कहा।

"नहीं मिला तो चावल में से निकालकर दे दिया! मगर भाई जी...," शबरी ने अपनी हैरानी-परेशानी दरकिनार कर विनम्र स्वर में कहा, "घर में नमक है कहाँ जो यूँ दे दिया! मैं तो बस सूँघने भर को डाल पाती हूँ सब्ज़ी में... जाने ये कब तक रहे..."

"अरे वो मर रहा था.. उसकी दुकान पर गया तो पता चला उसका काम भी ठप्प पड़ा है... ज़रा-सा ही तो....," कहते हुए अम्बरनाथ अन्दर की ओर बढ़ गया। शबरी ने उसे कहते सुना, "अब जो सबके साथ गुज़रेगी वही सही है।"

पृथ्वी अपनी खिड़की से यह दृश्य देख सहम गया थ। उसे मालूम था कि नमक की कमी से लोग परेशान हैं। जिगरी भी अक्सर नमक का रोना रोती रहती

है। घर में खाना भी कुछ-कुछ फीका सा ही रहता था। नमक जैसी आम रोज़मर्रा की वस्तु की ज़िन्दगी में यह अहमियत है! ये उसने आज ही जाना था। नमक का यह संकट और गहरा गया तो?

पाकिस्तान से आने वाले जिस लाहौरी नमक की कश्मीरियों को आदत थी वह तो बन्द हो चुका था। 'हिन्दुस्तान' से आने वाले नमक में ज़रा वक्त लगा और उसे अपनी आदत में शुमार करने में कश्मीरियों को उससे कहीं ज़्यादा वक़्त लगा। ये नया नमक अब राशन पर मिलता था। साथ ही जगह-जगह बनी 'हल्क़ा कमेटियों' के कार्यकर्ता अपनी देख-रेख में नमक बेचते थे। ईंधन की कमी हुई तो उसका ज़िम्मा भी हल्क़ा कमेटियों ने लिया।

पृथ्वी को अपने परिचित इंडियन आर्मी के कैप्टन विश्वनाथन की याद आयी। अपनी अख़बारनवीसी के दौरान पृथ्वी कई बार कैप्टन विश्वनाथन से मिला था क्योंकि वह पब्लिक रिलेशन ऑफ़िसर था और आर्मी की खबरों के लिए उसी से सम्पर्क करना पड़ता था। पृथ्वी उसके पास पहुँचा और अपने घर के नमक के इस संकट का बयान किया। उन्हीं दिनों आर्मी की जो टुकड़ी आगे बढ़ गयी थी वह अपनी रसद का एक बड़ा भाग मुख्यालय में छोड़ गयी थी। सो कैप्टन विश्वनाथन ने पृथ्वी को एक छोटी बोरी नमक दिलवा दिया। नमक की यह बोरी लेकर पृथ्वी आर्मी की जीप में 'न्यू कश्मीर' के दफ़्तर पहुँचा और प्रेस में मिश्रीलाल के पास इसे एक कोने में छुपाकर रखवा दिया। इतना नमक देखकर मिश्रीलाल की आँखों में रोशनी-सी आ गयी। थोड़ा नमक प्रेस के लोगों ने लिया और एक झोले में डालकर थोड़ा-थोड़ा नमक पृथ्वी दो-तीन बार में घर ले गया जिसे एक-एक, दो-दो मुट्ठी करके मोहल्ले में किसी-किसी को बाँटा भी गया।

क़बाइलियों की दहशत श्रीनगर में घर-घर के आँगनों और दालानों तक पहुँच गयी थी। इससे एक पुरानी बुराई को पनपने का एक और बहाना मिल गया। क़बाइलियों द्वारा किशोरियों का अपरहण होने की आशंका से कश्मीर में फिर छोटी उम्र की लड़कियों को ब्याह देने की कुरीति का अवतार हुआ! कुरीतियाँ भी शायद खूँखार दरिन्दा ही होती हैं जो अपने नाखून और दाँत चमकाती हमेशा घात लगाये बैठी रहती हैं।

क़बाइलियों के हाथों उजड़े लोगों के लिए अमीरा कदल में शरणार्थी कैंप लगे थे। कश्यप बन्धु रिफ़्यूजी ऑफ़िसर थे। अम्बरनाथ के साथ-साथ पृथ्वी भी उनके नेतृत्व में शरणार्थियों को दोबारा बसाने की मुहिम में लगा था। पृथ्वी ने अपने कुछ अख़बारनवीस दोस्तों के साथ भी इन कैंपों का दौरा किया और अपने

बेगुनाह-ज़ख्मी-बेसहारा कश्मीरियों पर हुई जिन ज़्यादतियों को वह जानता था उन्हें उसने अब महसूस किया। फिर कैसे भूल पाता उस पगले सरदार की चीखें जो बाल फैलाए, गला फाड़-फाड़कर कह रहा था, "फाँसी दे दो मुझे...काट दिया मैंने अपनी बीवी और चारों बेटियों का गला... काट दिया...काट दिया।" या वो अस्सी साल की बुढ़िया जो एक कोने में अपने रौंदे गये बुढ़ापे को कोसती रहती थी। पता चला था कि अपनी किशोर पोती को बचाने के लिए उसने क़बाइलियों से टक्कर लेनी चाही थी तो उन्होंने उस बुढ़िया के सामने उसकी पोती से कुकर्म कर उसकी गर्दन धड़ से अलग कर दी थी। जाते-जाते उन दरिन्दों ने अस्सी साल की उस बुढ़िया को भी नहीं छोड़ा था। अन्त में उसे निर्वस्त्र आँगन में पटक गये थे।

इन हालात में पृथ्वी का जी उखड़ गया। उसे लगा कि इस बदहाली को सँभालने में कश्मीर को बरसों लग जाएँगे। वह नहीं समझता था कि ये बदहाली, ये ज़ख़्म ढोते हुए भी लोग सदियाँ काट देते हैं। शायद काटने को मजबूर होते हैं। उसने सोचा क्या वह ज़िन्दगी भर इस अदना से प्राइमरी स्कूल में मास्टरी करता रहेगा? यहाँ न नौकरियाँ हैं और इन हालात में उसे उनके बढ़ने की कोई उम्मीद भी नहीं थी। जो प्रशासन लोगों को खाने के लिए नमक नहीं दे सकता, वह नौकरी क्या देगा! उसे अपने बचपन का वह दृश्य याद आ गया जब वह सरकारी दफ़्तर के एक कमरे में मेज़ों के उस पार फ़ाइलों से घिरे बैठे अफ़सरों के सामने अपने साथियों के साथ नन्हें-नन्हें हाथ फैलाकर रोटी माँग रहा है—

"हम क्या चाहते?
रोटी-रोटी।"

अचानक उसे महसूस हुआ कि उसके कमरे में रोटी माँगते फैले हाथ बीस-चौबीस की संख्या लाँघकर बढ़ते चले जा रहे हैं। लगातार-लगातार। नन्हें हाथ अब युवा हो गये हैं। बढ़ते-बढ़ते ये रोटी माँगते नौजवान हाथ पूरे कश्मीर में फैल गये हैं। हर पेड़, हर पत्थर के पीछे से दो-दो जोड़ी हाथ निकल रहे हैं—नौकरी की भीख माँगते। हर नदी में लकड़ी के लट्ठों की तरह खुले हाथों की जोड़ियाँ बहती चली जा रही हैं। अपने गन्तव्य—किसी रोज़गार की ओर। हर मकान की खिड़की से ऐसे ही फैले हाथ अपनी पथराई आँखों से झाँक रहे हैं—रोटी के इन्तज़ार में। चारों ओर पार्श्व में बस यही गूँज है—रोटी दो ...रोटी दो। देश को आज़ाद हुए एक साल हो चुका था पर हालात वही बने हुए थे।

पृथ्वी ने तय किया कि जब तक कश्मीर के हालात सुधर न जाएँ वह

श्रीनगर से बाहर जाकर कोई बेहतर नौकरी करेगा। मगर वह सिर्फ़ एफ.ए. पास था। उसका मन किया कि वह लाहौर जाकर बी.ए. और एम.ए. करके भाई जी का वह सपना अब पूरा कर दे जिसे एक चिड़िया के बच्चे की तरह पाला था उन्होंने और अपने थाल में से पहले निवाले के तौर पर चावलों के लड्डू बना-बनाकर खिलाये थे जिसे। मगर मुल्क़ की तक़सीम ने उस चिड़िया के बच्चे की भी जान ले ली थी। जब लाहौरी नमक नदारद हो गया था तो भला लाहौर जाकर पढ़ना क्या दूर का सपना नहीं था! लाहौर अब अपना देश नहीं रहा था। फिर उसने इलाहाबाद जाकर पढ़ने का मन बनाया। जानता था कि घर में बताएगा तो भाई जी लाहौर हाथ से निकल जाने की टीस को काँगड़ी में झोंक कर उसकी उच्च शिक्षा का सोच खुशी से झूम उठेंगे। भाई जी और जिगरी जैसे-तैसे पैसे जुटाकर उसे इलाहाबाद भेज भी देंगे पर इतने बरसों तक क्या वह उन पर बोझ बना रहेगा? नहीं। उसे पहले कुछ पैसा जोड़ना होगा तभी वह आगे पढ़ने का सोच सकता है। सोचा पृथ्वी ने। तभी उसके अन्तर्मन में ख़ामोश बैठी पतंग ने अँगड़ाई ली और उसका माँझा ज़रा ढीला हुआ। उसके कानों ने ख्वाज़ा अहमद अब्बास की वही पुरानी आवाज़ सुनी–'मुझे तुम जैसा ही एक लेखक चाहिए जो स्क्रिप्ट तैयार करने में मेरी मदद कर सके। जब चाहो बम्बई चले आना। मेरे दरवाज़े तुम्हारे लिए हमेशा खुले रहेंगे।' और उस अन्तर्मन ने पतंग को आकाश में लहरा दिया।

पृथ्वी ने तय किया कि वह नौकरी छोड़ देगा। भाई जी से कहेगा कि वह आगे की पढ़ाई के लिए इलाहाबाद जाना चाहता है। भाई जी तो इस बात की पेशकश कर ही चुके थे। सो वे भी फ़ौरन राज़ी हो जाएँगे। मगर वह श्रीनगर से निकलकर इलाहाबाद नहीं जाएगा बल्कि दिल्ली होता हुआ पहले बम्बई पहुँचेगा। वहाँ ख्वाज़ा अहमद अब्बास के साथ कुछ दिन काम करेगा। कुछ रुपये इकट्ठा करेगा और फिर पढ़ने इलाहाबाद जाएगा।

यह तय करते ही पृथ्वी ऊर्जा से भर उठा पर उसके मन पर एक सारिका ने अपनी चोंच से छोटा सा पत्थर लाकर फेंका तो वह हारी पर्वत जितना विशाल स्वरूप ले बैठा। उस पर्वत के नीचे दबकर पृथ्वी के मन के प्राण निकल गये। वह कराह उठा, "झूठ! भाई जी और जिगरी से झूठ...!"

पृथ्वी के सामने अब एक ही विकल्प था। या तो इस बोझ से दबे अपने मन को कराहने देता या यह बोझ भाई जी और जिगरी की झुकी कमर पर लाद कर चैन से बैठ जाता। उसे गले में अपनी साँसें ऐंठती-सी महसूस हुईं। बात करना चाहता था इस बारे में मगर किससे? यह बात वह अपने रिश्तेदारों और

दोस्तों से कर नहीं सकता था। किस मुँह से कहता कि भाई जी से झूठ बोलकर घर से जा रहा है। फिर चाहे हालात जो भी हों, उसके दोस्त तो सन्तुष्ट न होते हुए भी यहीं रह रहे थे । ऐसे में उसे कैप्टन विश्वनाथन की याद आयी। उससे जी की बात की जा सकती थी।

वह कैप्टन विश्वनाथन के पास पहुँचा और उसे अपना फ़ैसला सुनाया। कैप्टन विश्वनाथन ने पृथ्वी के फ़ैसले पर मोहर लगाई और उसे हिम्मत बँधाते हुए कहा कि आर्मी के ट्रक से उसके श्रीनगर से पठानकोट पहुँचने तक का इन्तज़ाम वह कर देगा। आश्वस्त होकर पृथ्वी घर लौट आया।

घर आकर पृथ्वी ने अम्बरनाथ को बताया कि वह आगे की पढ़ाई के लिए इलाहाबाद जाना चाहता है। अम्बरनाथ ने उसे गले से लगा लिया और फ़ौरन ज़रूरी इंतज़ाम करने शुरू कर दिए। कुछ ही दिन बाद उस तयशुदा दिन की पौ फटते ही आर्मी का एक ट्रक पृथ्वी की गली के बाहर आ खड़ा हुआ। ड्राइवर ने गली में अन्दर आकर पृथ्वी के घर का दरवाज़ा खटखटाया तो पृथ्वी और अम्बरनाथ ने सामान सँभाला। पृथ्वी जा रहा था इसलिए दुर्गा को भी दो दिन पहले ही ससुराल से बुलवा लिया गया था। पृथ्वी के ही साथ रतनलाल का बेटा शिबन भी आगे की पढ़ाई के लिए इलाहाबाद जा रहा था। इसलिए शिबन और रतनलाल भी रात में ही आकर अम्बरनाथ के यहाँ ठहर गये थे। दुर्गा और जिगरी से गले मिलकर पृथ्वी ने अपना सन्दूक़ और बिस्तरबन्द में लिपटा बिस्तर उठाया। ट्रक की ओर चला। एक ऊनी चादर ओढ़कर अम्बरनाथ भी उसके साथ बाहर आ गया। उनके पीछे अपना सन्दूक़ उठाये शिबन और उसका बिस्तर उठाये रतनलाल था। सबसे पीछे दुर्गा और जिगरी थे।

पृथ्वी ने सामान पीछे ट्रक में रखा तो देखा दुर्गा खड़ी सुबक रही थी। वह पास आया और उसके कन्धे पर हाथ रखा, "पगली...मैं जल्दी लौटूँगा।" दुर्गा उससे लिपटकर रोने लगी। पल्लू से अपनी नम आँखें पोंछते हुए काँपती आवाज़ सँभालते जिगरी ने दुर्गा से कहा, "नहीं बेटी...रोते नहीं...तेरा भाई शुभ काम के लिए जा रहा है...इल्म के लिए जा रहा है...मुस्कराकर उसे विदा कर।" फिर पृथ्वी को गले से लगाकर उसका माथा चूमकर जिगरी ने कहा, "जाओ बेटा...स्वस्थ रहो...तुम्हें लोमश ऋषि की आयु मिले।"

पृथ्वी को आगे की पढ़ाई के लिए लाहौर भेजना अम्बरनाथ का सपना था। यह सपना अब इलाहाबाद जाकर ही पूरा किया जा सकता था। आज जब सपना सच होता दीख रहा था तो अम्बरनाथ ने खुद को भीतर कमज़ोर पाया। टाँगों की ओर से ठंड की झुरझुरी देह में ऊपर को आ रही थी। नवम्बर के इस

महीने में उन्हें पाले का अहसास हो रहा था। पृथ्वी अन्त में जब रुखसत लेने अम्बरनाथ की ओर बढ़ा तो अम्बरनाथ का गला रुँध चुका था। शब्द मानो ठंड में जम चुके थे। वे शब्द अम्बरनाथ के मन की ढलवाँ छत से शिशरगाँठों* की भाँति लटके थे। उन शिशरगाँठों को लिए अम्बरनाथ ख़ामोश खड़ा था। काश कि वे पिघलकर बाहर आ पाते। सूखे आँसुओं के सैलाब में अम्बरनाथ ने पृथ्वी को सीने से लगा लिया। फिर जेब से निकाल कर रुद्राक्ष की एक माला उसके हाथ में दी और कुछ बुदबुदाया। शायद कहना चाह रहे थे कि इसे हमेशा साथ रखना। पृथ्वी की आँखें भी अब सूखी न रह सकी थीं। तभी दुर्गा "भैया अभी ठहरना..." कहकर गली की और दौड़ गयी। फिर भीतर से एक थैला लेकर उलटे पाँव दौड़ी आयी, "ये...ये...ये थैला तो भूल ही गये थे...थोड़े रोठ हैं...रास्ते के लिए।"

"अरे!" जिगरी के मुँह से निकला, "हाँ हाँ, इसे सँभालकर रख ले...काम आएँगे।'' पृथ्वी ने थैला थामा और ट्रक की ओर बढ़ा। एक थैला तो जिगरी ने बहुत प्यार और इसरार के साथ सन्दूक में रखवा ही दिया था जिसमें वारिमुठ और उसकी प्रिय मशक्राय• रखी थी जो रतनलाल ने पहलगाँव से मँगवाई थी। अब अम्बरनाथ ने खुद को सँभाला और आगे बढ़ा। फिर शिबन और पृथ्वी ने अपने भाई जी को कहते सुना, "खुश रहो बच्चो...घर से दूर एक-दूसरे का सहारा बनना।"

ट्रक स्टार्ट हुआ। पृथ्वी ने दूर होते-होते उन्हें तब तक देखा जब तक कि ट्रक मुड़ती सड़क पर न आ गया। बाहर अँधेरा था। सफ़र लम्बा था इसलिए कुछ ही देर बाद पृथ्वी और शिबन ने अपने-अपने बिस्तरबन्द खोलकर ट्रक में बिस्तर बिछाया और लेट गये। पर आँखों में नींद की कोई दूर से आती आहट भी नहीं थी। हिचकोले खाते बिस्तर पर पड़े-पड़े पृथ्वी ने शिबन की ओर देखा तो वह दूसरी ओर करवट ले चुका था।

हल्की-हल्की धुँधलाई-सी रोशनी खिल रही थी और ट्रक दौड़ा चला जा रहा था। फिर अचानक ट्रक रुका तो ड्राइवर ने कहा, "काज़ीगुंड है। यहाँ चाय पी लेते हैं।" चाय पीकर शिबन और पृथ्वी फिर अपने-अपने बिस्तरों में घुस गये और ट्रक चल पड़ा।

काज़ीगुंड को विदा कहकर जैसे ही ट्रक ने स्पीड पकड़ी पृथ्वी उठ बैठा। उसने बाहर देखा। ट्रक दौड़ा चला जा रहा था। उसे उसकी ज़मीन से ठीक उल्टी

---

*बर्फ़बारी में घर की छतों से लटकी जमी हुई बर्फ़ की छड़ियाँ •दूध को सुखा-सुखा कर बनाई गई टिकियाँ जिन्हें तलकर या सब्ज़ी की तरह पकाकर खाते हैं

दिशा में लेकर। उसका कश्मीर छूटा जा रहा था उससे। ट्रक की ही गति से हाथ से फिसलता हुआ-सा। क्षणभर को उसे लगा मानो वतन क्या ज़िन्दगी छूटी जा रही है। उसने हाथ बढ़ाकर उसे रोकना चाहा था। आँखें नम हो आयी थीं। धीरे-धीरे दायाँ हाथ बढ़ाया तो लगा जवाब में उस ओर से भी हाथ बढ़ते चले आ रहे हैं। एक के बाद एक, असंख्य। बस एक ही आवाज़ के साथ, "रोटी दो...रोटी दो।" उसके पास देने के लिए कुछ नहीं था। उसने अपना हाथ वापस खींच लिया। हाथ में कुछ होता तो आज अपना घर-परिवार, अपना कश्मीर छोड़कर वह उल्टी दिशा में क्यों जा रहा होता!

यह सब सोचता पृथ्वी उदास मन लिये पठानकोट पहुँचा। वहाँ पृथ्वी और शिबन ने आर्मी के उस ट्रक को अलविदा कहा। पठानकोट के स्टेशन से वह ट्रक अपने गन्तव्य की ओर चला तो पृथ्वी ने उसे ऐसे देखा मानो अपनों से जुड़ा कोई आखिरी सहारा भी छूटा जा रहा हो!

पठानकोट से पृथ्वी और शिबन दिल्ली की ट्रेन में सवार हुए और अगले दिन दिल्ली पहुँचे। दिल्ली उनका मात्र एक पड़ाव था। सप्ताह भर ठहरने के बाद उन्हें इलाहाबाद की दिशा में आगे बढ़ना था। शिबन के एक दोस्त कन्हैया लाल ऐमा ने उन दोनों को आर्य समाज रोड स्थित 'मद्रास होटल' में ठहराया जो बस नाम का होटल था। एक बहुत बड़े मकान में दक्षिण भारत से दिल्ली आये लोगों की व्यवस्था में चलने वाले इस होटल के एक कमरे में पृथ्वी व शिबन दोनों साथ-साथ ठहरे। अगले दिन जब इलाहाबाद की टिकट की बात चली तो पृथ्वी ने बताया कि उसे इलाहाबाद नहीं बम्बई जाना है। शिबन को काटो तो ख़ून नहीं! एक तो अकेले इलाहाबाद जाकर रहने का डर ओर दूसरा श्रीनगर में मुँह क्या दिखाऊँगा का ख़ौफ। उसने पृथ्वी को समझाना चाहा पर पृथ्वी अपनी ज़िन्दगी की दिशा तय कर चुका था। उसने शिबन से कहा कि तुम अपनी रवानगी का इन्तज़ाम करो, मेरी फ़िक्र छोड़ दो।

शिबन कन्हैया लाल के यहाँ पहुँचा और उसे यह दास्तान कह सुनायी। कन्हैया लाल के पिता ऐमा साहब दिल्ली में ही उर्दू अख़बार 'मिलाप' में कार्यरत थे। बात उन तक भी पहुँची। वे अम्बरनाथ और उसके परिवार से परिचित थे। पृथ्वी को भी जानते थे। कुछ वर्ष पूर्व ही श्रीनगर से दिल्ली आये थे। श्रीनगर और दिल्ली क्या वो ज़माने की ख़बर रखते थे। उन्होंने फ़ौरन अपनी साइकिल उठाई और शिबन के साथ पृथ्वी को घेरने मद्रास होटल पहुँचे। पृथ्वी चादर तानकर सो रहा था। उसे उठाया और इंडिया गेट दिखाने के बहाने अपनी साइकिल के पीछे बैठाकर ले आये।

इंडिया गेट देखने के बाद दोनों वहीं घास में बैठ गये। पास से गुज़रते एक चने वाले से दो पुड़िया चने लेकर खाने लगे। बात ऐमा साहब ने शुरू की, "तो बरखुरदार, इलाहाबाद में कोई जानकार है क्या? वर्ना मैं दो-एक लोगों के पते दे दूँगा। मददगार रहेंगे।"

पृथ्वी को अपने इरादों की पोटली खोलनी ही पड़ी। ऐमा साहब तो पहले से ही जानते थे, बस उसके मुँह से सुनना चाहते थे। उन्होंने पृथ्वी को समझाया, "तुम्हारी जिगरी और भाई जी ने तुम्हें किसी मुक़ाम पर देखने के लिए क्या नहीं किया! दो-दो ज़िन्दगियाँ निसार हुई हैं तुम बच्चों को पालने के लिए और तुमने इतनी छोटी बात सोची! क्या तुमने सोचा तुम्हारे उस सरपरस्त अम्बरनाथ पर क्या गुज़रेगी?"

पृथ्वी ने जब ख़्वाज़ा अहमद अब्बास के न्यौते का ज़िक्र किया तो ऐमा साहब आग-बबूला हो गये, "तुम्हें क्या लगता है कि तुम बम्बई पहुँचोगे नहीं और लोग तुम्हें हाथों-हाथ लेंगे? स्क्रिप्ट लिखना क्या तुम तो शायद सीधे पृथ्वीराज कपूर और सोहराब मोदी बनने के ख़्वाब देख रहे होगे। अरे ऐसे तो जाने कितने ख़्वाब बम्बई की फुटपाथों पर रोज़ ही दम तोड़ देते हैं। यह एक चक्रव्यूह है...चक्रव्यूह...जो कम से कम तुम्हारे लिए तो नहीं है। और अपने बुजुर्गों को अँधेरे में रखकर, उनके साथ धोखा करके, उनकी बद्दुआ लेकर तुम पनप पाओगे? यह खुदगर्ज़ी है। हिमाक़त है।" फिर ऐमा साहब उठ खड़े हुए, "और अगर तय कर ही लिया है कि बम्बई ही तुम्हारी मंज़िल है तो पहले श्रीनगर लौट जाओ। अम्बरनाथ को खुद यह फ़ैसला सुनाओ। तब कहीं जाना। बाक़ी तुम्हारी मर्ज़ी।" अपनी पतलून झाड़ते हुए ऐमा साहब साइकिल की ओर बढ़ गये। अम्बरनाथ भी सिर झुकाए उनके पीछे चला आया।

'मद्रास होटल' की कड़ियाँ गिनते हुए पृथ्वी ने रात भर यही सोचा कि वह जो करने जा रहा है क्या सही है! कभी तो भाई जी और जिगरी का सामना करना होगा, तब क्या कहेगा? माना कि केदारनाथ उसके पिता थे पर बचपन से अम्बरनाथ के साये में ही वह पला बढ़ा, उन्हीं की उँगली पकड़-पकड़कर चलना सीखा है। केदारनाथ तो सप्ताहान्त में ही घर लौटते थे और उस दौरान भी घर-परिवार की ज़िम्मेदारियों से निर्लिप्त से ही रहते थे। सोचने पर केदारनाथ की जो पहली तस्वीर पृथ्वी के ज़हन में एक झटके से फ़ौरन आयी वह थी उनका अपने कमरे की खिड़की के पास बैठकर आराम से हुक़्क़ा गुड़गुडाना। घर-परिवार को तो अम्बरनाथ और जिगरी की साझा मेहनत और स्नेह ने सींचा था।

पृथ्वी को हैरानी हुई कि यह दुनिया उसे समझ क्यों नहीं पा रही है! उसने इलाहाबाद जाने से या आगे पढ़ाई जारी रखने से तो 'ना' नहीं की है। बात सिर्फ़

थोड़े वक्त में ज़्यादा पैसा कमाने की है जिससे वह भाई जी और जिगरी पर अतिरिक्त बोझ न डाले। यह झूठ भी तो उसने घर की भलाई के लिए ही बोला है। पर रह-रह कर ऐमा साहब का तमतमाया चेहरा याद आ रहा था। क्या ऐमा साहब ख़ामोश बैठे रहेंगे? क्या वे भाई जी तक यह बात नहीं पहुँचाएँगे? और अगर ऐसा हुआ तो? भाई जी क्या करेंगें? वे उसे अपनी ज़िन्दगी और घर से बेदख़ल कर देंगे? नहीं वे उसे खोजते बम्बई आ पहुँचेगे। फिर उसे बम्बई में टिकने थोड़ी देंगे। भाई जी ने उसकी ज़िन्दगी को बड़े कामों के लिए नामज़द किया है। बम्बई और सिनेमा वाले उस फ़ेहरिस्त में ग़लती से भी नहीं आ सकते थे। पर अभी वह इलाहाबाद जाने का मन भी तो नहीं बना पा रहा था। इलाहाबाद कुछ दूर भी था। तब वह क्या करे? इसी कतर-ब्यौंत में रात गुज़र गयी। अपना फैसला पृथ्वी ने सबसे पहले सूरज की पहली किरन को ही सुनाया। उसने तय किया कि अभी वह बम्बई नहीं जाएगा। इलाहाबाद जाना तो पहले ही रद्द हो चुका था। सो यही तय हुआ कि कुछ दिन दिल्ली में ही टिक कर वह नौकरी तलाश करेगा और अपने पैरों पर खड़ा होगा। उसके बाद ही वह पढ़ाई शुरू करने का फ़ैसला लेगा। साथ ही यह भी तय हुआ कि जल्दी ही एक ख़त लिखकर वह भाई जी को खुद यह सब लिख भेजेगा और झूठ बोलने के लिए माफ़ी माँग लेगा। पृथ्वी को पूरा भरोसा था कि भाई जी उसे माफ़ कर देंगे। उसी दिन उसने भाई जी को वो ख़त लिखा। और पृथ्वी अब जीवन के लम्बे बीहड़ रास्तों पर निकल पड़ा।

शिबन ने इलाहाबाद की राह पकड़ी तो पृथ्वी अपना सामान लेकर एक अन्य कश्मीरी युवक दामोदर के साथ आनन्द पर्वत में रहने लगा। यहाँ काफ़ी ऊँचाई पर अंग्रेज़ पलटन द्वारा खाली किये गये आर्मी के बैरेक्स थे जिनके लम्बे-लम्बे कमरों में कई परिवार रहते थे। खाना ये लोग कमरों के बाहर बरामदे में बनाते थे और जन सुविधाएँ काफ़ी दूर थीं।

श्रीनगर में भी पृथ्वी बहुत समृद्धि के माहौल में तो नहीं रहा था पर यहाँ की कठिनाइयाँ और भाषा, खान-पान व तौर-तरीकों का फ़र्क़ उसके उदास मन पर वापस जाने के दबाव डाल रहा था। मगर वह डटा हुआ था क्योंकि उसे कुछ कर दिखाना था। अभी जेब में पैसे भी थे। तभी एक उर्दू के अख़बार में उसने ओखला के पास स्थित मक़तब-ए-जामिया में नौकरी का एक इश्तिहार देखा। अगले ही दिन सुबह उसने आनन्द पर्वत से जामिया के लिए कूच किया। दिल्ली में बसें बहुत कम थीं। फिर यह शहर और इसके मोड़-तोड़ पृथ्वी के लिए पूरी तरह अनजाने थे। सो लोगों से बसों के बारे में और जामिया जाने वाले रास्ते के बारे में पूछता-पूछता पृथ्वी चलता चला गया, चलता चला गया, चलता चला गया। रास्ते

में एक-आध जगह सुस्ताकर पानी पिया, चाय पी। फिर आगे बढ़ा। मुख़्तसर यह कि पृथ्वी आनन्द पर्वत से पैदल चलता-चलता ही दोपहर बाद मक़तब-ए-जामिया पहुँचा।

वहाँ इश्तिहार दिखाकर बात शुरू की तो कुर्सी पर बैठे एक शख़्स ने काम के तजुर्बों से सम्बन्धित कुछ सवाल-जवाब किये। पृथ्वी उर्दू और अंग्रेज़ी के अख़बारों में छपे अपने लेखों आदि की कतरनें साथ ले गया था। सो उनकी फ़ाइल आगे कर दी। तभी काला चश्मा, काली टोपी, अलीगढ़ी सफ़ेद पायजामें पर काली शेरवानी और चेहरे पर फ्रेंचकट दाढ़ी लिये एक शख़्स वहाँ दाखिल हुए और पास आकर बैठ गये। सबने उन्हें आदाब किया। फ़ाइल फ़ौरन उनकी ओर कर दी गयी। पृथ्वी को वह चेहरा कुछ परिचित-सा तो लगा मगर वह सही पहचान तक पहुँच न पाया। उस काले चश्मे वाले शख़्स ने कुछ कतरनों को देखने के बाद मुस्कराकर कहा, "अच्छा लिखते हो। कहाँ...कश्मीर से हो?"

"जी...श्रीनगर से।"

"फ़सीह* ज़बान लिखते हो...अंग्रेज़ी भी अच्छी जानते हो... तुम यहाँ काम कर सकते हो। चाहो तो कल से ही आ जाना।" कह कर काले चश्मे वाले शख़्स ने कतरनों की फ़ाइल मेज़ पर रखी और एक कोने में खड़ी अलमारी में कुछ ढूँढ़ने लगे।

पृथ्वी को विश्वास ही नहीं हो पा रहा था कि उसे दिल्ली में कोई नौकरी मिल गयी है। अपनी फ़ाइल समेटते हुए उसने कुर्सी पर बैठे शख़्स से पूछा, "जनाब, मैं कल से आ सकता हूँ क्या?"

"अरे भई ज़ाकिर साहब ने खुद कहा है तो अब शुब्हा कैसा!" कुर्सी वाले शख्स के मुँह से काले चश्मे वाले के लिए ज़ाकिर साहब नाम सुनते ही पृथ्वी के ज़हन में मानो एक ज़ोरदार घंटी-सी बजी। ज़ाकिर साहब... मकतब-ए-जामिया में ज़ाकिर साहब ! कहीं ये डॉ. ज़ाक़िर हुसैन तो नहीं? तालीम के माहिर डॉ. ज़ाकिर हुसैन! पृथ्वी के ज़हन में उनके कई लेख घूम गये पर सबसे आगे खड़ी थी बच्चों के लिए लिखी गयी उनकी कहानी 'बकरी'। जब-जब पृथ्वी ने यह कहानी पढ़ी या पढ़ाई थी उसे रोमांच हो आया था उस हिम्मतवर बकरी पर जिसने सारी रात अकेले डट कर अपना गाँव बचाने के लिए शेर का मुकाबला किया था। यहाँ बकरी थी गुलाम हिन्दुस्तान और शेर था साम्राज्यवादी अंग्रेज़। आज मकतब-ए-जामिया के एक कमरे में उस कहानी के लेखक डॉ. जाक़िर हुसैन को सामने पाकर वह फिर रोमांचित हो उठा, मानो 'बकरी' एक बार फिर

---

*परिष्कृत

पढ़ ली हो। फ़ाइल सीने से चिपकाए वह धीमे और कुछ-कुछ सहमे कदमों से ज़ाकिर साहब की ओर बढ़ा। उनके क़रीब पहुँचकर ठहरा। वे अलमारी के पल्लों के लगभग बीचोंबीच खड़े एक मोटी-सी किताब के पन्ने पलट रहे थे। उन्होंने चेहरा घुमाकर पृथ्वी की ओर देखा मानो पूछ रहे हों, "हाँ कहो।"

"आदाब अर्ज़ है जनाब," पृथ्वी के मुँह से निकला।

"तुमसे तो अभी बात हुई है, " ज़ाकिर साहिब ने पृथ्वी के आदाब पर कुछ हैरान होते हुए कहा। पर पृथ्वी ने तो ज़ाकिर साहब को अब आदाब किया था। वह पहला आदाब तो मकतबा-ए-जामिया के किसी आला अफ़सर को किया गया आदाब था। अचकचाते हुए उसने कहा, "जी मैंने...मैंने आपको पढ़ा है... वो...वो 'बकरी' भी।"

"अच्छा अच्छा," ज़ाकिर साहब मुस्कराए। "मेरा लिखा क्या...तुम्हारे मज़मून देखकर समझ आता है कि तुमने काफ़ी पढ़ा है। अभी नौजवान हो...और पढ़ो...।" उन्होंने अलमारी के पल्ले बन्द किये और मोटी किताब बगल में दबाकर निकल गये।

वापसी में पैदल नहीं बल्कि बसें बदल-बदल कर पृथ्वी शाम को देर से घर पहुँचा। अँधेरा घिर चुका था। दामोदर कमरे में नहीं था। इतनी थकान थी कि पृथ्वी आकर बिस्तर पर पड़ गया। यहाँ कौन अपना था जो चाय को पूछता? काश जिगरी पास होती तो कुछ न कुछ तो इस थकान में भी खिला ही देती! उसे याद आया जब वह मैट्रिक में था और एक शाम काफ़ी थका- टूटा घर पहुँचा था तो सीधे अपने कमरे में जाकर बिस्तर की शरण ली थी। उसमें इतनी भी हिम्मत नहीं बची थी कि खाना खाने के लिए उठकर बैठता, हाथ धोता। पर जिगरी ने उसे खाली पेट सोने न दिया था। वह थाल में भोजन लेकर उसके कमरे में आ गयी थी और उसे जबरन उठाकर बिस्तर में बैठे-बैठे ही बच्चों की तरह अपने हाथ से खिलाया था। फिर नींद में ही गीले तौलिये से उसका मुँह भी पोंछा था। पर आज पृथ्वी अपनी थकान में भूख मिलाकर चबा-चबा कर खाते हुए तभी सो गया था। सोते हुए उसकी दायीं आँख से गर्म आँसू की एक बूँद टपककर कान की तरफ़ लुढ़की थी। बायीं आँख ने अपनी गर्म बूँद को शायद सँभाल लिया था।

पृथ्वी सुबह उठा और बिस्तर से पाँव उतारकर नीचे ज़मीन पर रखे तो कराह उठा। दोनों पैरों में छाले थे। मगर क्यों? कैसे? तब उसे याद आया कि कल वह आनन्द पर्वत से जामिया मिल्लिया पैदल पहुँचा था। दामोदर ने ऐसे में बहुत मदद दी। पृथ्वी को ठीक होने में लगभग पन्द्रह दिन लग गये। उसने सोचा था कि

मकतब-ए-जामिया की नौकरी अब जाती रही। पर पन्द्रह दिन बाद पहुँचा और उन्हें वस्तुस्थिति बताई तो उन्होंने फ़ौरन उसे काम पर रख लिया। तो इस तरह पृथ्वी को दिल्ली में पहली नौकरी मिली।

यहाँ पृथ्वी को उर्दू में काम करना होता था। कभी प्रूफ़ पढ़ता, कभी किसी ख़त का मज़मून तैयार करता। साथ ही फ़ाइलों के रख-रखाव का ज़िम्मा भी धीरे-धीरे पृथ्वी पर आने लगा था। ज़ाकिर साहब को अपने छोटे-बड़े काम बेझिझक खुद ही करते देख पृथ्वी को आश्चर्य होता था। उस माहौल में उसने जाना कि काम के साथ-साथ भी पढ़ाई जारी रखी जा सकती है। ज़ाकिर साहब भी पृथ्वी को आगे पढ़ने के लिए उत्साहित करते ही थे। साथ ही रास्ते भी बताते थे। सो पृथ्वी भी काम के साथ-साथ पढ़ाई-जारी रखने का मन बनाने लगा। इलाहाबाद एक दूर का सपना लगने लगा था।

पृथ्वी ने सुना था कि जामिया से कुछ ही आगे ओखला है जहाँ लोग मछली पकड़ने जाते हैं। एक दिन दोपहर में जब बाक़ी लोग खाना खाने बैठे, वँह ओखला की ओर चल दिया। खाने की उसे चिन्ता नहीं थी क्योंकि वह सुबह पेट भर कर निकलता था और फिर रात में वापस डेरे पर पहुँच कर ही खाता था। ओखला के रास्ते में उसे दूर-दूर तक फैले खेत दिखे। एक खेत में उसे पत्तों वाली एक पैदावार दिखी जो कुछ जानी-पहचानी-सी लगी। वह तेज़ी से खेत में पहुँचा और उन पत्तों को पास से छूकर देखा। आँखों में चमक के साथ उसने होंठों में बुदबुदाया, 'सौच़ल' ! हालाँकि यह उतनी नफ़ीस और नर्म नहीं थी। बल्कि कहा जा सकता था कि कुछ-कुछ जंगली थी पर उस सौच़ल के हरे पत्तों वाले खेत में खड़े होकर उसका जी चाहा था कि बाँहें फैलाकर आसमान से बातें करे। कितने महीनों बाद उसे कश्मीर का यह साग दिखा था। जिगरी इसमें तले बैंगन डालकर बनाती थी। उसने महसूस किया कि मुँह में मानो अमृत-सा घुल गया हो। तभी पीछे से खेत के माली की आवाज़ ने रसभंग किया, "क्या देख रहे हैं बाबू जी?"

"ये...ये... साग...पत्ते...बहुत है यहाँ।" पृथ्वी ने अचकचाकर कहा।

"हाँ बाबू जी...जंगली हैं...घोड़े खाते हैं इसे।"

घोड़े! सोचा पृथ्वी ने कि ऐसा क्यों है? उसे याद आया कि उसने सुना था कि सौच़ल का बीज तुख़्मे खबाजी कहलाता है जो कब्ज़ की दवा भी है। शायद इसीलिए यहाँ यह जंगली सौच़ल घोड़ों को देते होंगे। पर घोड़ा शब्द सुनते ही पृथ्वी के मुँह पर अचानक ताला पड़ गया। वह उस माली को बताना चाहता था कि कश्मीर में इस साग को बहुत स्वादिष्ट तरीक़े से पकाकर खाया जाता है

और यह भी कि इसे वह यहाँ दिल्ली में पहली बार देखकर कितना खुश हुआ, पर घोड़े की बात सुनकर उसके शब्दों पर साँकल लग गयी। मन मारकर वह ख़ामोशी से आगे निकल गया। मगर उस सौचल ने दिन में क्या रात में भी उसका पीछा न छोड़ा। सपने में भी वह काँसे के थाल में रखे भात के एक छोटे से टीले के ऊपर परोसी गयी सौचल उस टीले के भात में मिलाकर खा रहा था। जितना वह खाता जा रहा था उतना ही जिगरी और परोसती जा रही थी। सुबह उठा तो उसने खुद को ज़रा परेशान-सा पाया। अपनी इस हालत पर उसे दयनीय हँसी आयी और उसने खुद को दुत्कारा भी कि क्या बचपना कर रहा है! मगर उस मन का क्या करता जो लगातार सौचल और तले बैंगनों में अटका हुआ था!

उसने दामोदर का कपड़े का एक बोरीनुमा बड़ा-सा थैला तह करके अपनी जेब में रख लिया। फिर दफ़्तर से दोपहर में ही छुट्टी लेकर ओखला की ओर चल दिया। उसी खेत में जाकर माली की नज़र बचाकर ढेर सारी सौचल काटी और थैले में भरी। जब थैला ठुँस गया तो दफ़्तर से लाई ऑलपिनों से उस बोरी का मुँह बन्द किया। उसे उठाया और बस स्टॉप की ओर चल दिया।

उसने तो नहीं पर उसके अवचेतन ने शायद तय कर लिया था कि आज उसे इसी साग से भात खाना है पर पकाना तो जानता न था। सो उसने वहाँ से 18 नंबर की बस ली और रेलवे स्टेशन पहुँचा। वहाँ से वह सौचल भरी बोरी उठाये तीस हज़ारी की ओर पैदल चल दिया। यहाँ जुत्शी साहब का परिवार रहता था जो अम्बरनाथ के परिचित थे। वह पहले भी एक बार उनके घर हो आया था। जुत्शी साहब के यहाँ फिर सौचल और बैंगन बने। पृथ्वी ने खाना खाया और एक छोटे टिफिन के डिब्बे में अगले दिन के लिए थोड़ी सब्ज़ी लेकर देर रात को वहाँ से रवाना हुआ। आज उसे और ज़ोर से यह एहसास हुआ कि अपनी ज़मीन, अपना खानपान, अपनी भाषा जीवन में कितना महत्त्व रखते हैं! जो सौचल कश्मीर में आसपास फुदकती गौरैया या चींटी की तरह आम थी उसके लिए दिल्ली में यह दीवानगी देखकर पृथ्वी हैरान भी था और भीतर से पुलकित भी।

आनन्द पर्वत से जामिया मिल्लिया का रोज़ का सफ़र पृथ्वी को भारी पड़ रहा था। वह दामोदर से अलग भी नहीं होना चाहता था क्योंकि दोनों मिलकर ही सुबह-शाम के खाने का इन्तज़ाम किया करते थे। उसकी यह दिक़्क़त उसके दफ़्तर में भी लोग समझते थे। सो ज़ाकिर साहब की ही सिफ़ारिश से सात महीने बाद उसे उर्दू के अख़बार 'मिलाप' में नौकरी मिल गई।

'मिलाप' का दफ़्तर कनाट प्लेस में सिनेमा हाल ओडियन के पीछे था। उर्दू के साथ-साथ पृथ्वी का अंग्रेज़ी पर भी अधिकार था सो उसे यहाँ अंग्रेज़ी से

उर्दू के अनुवाद का कार्य सौंपा गया। 'मिलाप' के बहुत से अख़बारनवीस शायरी भी करते थे। उस मायने में पृथ्वी का मन यहाँ ज़्यादा रमा। फिर ओडियन में केदारनाथ के दोस्त का साला बृजनाथ टिकट चेकर था। सो जब पृथ्वी का मन ऊब रहा होता या घर जल्दी लौटने का नहीं होता तो वह बृजनाथ के पास पहुँच जाता। उसकी मार्फ़त मुफ़्त में फ़िल्म भी देख लेता था। बृजनाथ पृथ्वी को ऊपर बॉक्स में भेज देता था जहाँ कोई टिकट जाँचने नहीं आता था। बॉक्स में अकेले ठाठ से पृथ्वी फ़िल्म देखता था। नायिका पुष्पा हंस पृथ्वी को इतनी पसन्द आयी कि उसकी 'अपना देश' फ़िल्म उसने मुफ़्त में सात-आठ बार देख डाली। कामिनी कौशल या नलिनी जयवंत की फिल्में होतीं तो वह हर दूसरे दिन ओडियन पहुँच जाता।

जामिया मिल्लिया के ज़माने में ही पृथ्वी ने प्राइवेट बी.ए. की पढ़ाई शुरू कर दी थी। बी.ए. के पहले वर्ष की परीक्षा देते ही पृथ्वी कश्मीर लौटा। अब तक पृथ्वी उम्र का चौबीसवाँ साल पूरा कर चुका था। उसकी उम्र और घर से दूर रहने की कठिनाइयाँ मद्दे नज़र रखते हुए अम्बरनाथ ने उसकी शादी करने का फ़ैसला लिया।

एक दिन खाना खाते हुए अम्बरनाथ ने शबरी से पृथ्वी की शादी का ज़िक्र किया तो मानो ये दस्ताने तो वह कब से बुन रही थी। उसने अपनी एक सहेली की मेधावी पढ़ी-लिखी कमलनाल-सी बेटी मोहिनी के नाम की फ़ौरन पेशकश की। मोहिनी ने बहुत पहले से उसका मन मोह रखा था। अम्बरनाथ भी उस परिवार से परिचित था। पृथ्वी लगभग दो साल बाद लौटा था। अगली बार लौटने में कितने साल लगें यह अनिश्चित था। सो इन्हीं छुट्टियों में उसकी शादी मोहिनी से करने का निर्णय लिया गया।

अम्बरनाथ ने पूरी तरह लोकतान्त्रिक विचारों का परिचय देते हुए पृथ्वी से पूछा कि क्या वह लड़की देखना चाहेगा। पृथ्वी को अपने भाई जी और जिगरी के फ़ैसले पर पूरा भरोसा था। फिर पहली बार जब पृथ्वी ने शादी के बाद मोहिनी को रू-ब-रू देखा तो उसके इस विश्वास की और तराई हो गई।

शादी हुए लगभग बीस दिन ही हुए थे कि पृथ्वी के दिल्ली लौटने का समय आ पहुँचा। शादी के फ़ौरन बाद पृथ्वी ने मोहिनी को अपने साथ दिल्ली लाना ठीक न समझा। दिल्ली में गृहस्थी बसाना उसे मुश्किल लगा। अब तक वह दामोदर के साथ एक ही कमरे में रह रहा था। मोहिनी को ले जाने से पहले उसे एक अदद मकान ढूँढ़ना था। इसलिए पहले अकेले ही दिल्ली जाकर मकान ढूँढ़ना और मोहिनी को साथ ले जाने की स्थितियाँ तैयार करना उसे ज़रूरी लगा।

अभी अलग से किराये का मकान लेकर गृहस्थी बसाने की उसकी हिम्मत नहीं थी। फिर उसे यह भी लगा कि मोहिनी को कुछ दिन भाई जी और जिगरी के पास भी रहना चाहिए। कुछ अनिश्चित सी मनःस्थिति में एक दिन रात को पृथ्वी ने मोहिनी से जब अपने दिल की बात कही तो उसने पाया कि वह सिर्फ़ अट्ठारह साल की लड़की एक साथ कितनी संवेदनशील और समझदार है। एक मिले-जुले फैसले के तहत मोहिनी भाई जी और जिगरी के पास ही रही। पृथ्वी ने भाई जी और जिगरी से एक साल बाद मोहिनी को साथ ले जाने की मोहलत माँगी और वह दिल्ली लौट गया।

मोहिनी के लिए इस नये परिवार का माहौल बहुत भिन्न मगर अपनेपन से सराबोर था। भाई जी और जिगरी अपने जूठे बर्तन उससे नहीं उठवाते थे। भोजन के बाद भाई जी की थाली उठा कर ले जाना चाहते हुए भी वह ऐसा नहीं कर पाती थी। भाई जी फ़ौरन टोकते थे, "अपनी थाली सब खुद ही उठाएँगे। ऊपर वाले ने सभी को दो हाथ दिए हैं।" यहाँ तक कि वे उसे पृथ्वी की जूठी थाली उठाने पर भी टोकते थे। ऐसा चलन मोहिनी ने न अपने मायके में देखा था न रिश्तेदारों में।

सर्दियों में रात को उसने भाई जी और जिगरी के बिस्तर तैयार करना शुरू किया। रज़ाइयाँ ऊपर के कमरे से लाती। फिर उन्हें बिस्तर पर तीन तरफ़ से अन्दर को मोड़ती, ऊपर मोटी ऊनी चादर डालकर उसे भी तीनों तरफ़ मोड़ कर रज़ाई के अन्दर करती। एक-दो दिन ही कर पाई थी कि भाई जी ने बुलाकर कहा, "ये कब्रें बनाने की कोई ज़रूरत नहीं है। इससे तो हम ज़्यादा ही आराम-पसन्द हो जाएँगे।"

मोहिनी ने कहना चाहा था, "भाई जी मैं भी तो आपकी कुछ सेवा..."

"सेवा करना चाहती हो तो ज़रूर करो। रज़ाई ऊपर से लाकर कमरे में रख दिया करो बस। अपनी कब्रें हम खुद ही बना लिया करेंगे।" पहले तो मोहिनी कुछ अजीब सी हो गयी पर पास खड़ी जिगरी को मुस्कराते पाया तो वह इस बात को लेकर आश्वस्त हुई कि यह फटकार नहीं पुरानी व्यवस्था पर कटाक्ष ही है।

मोहिनी मैट्रिक पास थी। उसका पढ़ाई में रुझान देख अम्बरनाथ ने उसे आगे की पढ़ाई जारी रखने की सलाह दी। फिर जिगरी उन सासों में से तो थी नहीं जो बहू से दिन भर कहवा बनवाती, दाल-चावल साफ़ करवाती और रात में अपने पाँव दबवाती। सोचा गया कि मोहिनी भी इन्तज़ार के इस साल भर में लगे हाथ एफ.ए. कर ले। देखते ही देखते एक साल बीत गया।

मोहिनी का एफ.ए. का नतीजा इतना अच्छा रहा कि उसे वसन्ता स्कूल में लड़कियों को पढ़ाने की पेशकश हुई। जिस स्कूल में वह पढ़ी थी उसी में पढ़ाने जाना एक ऐसा आकर्षण था कि वह मना न कर सकी।

अगले साल पृथ्वी आया तो मोहिनी को नौकरी मिल चुकी थी। एक महीना रहकर पृथ्वी ने साल भर की मोहलत और माँगी जिससे वह अपना बी.ए.पूरा कर सके। मोहिनी का मन भी नौकरी की बाट देख रहा था। अत: अम्बरनाथ को यह अखरा नहीं। सो पृथ्वी इस बार भी अकेला ही दिल्ली लौट गया।

तभी पृथ्वी को एक अंग्रेज़ी अख़बार में नौकरी का इश्तिहार दिखा तो उसने फ़ौरन वहाँ अर्ज़ी भेज दी। इंटरव्यू हुआ और उसे नौकरी मिल गयी। केन्द्रीय सचिवालय में 115 रु. प्रति माह पर एल.डी.सी की नौकरी मिलने की उसे खुशी तो बहुत थी मगर बहुत सोचने के बाद उसने तय किया कि वह 'मिलाप' में ही बना रहेगा। केन्द्रीय सचिवालय की नौकरी शिफ़्टवाली न होकर दस से पाँच तक की थी। साथ ही उसने पता किया कि वहाँ वक्त और छुट्टियों की भी सख़्त पाबन्दी थी। उसे अभी अपनी पढ़ाई पर भी ध्यान देना था। सो यह सरकारी नौकरी हाथ से जाती रही।

कुछ ही महीनों में भाई जी का खत मिला कि वे जल्दी ही दादा बनने वाले हैं और जिगरी दादी। उन्होंने पृथ्वी को शिवरात्रि के आस-पास घर आने की ताकीद भी की थी। इससे वटुख पूज़ा* भी सब मिलकर कर सकते थे और उन्हीं दिनों में घर में खुशी भी आने वाली थी।

नौकरी और पढ़ाई का इतना बोझ था कि चाह कर भी पृथ्वी शिवरात्रि पर घर नहीं जा सका था। तार से ख़बर मिली थी कि शिवरात्रि से अगले दिन यानी 'सलाम' के रोज़ मोहिनी ने कन्यारत्न को जन्म दिया जिसका नाम जिगरी ने जया रखा है।

पृथ्वी के बी.ए. का नतीजा आया तो उसने घर लौटने का मन बनाया। अब तक वह नन्हीं जया को भी नहीं देख पाया था। मगर जीवन की दौड़ में संघर्ष का कछुवा भावनाओं के खरगोश को अक्सर पीछे छोड़ ही देता है! यहाँ भी ऐसा ही हुआ।

अपने कुछ दोस्तों की देखा-देखी पृथ्वी ने बी.एड. में प्रवेश ले लिया। वह जानता था कि 'मिलाप' में काम करना या अख़बारनवीस बनना उसका लक्ष्य नहीं था। उसका मन शिक्षा और शिक्षण में अधिक रमता था।

---

*शिवरात्रि के अवसर पर घड़े में अखरोट भर कर की जाने वाली विशेष पूजा

उसके अवचेतन के किसी कोने में मरिया मॉन्टेसरी के 'कासा दी बाम्बीनी' की छवि इस प्रकार बसी हुई थी जैसे वह स्वयं ही रोम में दशकों पहले स्थापित इस प्रयोगात्मक पाठशाला का हिस्सा रहा हो। सुविधावंचित बच्चों के अपने इस स्कूल की गतिविधियों के बारे में जब मरिया मॉन्टेसरी बताती थीं तो वह किसी अन्य लोक में होता था। एक ऐसा लोक जहाँ छोटे-छोटे कमरों में छोटी व नीची मेज़-कुर्सियाँ थीं, छोटी-छोटी अलमारियाँ थीं, कमरे की दीवारों पर बच्चों की पहुँच के हिसाब से लगे चार्ट व पोस्टर थे। इस कमरे में एक ओर कई बच्चे थे जो खिलौनों से खेलते हुए बहुत कुछ जान रहे थे, समझ रहे थे। दूसरी ओर कुछ बच्चे अलग-अलग रंगों से ढेर काग़ज़ पोत रहे थे। उन सब के बीच शिक्षक के रूप में बैठा पृथ्वी उन्हीं का एक हिस्सा बना हुआ था। बच्चे बेरोक-टोक उसके पास आते और अपनी-अपनी कृतियाँ उसे दिखाते, कुछ सवाल पूछते। वह उनसे खुलकर बातें करता, उन्हें निहारता और खुद सीखने का मौका देता क्योंकि हमेशा उँगली पकड़कर उन्हें राह दिखाने के पक्ष में मरिया मॉन्टेसरी नहीं थीं।

वह जानता था कि मरिया मॉन्टेसरी को मुसोलिनी ने देश निकाला इसलिए दिया था कि वे बचपन से ही बच्चों को सैनिक बनने का प्रशिक्षण देने के पक्ष में नहीं थी। यानी उन्होंने बच्चों को बन्दूक़ थमाने से इंकार कर दिया था। उसके मन में मैडम मॉन्टेसरी के लिए एक ख़ास जगह बन गयी थी।

सो बी.एड. करते ही उसने दिल्ली के एक स्थानीय निकाय नयी दिल्ली म्यूनिसिपल कमेटी में एप्लाई किया और उसे इस कमेटी के तहत चल रहे एक प्राइमरी स्कूल में पढ़ाने की नौकरी मिल गयी। अब पृथ्वी के पास दिल्ली में सरकारी नौकरी थी और ज़हन में 'कासा दी बाम्बीनी' की छवि।

पृथ्वी ने बाज़ार सीताराम में एक कश्मीरी परिवार के यहाँ एक कमरा किराये पर लिया जिसमें एक रसोई अलग और सामने के किरायेदार के साथ साझा तौर पर एक गुसलखाना व खुड्डी थी। सामने के कमरे में किराये पर एक अन्य कश्मीरी परिवार रहता था जिसमें पति-पत्नी और बेटी थी। मकान मालिक का परिवार ऊपर वाली मंज़िल पर था। पृथ्वी को लगा था कि इस तरह मोहिनी अकेलापन कुछ कम महसूस करेगी। हालाँकि वह यह भी समझता था कि कश्मीर से कई सौ साल पहले निकल आने के कारण अब पुराने कश्मीरी कहलाने वाले ये कश्मीरी लोग अपनी भाषा बहुत दूर छोड़ आये हैं। पर अब भी पुराने कश्मीरी समाज में कुछ ऐसे रीति-रिवाज बचे थे जिनमें उसे अपनी

रिवायतों का धुँधला चेहरा दिखाई देता था। पुराने कश्मीरी समाज के ये लोग प्राय: समृद्ध थे। सीताराम बाज़ार में हाल ही में आये इन नये कश्मीरी युवकों की ये लोग परवाह भी करते थे मानो परदेस में अपने वतन का कोई बरसों बाद मिला हो।

यहीं पृथ्वी की मुलाक़ात एक दिन डा.टोपा से हुई जिनकी हौज़ क़ाज़ी में डॉक्टरी दुकान थी। यह जातिसूचक नाम 'टोपा' उसने कश्मीर में कभी नहीं सुना था। सो उसे यह जानकर आश्चर्य हुआ कि 'टोपा' भी कश्मीरी होते हैं। अपना आश्चर्य वह खुद तक सीमित न रख पाया तो डॉ. साहब से कह बैठा कि यह जातिनाम उसने कश्मीर में कभी नहीं सुना है। तब उसे पता चला कि जब यह टोपा परिवार कश्मीर से यहाँ आया था तो यह टोपा नहीं कलपुश* था। डॉ. टोपा ने कहा, "हाँ भई क्या करते! मेरे दादा को रोज़-रोज़ हर किसी को अपना नाम बताने, उसका मतलब समझाने में दिक्कत होती थी। फिर यहाँ लोगों को यह शब्द याद भी नहीं रह पाता था। यहीं के एक दोस्त ने सुझाव दिया कि छोड़ो ये कलपुश-वलपुश और सीधे-सीधे मतलब पर आओ यानी टोपा कहो। मन मार कर मान लिया होगा उन्होंने...जैसा देस वैसा भेस! अब देखिए हमारे आगे की पीढ़ियों को बदलाव की यह कहानी भी याद रहती है या नहीं!"

पृथ्वी का दिल बैठ गया था। जवाब में उसने कहना चाहा था कि 'अपनी ज़मीन छोड़ना...अपना जातिनाम या गोत्र बदलना तो नहीं है डॉक्टर साहब,' मगर पानी न मिलने पर गले में ऐंठी प्यास की तरह उसके शब्द भी ऐंठ से गये थे। उसे लगा कि डॉ. टोपा ने मानो एक ही साँस में अपने पूरे परिवार की ओर से दशकों पहले हुई अहसासों की मृत्यु की आख़िरी फड़फड़ाहट दोहरा दी थी। डॉ. टोपा के चेहरे पर क्षण भर को एक दर्द भरी मुस्कान उभरी थी जिसके जवाब में पृथ्वी सन्न बैठा रह गया था।

बाज़ार सीताराम के उस एक कमरे वाले मकान में कुछ समय रहने के बाद पृथ्वी जुलाई में मोहिनी और जया को लेने श्रीनगर पहुँचा। जया लगभग सवा साल की थी। उस नन्हीं जया को देखा तो उसे लगा था कि शायद बचपन की मोहिनी अपने हाथों की मुट्ठियाँ मुँह में डाल चबा रही है और वह मुट्ठियाँ उसकी लार से नहा गयी हैं। प्राय: हर शाम जया को लेकर भाई जी और जिगरी को बहस करते देखता तो आश्चर्य भी होता और मन की खुशी भी। जया को गोद में लेकर भाई जी कहते जया अपनी जिगरी पर गयी है। जवाब में जिगरी कहती कि इन्हें भला क्या समझ है बच्चों की! जया तो हू-ब-हू अपने भाई जी पर गई है। स्वभाव भी वैसा ही पाया

*कश्मीर में स्त्रियों द्वारा पहनी जाने वाली एक विशेष टोपी

है—मनमाना, जिद्द से भरा। इस रोचक बहस को पृथ्वी और मोहिनी मुस्कराकर देखते-सुनते। भाई जी की तरफ़ से भी सिर 'हाँ' में हिलाते और जिगरी की तरफ़ से भी। भाई जी और जिगरी नन्हीं जया की किलकारियों में इतना रमे हुए थे कि उसके माँ-बाप की इस सायास समझदारी की तरफ़ उनका ध्यान ही नहीं था।

पर पृथ्वी ने कुछ और भी महसूस किया था। असल में भाई जी के मन में विचारों की कुछ ऐसी गाँठें थीं जिनसे मन ही मन वे निकलने की कोशिश में बराबर उलझे रहते थे। नन्हीं जया के साथ रहते तो यह उलझाव कुछ क्षणों के लिए तिरोहित होता था लेकिन तुम्बकनारी पर ढीले हाथ से दी गयी थाप के देर तक बने रहने वाले कम्पन की तरह वह भीतर मौजूद रहता था।

कश्मीर के हालात बहुत तेज़ी से बदल रहे थे। अब तक 'मिलाप' में होने की वजह से भी वह बराबर यहाँ की सियासत और कश्मीर के मुद्दे पर सेंटर-स्टेर के रुख से वाक़िफ़ था। नेशनल कांफ्रेस ने महाराजा हरिसिंह पर स्वायत्तता का जो दबाव डाला था इससे जग ज़ाहिर था कि राजा और प्रजा के दरमियाँ एक अविश्वास की चादर तनी हुई है। आज़ाद भारत की केन्द्रीय सरकार जान गयी थी कि वादी में नेशनल कांफ्रेस की बयार ही चल रही है जिस पर क़ाबू पाना अब महाराजा के बस की बात नहीं है।

प्रधानमंत्री पंडित नेहरू ने वक़्त की नज़ाकत को समझा और अपने विश्वासपात्र शेख़ मोहम्मद अब्दुल्ला का साथ देना तय किया था। केन्द्रीय सरकार की सलाह पर महाराजा ने शेख़ साहब को श्रीनगर का 'आपातकालीन प्रशासक' नियुक्त किया था। क़बाइली हमले से कश्मीर का मुद्दा संयुक्त राष्ट्र संघ में पहुँच गया था और उसकी सुरक्षा परिषद् ने प्रस्ताव पारित किया था कि भारत और पाकिस्तान के सुरक्षा बल जहाँ हैं वहीं ठहर जाएँ। उनके बीच की रेखा अब नियन्त्रण रेखा बन गयी थी। इस प्रस्ताव में पहली बार कहा गया कि अब कश्मीरी अवाम रायशुमारी यानी जनमत संग्रह से तय करेगा कि उसे भारत के साथ रहना है या पाकिस्तान के साथ। इस प्रस्ताव को भारत ने स्वीकार कर उस पर हस्ताक्षर किये थे।

सन् 1950 में जब भारत का संविधान तैयार हुआ तो उसमें 'जम्मू और कश्मीर' भारतीय संघ के एक राज्य के रूप में था। धारा 370 के तहत उसे कुछ विशेष अधिकार भी दिए गये थे।

शेख़ अब्दुल्ला की नेशनल कांफ्रेस के निशाने पर अब तक महाराजा थे पर

अब आज़ादी के मुद्दे को लेकर भारत की केन्द्र की सरकार उनका निशाना बन गयी थी। केन्द्र में पंडित नेहरू अपने दोस्त शेख़ साहब की इस हरकत को दरगुज़र करने वाले नहीं थे। वे जान चुके थे कि शेख़ मोहम्मद अब्दुल्ला दोबारा अवाम को जगाकर आन्दोलन तेज़ कर रहे हैं। अत: शेख़ की गिरफ़्तारी के आदेश जारी करवा दिए गये। उन्हें 8 अगस्त 1953 को 'कश्मीर षड्यन्त्र कांड' के तहत गिरफ़्तार कर लिया गया। इल्ज़ाम था कि उन्होंने चन्द विदेशी ताक़तों की मदद से कश्मीर को आज़ाद कराने की कोशिश की है यानी देश के साथ 'गद्दारी' की है।

वह 9 अगस्त की अलस्सुबह थी जब पृथ्वी ने हब्बा कदल पर सुना कि पिछली रात में वज़ीरे आज़म शेख़ मोहम्मद अब्दुल्ला को गिरफ़्तार कर लिया गया है। वह तेज़ी से घर पहुँचा और लगभग हाँफ़ते हुए यह ख़बर उसने भाई जी को सुनाई। अम्बरनाथ पिछले दो दिनों से बीमार था। सो उसका घर से निकलना ही नहीं हो पाया था। आज भी उसे हल्की-सी हरारत थी। फिर भी मन बहलाने के लिए क्यारियों में पानी दे रहा था। यह सुनकर सक्ते में आ गया।

"ये क्या हो गया!" उसके मुँह से निकला और वह बाल्टी वहीं छोड़ भीतर चल दिया। बहुत जल्द ही कपड़े बदलकर आया और सदर दरवाज़े की ओर रुख किया। शबरी ने अम्बरनाथ के बाहर जाते कदमों की आहट सुनी तो रसोई से जुड़े कमरे की खिड़की से पुकारा, "कहाँ जा रहे हैं? चाय तैयार है...पीते जाइए।"

"आकर पियूँगा", कहते हुए अम्बरनाथ बाहर चल दिया।

पृथ्वी ने भी जल्दी से चाय-नाश्ता किया और 'न्यू कश्मीर' के अपने पत्रकार मित्रों से मिलने चल दिया। दिन में शेख़ मोहम्मद अब्दुल्ला के मन्त्री होने के नाते बन्धु जी को भी गिरफ़्तार कर लिया गया। वज़ीरे आज़म का पद अब बख़्शी गुलाम मोहम्मद का था।

शाम को पृथ्वी घर वापस आया तो पता चला कि सुबह के गये भाई जी अब तक नहीं लौटे थे। बन्धु जी की गिरफ़्तारी की ख़बर शबरी सुन चुकी थी। अत: बेसब्री से अम्बरनाथ का इन्तज़ार कर रही थी। जाने उसका दिल क्यों बार-बार अपनी धड़कनों का एहसास-सा दिला जाता था उसे। अम्बरनाथ देर रात में लौटा था घर। बहुत थका-हारा और परेशान था। चुपचाप हाथ-मुँह धोया, खाना खाया और अपने कमरे में चला गया। शबरी ने एक-आध सवाल किया तो उसका जवाब भी थकान के कारण नहीं दे पाया था। शबरी ख़ामोश हो गयी थी।

अगली सुबह जल्दी उठकर अम्बरनाथ तैयार होने लगा तो शबरी उसके कमरे में ही चाय और हाथ का बना हल्का-सा फुल्का लेकर पहुँची, "कल की तरह भूखे पेट मत चल दीजिएगा..."

"रख दो अभी लेता हूँ," मोज़े पहनते हुए कहा अम्बरनाथ ने।

"हरारत है अभी?"

"पूरा मुल्क बुखार में तप रहा है...मेरी हरारत क्या है!"

शबरी ने कुछ क्षण की खामोशी के बाद बात शुरू की "बन्धु जी तो इस मुद्दे पर शेख़ साहब के साथ नहीं थे फिर उन्हें क्यों?" और उसने अम्बरनाथ के चेहरे को गौर से देखा।

"क्या ख़बर ये पॉलिटिक्स की कौन-सी चाल है!" कहकर अम्बरनाथ उठा और अपनी जेबें टटोलते हुए कुछ बड़बड़ाता रहा, "पहले फ़्यूडल ऑटोक्रेसी एक चुनौती थी...फिर कबाइली हमले ने चुनौती पेश की...अब अपने घर में मज़हब के नाम पर तो हम बँट ही रहे हैं...हम जिस कश्मीरियत की बात करते हैं ये दंगे क्या उसकी पीठ पर लात नहीं हैं? एक तरफ़ हम सेंटर को कहते हैं कि वह कश्मीरियत को ख़त्म कर रहा है दूसरी तरफ़ हम खुद भी, क्या... गुरबत, रोज़गार तालीम की किसी को फ़िक्र नहीं...अंग्रेज़ों ने जो खाई पैदा की है उसे कैसे भरेंगे? हमारे सुकून की दुनिया कहाँ गयी? हमारी लड़ाई का अभी अन्त नहीं।"

अम्बरनाथ अचानक दरवाज़े से बाहर निकलने लगा तो शबरी ने टोका, "चाय यहीं है...ठंडी हो रही है।" अम्बरनाथ लौटा। कुछ क्षण अजीब-सा खड़ा रहा। फिर तख़्त पर रखा चाय का गिलास उठाकर चाय पीने लगा।

शबरी ने फुल्का आगे किया तो अम्बरनाथ ने रोक दिया, "अभी भूख नहीं है।"

"ले लीजिए ना...खाली पेट घर से जाना ठीक नहीं...फिर जाने कब लौटें। तबीयत भी...", कहते हुए उसने पहले एक रूमाल पकड़ा कर फुल्का लगभग अम्बरनाथ के हाथ में ही थमा दिया। मन मारकर अम्बरनाथ ने जैसे-तैसे वह फुल्का चाय के साथ सटका और घर से विदा हुआ। उसकी जिस्मानी और रूहानी तबीयत ठीक नहीं थी सो फ़िक्रमन्द शबरी धीरे-धीरे उसके पीछे-पीछे नीचे आँगन तक आयी। अम्बरनाथ जब दरवाज़े से बाहर निकलकर उसे बन्द करने के लिए मुड़ा तो वहाँ शबरी खड़ी थी, "आप चलिए...मैं बन्द कर लूँगी।"

"अच्छी बात है," कहते हुए अम्बरनाथ गली से बाहर जाने लगा। कुछ क्षण शबरी ने उन्हें जाता देखा। 'माँ भवानी दया कर' कहते हुए सदर दरवाज़ा बन्द किया और भीतर आ गयी।

शहर में आज सत्ता पलट और शेख़ साहब की गिरफ़्तारी के ख़िलाफ़ प्रदर्शन था। एक पत्रकार की हैसियत से अम्बरनाथ भी मौके पर रहना चाहता था। गली में पहुँचा तो लगा कि उसे किसी पुरुष स्वर ने पुकारा है। ज़रा सा ठिठका मगर मुड़कर देखने का मन न हुआ। असल में उसका किसी से कोई

बात करने का मन न था। गली पार कर वह हब्बा कदल की ओर बढ़ चला और वहाँ से लाल चौक की ओर।

रास्ते भर अम्बरनाथ सोचता रहा, लगातार सोचता रहा। शेख़ साहब को गिरफ़्तार कर लिया गया है। उनके मन्त्रिमंडल का हिस्सा होने के नाते बन्धु जी को भी। उसे पता चला था कि 8 अगस्त को शाम के लगभग साढ़े छह बजे बन्धु जी शेख साहब से बात करने उनके निवास पर पहुँचे थे। नेशनल कांफ्रेंस में रहते हुए भी बन्धु जी का शेख़ साहब से राजनीति में धर्म का विलय करने के मुद्‌दे पर कई बार मतभेद हो चुका था। यहाँ तक कि उन्होंने नेशनल कांफ्रेंस छोड़ भी दी थी मगर नेहरू जी के श्रीनगर दौरे की वजह से उनके मतभेद ढँक गये थे। बाद में वे फिर नेशनल कांफ्रेंस में आ गये। उस शाम आख़िरी मुलाक़ात में बन्धु जी ने शेख़ साहब से क्या चर्चा की होगी? कहते हैं वे दोनों लगभग दो घंटे साथ-साथ थे। फिर ऐसा क्या हुआ होगा कि बन्धु जी वहाँ से चले आए? राज़दान बता रहा था कि वे तब निराश थे। बन्धु जी के रवाना होते ही शेख़ साहब ने गुलमर्ग के लिए प्रस्थान किया और उसी रात गिरफ़्तार कर लिए गए।

अगली सुबह नये वज़ीरे आज़म बख़्शी गुलाम मोहम्मद ने बन्धु जी को बाइज़्ज़त अपने नये मन्त्रिमंडल में शामिल होने की दावत दी। पर बन्धु जी ने साफ़ इंकार कर दिया। उसी दिन बन्धु जी को गिरफ़्तार कर लिया गया। न शेख़ साहब के लिए यह गिरफ़्तारी का पहला मौका है न बन्धु जी के लिए। सोचा अम्बरनाथ ने। बन्धु जी रोटी एजीटेशन में गिरफ़्तार किये गये थे और बाद में महाराजा ने 1946 के 'कश्मीर छोड़ो मूवमेंट' (क्विट कश्मीर मूवमेंट) में भी उन्हें जेल भेजा था। वे कठुआ जेल में लगभग साल भर रहे। शेख़ साहब को भी गिरफ़्तारियों और जेलों की ख़ासी आदत है। तो फिर? हाँ सत्ता में आने के बाद यानी वज़ीरे आज़म के तौर पर शेख़ साहब और डायेरक्टर, देहात सुधार डिपार्टमेंट के ओहदे पर रहते हुए बन्धु जी को पहली बार गिरफ़्तार किया गया है। यानी सरकार का तख़्ता पलट कर इन्हें गिरफ़्तार किया गया।

यह सच है कि सेंटर ने क़बाइली हमले के समय मदद न की होती तो वादी मटियामेंट हो गयी होती। अब सेंटर की सहमति से सरकार बनने के बाद सेंटर ने अचानक इतना बड़ा क़दम उठाया और स्टेट के वज़ीरे आज़म को ही गिरफ़्तार कर लिया! जो इलज़ाम उन पर लगाया गया है क्या उस सन्दर्भ में पहले समझाना या चेतावनी देना मुनासिब न होता? लोग कह रहे हैं कि यह सरेआम डेमोक्रेसी के मुँह पर तमाचा है। सवाल उठा रहे हैं कि यही है क्या एक आज़ाद लोकतन्त्र की आज़ादी? सेंटर यूँ मनमाने ढंग से सत्ता बदलने लगा तो हमारी

सरकार की क्या हैसियत है? फिर यह सामन्ती ऑटोक्रेसी से कैसे अलहदा हुई? अगर सेंटर ऐसे ही हम पर हावी रहा तो हमारी कश्मीरियत का चेहरा क्या धुँधला न जाएगा? ये सब बातें मानने को जी चाहता है मगर लोकतन्त्र की आड़ में आत्मकेन्द्रित या धर्म केन्द्रित राजनीति को हवा देकर अपने को स्वयंभू साबित करना क्या कहलाएगा?

अम्बरनाथ को अचानक लगा कि वह चल नहीं रहा दौड़ रहा है। मगर नहीं, वह तो चल ही रहा था। उसके भीतर कुछ और ही दौड़ रहा था। लगातार चलने के बावजूद टाँगों से शरीर का सारा ख़ून ऊपर दिमाग़ की तरफ दौड़ रहा था। मगर क्यों दौड़ रहा है यह ऐसे मानो मलकुल मौत* पीछे पड़ा हो।

अम्बरनाथ को फिर नये विचारों ने घेर लिया। सेंटर ने हमारे जम्मू-कश्मीर को आख़िर समझा क्या है? एक तरफ़ अपने संविधान के तहत इसे अपना तेरहवाँ राज्य कहता है तो दूसरी ओर इस राज्य के प्रति उसका रवैया डाँवाडोल-सा दिखने लगता है। फिर क्यों उसके प्रतिनिधि ने संयुक्त राष्ट्र संघ की सुरक्षा परिषद् के प्रस्ताव पर हस्ताक्षर किये थे कि कश्मीरी अवाम तय करेगा कि उसे भारत के साथ रहना है या पाकिस्तान के साथ?

भारत ने जब हमारे राज्य को अपना हिस्सा माना तो संयुक्त राष्ट्र संघ को लिखकर क्यों न भेजा कि वह प्रस्ताव अब वैध नहीं? रायशुमारी होती तो? पूछा जाता कि भई तुम हिन्दुस्तान के साथ रहना चाहते हो या पाकिस्तान के साथ। इसमें तीसरा विकल्प तो कोई है ही नहीं। एक वोट भी जिसके पक्ष में ज़्यादा होता जीत उसी की। मगर जो लोग असहमति जता चुके होते उनका क्या? असहमतों की दुनिया नहीं है यह? उन्हें क्या यहाँ अपनी तरह जीने का हक़ नहीं है? फिर इस रायशुमारी का आधार भी मुल्क की तरक़्क़ी न होकर सिर्फ़ धर्म क्यों है? क्या ये सिर्फ़ धर्म के आधार पर हुए बँटवारे का शहर या देश हो जाए? नहीं यह औरतों और मर्दों का भी शहर है। ये बच्चों का भी शहर है। उन बच्चों का भी जो वोट नहीं देंगे। जो रायशुमारी में हिस्सा नहीं लेंगे। यह दरवेशों और सूफ़ियों का भी शहर है। वे भी शायद इसमें हिस्सा न लें। तो क्या उन्हें यहाँ रहने का हक नहीं?

बन्धु जी स्टेट की बेहतरी के लिए मज़हब को सियासत से अलग रखने के हिमायती थे। शेख़ साहब और बन्धु जी की कोशिश से सेक्युलर पार्टी नेशनल कांफ्रेंस बनी तो बन्धु जी ने खुद को आहिस्ता से सनातन धर्म सभा से अलग कर लिया। वे कहते थे कि मज़हब के रास्ते से आप वतनपरस्ती के मुक़ाम तक

---

*यमराज

नहीं पहुँच सकते। पर वतनपरस्ती या राष्ट्रीयता तक पहुँचने के लिए हमें अपना मज़हब नहीं छोड़ना है। अम्बरनाथ को याद आया 'देश' में छपा उनका एक लेख जिसमें उन्होंने लिखा था कि 'नेशनल कांफ्रेंस बनने के बाद जब-जब शेख़ साहब और मैं साथ-साथ रहे, मैं उन्हें जगाकर कहता था कि उठिए नमाज़ का वक़्त है। वो नमाज़ पढ़ते थे और मैं अपनी सन्ध्या में निमग्न हो जाता था। वतनपरस्ती हमें सच्चा हिन्दू या सच्चा मुसलमान होने से नहीं रोकती। इसका एजेंडा मुल्क से बेरोज़गारी, बीमारी और ग़ुरबत का ख़ात्मा करना है। ये दुख और मुसीबतें किसी का धर्म देखकर नहीं आते।'

मुल्क की ग़रीबी, बेरोज़गारी की दर्दनाक हक़ीक़त बन्धु जी के लिए अहम मुद्दा था। उन्हें लगता था कि यहाँ सिर्फ़ नेशनल कांफ्रेंस जैसी सेक्यूलर पार्टी ही इसका हल होगी। इसलिए उन्होंने अपने खून पसीने से सींचा हुआ 'मार्त्तण्ड' भी छोड़ दिया था क्योंकि वह सनातन धर्म सभा से सम्बद्ध था। उन्होंने लोगों से कहा कि नेशनल कांफ्रेंस में आओ। वही हम कश्मीरियों के लिए चप्पू है, धर्म नहीं। धर्म हमारी निजी आस्था है। वह राजनीति से भिन्न दिशा है। लेख में यह भी कहा गया था कि 'यही धर्म जब राजनीतिक मंच से लोगों तक जाता है तो ज़हर हो जाता है।'

धर्म की राजनीति के तहत साम्प्रदायिकता और हिंसा को बढ़ावा मिलता है। सही कहा था उन्होंने पर जाने कुछ नेता क्यों ऐसा करते है! बाद में शेख़ साहब से भी तो उनका राजनीति से धर्म को जोड़ने के मुद्दे पर कई बार मतभेद हुआ। मगर बन्धु जी ने यह भी कहा कि नेशनल कांफ्रेंस की एकता को तोड़ने में सेंटर भी ज़िम्मेदार रहा है। श्रीनगर में हिन्दुओं पर अत्याचार हों या जम्मू में हुए मुस्लिम दंगे—क्या दोनों ही धर्म की राजनीति का बदनुमा चेहरा नहीं हैं?

माना कि यहाँ आर्थिक तंगी है। हमारी अपनी समस्याएँ है। रोटियाँ कम पड़ रही हैं तो क्या उसका हल ये साम्प्रदायिक दंगे ही हैं? धार्मिक कट्टरपन क्या होता है? क्या इसके बरक्स ये कट्टरपन भूलकर हमें अपनी बेहतरी की दिशा में प्रयास नहीं करना चाहिए? अवाम इन हालात में परेशान है, मुसीबतज़दा है। एक तो बेरोज़गारी ऊपर से अशान्ति, हिंसा! तो आख़िर कौन कर रहा है ये सब और क्यों? अम्बरनाथ के दिमाग़ में जोरदार खट हुआ—वही राजनीति और सत्ता। फिर सत्ता चाहे राजनीति की हो या धर्म की, सत्ता में अपने को स्थापित करने या बने रहने के लिए अपनी अस्मिता बनाने के लिए क्यों कुछ लोग इन्सान को इन्सान के ख़िलाफ़ खड़ा कर देते हैं? व्यक्ति संस्था से क्यों बड़ा हो जाता है? क्या बन्धु जी ने नहीं कहा था कि 'शख़्सियतें आती-जाती हैं, आर्गेनाइज़ेशन की

पूजा करो।' मगर राजनीति में धर्म की सीढ़ी लगाने वाले लोग क्या चाहते है? कि इन्सान का चेहरा उसका न होकर उसके धर्म का हो जाए? अगर ऐसा हो गया तो? अम्बरनाथ को लगा कि कहीं से अचानक बर्फ़ का तूफ़ान आ गया और वह ठंडी बर्फ़ के पहाड़ों में दब गया है। दबकर मर गया है। उसके भीतर फिर वही आवाज़ आयी–अगर ऐसा हो गया तो? दुनिया में कितनी कम शक्लें रह जाएँगी तब। एक ही शक्ल की भीड़ एक ख़ास रंग का झंडा लिये तो दूसरी शक्ल की भीड़ अपने दूसरे रंग के झंडे के साथ विरोध में आगे बढ़ रही होगी। क्या एक शक्ल की भीड़ के वजूद से ही दूसरी शक्ल की भीड़ भी नहीं पनप रही? दुनिया भर में पनपते रहेंगे गिने-चुने हमशक्ल दल। ये हमशक्ल दल एक-दूसरे के ख़िलाफ़ बोलते हुए भी असल में एक-दूसरे के खिलाफ नहीं बल्कि इन्सान के ख़िलाफ़ होते हैं। इन्सान मर चुका होता है तब। या रो रहा होता है मेरी तरह!

अम्बरनाथ की बाँह अचानक नारे लगाती भीड़ में एक युवक से टकरा गयी तो वह चेता। वह कब यहाँ तक आ पहुँचा? उसके आस-पास क्या हो रहा था? क्या नारे लग रहे थे? वह सबसे बेख़बर था। पर अब इस भीड़ और नारों में उसने खुद को अजनबी और अकेला पाया। बेहद अकेला और बहुत असुरक्षित। उसे लगा अकेलेपन और असुरक्षा का यह भाव धुएँ की तरह फैल रहा है, उस भीड़ को अपनी गिरफ़्त में लेता हुआ। वह धुँआ लगातार आगे बढ़ रहा है। आने वाली पीढ़ियों की ओर।

अचानक उसे गोलियाँ चलने की आवाज़ आयी। पास ही पुलिस ने शायद हवा में फ़ायर किये थे। सामने से तेज़ गति से धुआँ बढ़ता चला आ रहा था जिससे आँखों में जलन हो रही थी और लगातार आँसू बह रहे थे। उन नारों में अलग-सी कुछ आवाज़ें भी सुनाई दीं, "टियर गैस के गोले हैं...भागो।"

"टियर गैस के गोले हों या बम के गोले...आज हम पीछे नहीं हटेंगे।"

"आगे जाओगे तो पुलिस के डंडे खाओगे...देखो सिर फोड़ दिया है उसका..."

"सिर हम उन्हीं का फोड़ेंगे...मारो...मारो हरामियों को...", अचानक कुछ लोगों ने दूर खड़े पुलिस-कर्मियों को निशाना बनाकर पत्थर फेंकने शुरू किए। धुआँ इंसानों के समुद्र पर छा चुका था। अब बरसते पत्थरों में अचानक एक भगदड़-सी मच गयी। पत्थर कहाँ से आ रहे थे और किस ओर जा रहे थे, यह भी एक धुंधलका था। भीड़ के दबाव और धक्कों से अम्बरनाथ भी पुलिस की ओर घिसटने लगा। जो आगे पहुँचता था बौखलाई पुलिस की लाठी का शिकार हो रहा था। अम्बरनाथ ने भीड़ से निकलना चाहा, रुकना चाहा, पर कुछ भी मुमकिन न था। कुछ लोग आँखें मलते हुए पीछे हटना चाह रहे

थे और कुछ आगे बढ़ना। ऐसी भगदड़ में पीछे से एक नुकीना पत्थर आकर अम्बरनाथ के सिर पर लगा। इतनी ज़ोर से कि वहाँ से खून का फव्वारा सा बह निकला। दर्द से अम्बरनाथ की आँखों के आगे अँधेरा छा गया और अगले धक्के में खुद को सँभाल न पाने के कारण वह दोहरा होकर गिर पड़ा। जलती आँखें मलते जाने कितने लोग उस पर गिरते-उठते उसे रौंदते हुए निकलने लगे। चारों तरफ़ धुएँ के अँधकार में नारे और चीखें गूँज रही थीं। तभी पुलिस ने टियर गैस के कुछ और गोले छोड़े। सड़क पर गिरे बेहोश अम्बरनाथ का दम इस धुएँ में घुटने लगा। सब खुद को बचाने व वहाँ से भागने में लगे थे। इस भगदड़ में गिरे कुचले लोगों की ओर देखने का शायद किसी के पास वक़्त ही नहीं था। एक-आध ने उन्हें उठाने की कोशिश करनी भी चाही तो भीड़ के धक्कों से वे खुद भी गिर कर कुचले गए।

लगभग घंटे भर बाद उस सड़क पर चारों ओर थे लाठियाँ लिए पुलिस वाले और बीच में छितरे असंख्य बेतरतीब पत्थर और ज़ख्मी लहूलुहान कुछ लोग जिन्हें जल्द ही अस्पताल ले जाया गया। कुछ की मरहम-पट्टी की गयी। कुछ की हालत नाजुक थी, सो उन्हें वहीं दाखिल रखा गया पर कुछ इस बेदर्द माहौल में अपनी जान गँवा बैठे थे। इस फेहरिस्त में सबसे ऊपर जो नाम था, वह था–पत्रकार अम्बरनाथ सप्रू।

दोपहर बाद अम्बरनाथ के आँगन में भीड़ जमा हो चुकी थी। जिसने सुना उससे रहा न गया। नेशनल कॉन्फ्रेंस के कार्यकर्ता, रिफ़ार्मी मूवमेंट के साथी, पत्रकार बन्धु, ट्यूशन वाले विद्यार्थी और उसके परिजन सभी उस आँगन, गली से होते हुए बाहर सड़क तक फैले थे।

रसोई के सामने वाले कमरे में अम्बरनाथ का अन्तिम स्नान हो चुका था। उसे ले जाने ही वाले थे कि रतनलाल शबरी, मोहिनी और दुर्गा को बुलाने अन्दर गये। बद्हवास शबरी आई तो देखा नित्यानन्द अम्बरनाथ की टाँगों से लिपटकर ज़ार-ज़ार रो रहा था, "उठ अम्बरनाथ उठ...कुछ तो कह...उठ अम्बरनाथ उठ...क्या ऐसे ही चला जाएगा? बिना कुछ कहे? उठ..."

पत्थर-सी शबरी को रतनलाल ने कन्धों से थाम रखा था। वह कुछ क्षण दरवाज़े पर खड़ी अपनी सफ़ेद नज़रों से देखती रही और फिर बेहोश होकर गिर पड़ी। "शबरी" अचानक रतनलाल की चीख निकल गयी तो अम्बरनाथ के सिरहाने सुबकता पृथ्वी भी दौड़कर आया और शबरी को सँभालने लगा। उघड़े सिर, बिखरे बालों वाली शबरी का मुँह खुला था और वह ज़मीन पर पड़ी थी। अम्बरनाथ की ही तरह। उसे उठाकर सामने रसोई वाले कमरे में ले जाया गया। मोहिनी दौड़

कर कटोरे में पानी लाई और उसके चेहरे पर छींटे मारे। शबरी ने क्षण भर को आँखें खोलीं पर फिर उसकी पुतलियाँ पलट गयीं।

पंडित जी ने कहा कि सूर्यास्त से पहले सब कर्म होने हैं अतः देर करना ठीक नहीं। बेहोश शबरी को मोहिनी, दुर्गा तथा मोहल्ले की स्त्रियों के हवाले छोड़ अम्बरनाथ की अन्तिम यात्रा ने कूच करना शुरू किया। आँगन में पहुँचे तो बूढ़े सर्वकाक वहाँ बिछे लकड़ी के तख़्त से उठ खड़े हुए। उन्होंने अपनी नम आँखों से अम्बरनाथ की शवयात्रा को देखते हुए अपनी लाठी के सहारे उचककर दो फूल उस ओर उछाले। इस थके जीवन और स्मृति की लौ को मन्द करने वाले बुढ़ापे में भी वे समझते थे कि जिस प्रकार मेघों में कड़कती बिजली को रोकने का कोई उपाय नहीं है उसी तरह काल चाहे अकाल हो या चेतावनी देकर आए उसकी भी कोई संजीवनी मौजूद नहीं है। काल गणना में कोई कितना भी सिद्धस्थ क्यों न हो मृत्यु के समक्ष अन्ततः विवश ही है। एक युवक ने सहारा देकर उन्हें दोबारा तख़्त पर बैठाना चाहा तो उन्होंने हाथ के इशारे से उसे मना कर दिया। अम्बरनाथ के सम्मान में वे कुछ क्षण अपनी काँपती-कमज़ोर टाँगों पर खड़े रहना चाहते थे।

आज जाने कितने वर्षों बाद नित्यानन्द और अम्बरनाथ के मकानों के बीच बना साझा दरवाज़ा खोला गया था कि सर्वकाक को इस ओर आने में थोड़ी कम दिक़्क़त हो। नित्यानंद की पत्नी शोकग्रस्त स्त्रियों के पास थी। अपने लकवे की वजह से मुगलानी आज भी यह साझा दरवाज़ा पार कर नहीं आ सकी थी। अपने बिस्तर पर पड़े-पड़े उसके आँसुओं में आज अम्बरनाथ और नित्यानन्द का साझा बचपन तैर रहा था। दुख में डूबी मुगलानी को लगा था कि साझा दरवाज़ा खुले या बन्द रहे क्या फ़र्क़ पड़ता है क्योंकि आज तो ईश्वर ने ही साझा दरवाज़ा बन्द कर दिया था!

पृथ्वी ने क्या सोचा था और क्या हो गया! उसका सपना था कि दिल्ली में बस जाने के बाद वह भाई जी और जिगरी को अपने साथ दिल्ली ले जाएगा। उन्हें आराम और सुख देगा। मगर आज अपने कन्धे पर वह उन्हीं भाई जी को श्मशान ले जा रहा था। उसे याद आया कि चार-पाँच दिन पहले ही उसने भाई जी से अपने साथ दिल्ली चलने का ज़िक्र किया था तो उसका चेहरा देखते हुए वे कहीं खो गये थे। फिर हल्का-सा मुस्करा कर बोले थे, "पहले तुम अच्छी तरह वहाँ बस तो जाओ।" फिर दोबारा कहीं ग़ोता-सा लगा गए थे, "अपना घर-बार छोड़कर अब कहाँ जाएँगे! गाशा जी होते तो और बात थी।" फिर बुलन्द आवाज़ में कहने लगे थे, "जानते हो पृथ्वी बन्धु जी लाहौर से एक बार क्वेटा गये थे। वहाँ उन्होंने लोरा नाम की नदी देखी तो उन्हें अपनी

वितस्ता* याद आ गयी और उनका शायर मन जाग उठा..."

"जानता हूँ भाई जी..."

"क्या?" पृथ्वी बात पूरी करता उससे पहले ही भाई जी हैरानी से पूछ बैठे थे।

"वही जो आपसे जाने कितनी-कितनी बार सुना है..."

"तुझे याद है?"

"हाँ बिल्कुल," कहकर पृथ्वी ने जो सुनाया उसे फिर भाई जी ने लयबद्ध ढंग से ऐसे गाया था कि वे शब्द बूँद-बूँद करके उनके भीतर फिर से उतर रहे थे-

"बुलबुल न ये वसीयत
एहबाब भूल जाएँ
गंगा के बदले मेरे
जेहलम में फूल जाएँ।"

अन्य नदियों में गंगा हिन्दुओं के लिए सर्वोपरि है। महाशिव की जटाओं से निकलती है। पर बन्धु जी को अन्तिम समय गंगा नहीं अपनी वितस्ता चाहिए थी। अब भाई जी के फूल उसी जेहलम यानी अपनी वितस्ता से मिलने की तैयारी में हैं। पृथ्वी की रुलाई फूट पड़ी तो साथ चलते युवक ने पृथ्वी को एक ओर कर अर्थी का वह सिरा अपने कन्धे पर ले लिया।

कन्धे से भाई जी की अर्थी क्या हटी कि भार से दब सा गया। पृथ्वी को लगा कन्धे पर बोझ तो अब आया है। उसे महमूस हुआ मानो वह अपना एक अदृश्य अंश कन्धे पर उठाये श्मशान की ओर बढ़ रहा है। जिस दिन उसने श्रीनगर छोड़ा था उस दिन उसे लगा था कि वह अपनों से दूर जा रहा है पर आज? आज तो उसे लगा कि जाने कितने रिश्ते-नातों से हमेशा-हमेशा के लिए जुदा हो रहा है। न वह अब कभी भाई जी का चेहरा देख पाएगा, न उनकी आवाज़ सुन पाएगा। भाई जी के बिना घर की वह कल्पना भी नहीं कर सकता था। आज तक इस घर में सुख आया या दुख—सारी ज़िम्मेदारियाँ भाई जी ने निभाई थीं और पृथ्वी पर कभी किसी ग़म की परछाई भी न पड़ने दी थी। गाशा जी को भी उन्होंने खुद मुखाग्नि दी थी पर आज पृथ्वी उन्हें मुखाग्नि देने जा रहा था। लगभग 40 साल की कम उम्र में भाई जी को मुखाग्नि! आह!

सुबह शाम होने के लिए ही आती है और दिन गुज़रने के लिए। आज अम्बरनाथ का दसवाँ था। केश रहित पृथ्वी घाट से लौटा तो उसे देखते ही रोते हुए शबरी

---

* जेहलम

की चीखें निकल गयीं। उसका मासूम पृथ्वी आज अपने कम उम्र भाई जी की क्रिया में केश देकर आया था। उसने ज़ोर से दो मुक्के अपनी छाती पर मारकर कुछ कहना चाहा तो आवाज़ गले में फट कर रह गयी। इन दस दिनों में शायद उसका गला भी कुछ किरकिरा गया था। हालात से मज़बूर असहाय शबरी समझ न पा रही थी कि अपने घर और अपने जीवन का क्या करे वह अब! बद्हवासी में उसने अपने बाल नोंच डाले। पास बैठी स्त्रियों ने उसे रोका, जबरन उसके मुँह में एक घूँट पानी डाला और उसे सँभालने की कोशिश की। उसकी हिचकियाँ रुकने का नाम नहीं ले रही थीं। साँस टूटने-सी लगी तो कुछ स्त्रियों ने तय किया कि उसे ऊपर ले जाकर कुछ देर लेटा दिया जाए।

अपने बिस्तर पर निढाल पड़ी शबरी ने आँसुओं में से झाँका तो पाया कि जानकी उसके सिरहाने बैठी उसके उलझे बालों को सहला रही है। उस बेआवाज़ कमरे में अपनी रुलाई अन्दर ही रोकने के कारण जानकी की नाक, आँखें और गाल लाल हो रहे थे। शबरी की आँखों से दो आँसू ढुलके जो उसके कानों को छूते हुए तकिए में समा गये। उसने अपनी हथेली अपने सिर पर रखे जानकी के हाथ पर रख दी। फिर धीरे से जानकी का हाथ उठाकर अपने सीने पर ले आयी। जानकी के उस हाथ को अपनी दोनों हथेलियों में थाम कर हल्का सा-दबाया तो जानकी के चेहरे पर भी दो आँसू ढलक आये। शबरी ने जानकी के हाथ को पलट कर उसकी हथेली की ओर निगाह की तो उसे एक पुराना दृश्य याद आ गया।

शबरी के विवाह के दिन थे। रतनलाल की सबसे छोटी बहन होने के नाते जानकी दो दिन से उन्हीं के यहाँ थी। विवाह की तैयारियों में हाथ बँटाने के लिए। फिर शबरी से सिर्फ़ साल-दो साल बड़ी होने के कारण वह शबरी की हमउम्र भी थी। सो उसे शबरी के साथ रखना बेहतर समझा गया था। मेहँदी रात हो चुकी थी। रात भर छकरी* का हंगामा रहा। जानकी उत्साहित होकर खोस बजाती रही थी। देर रात मेहँदी की रस्म हुई तो जानकी ने शबरी के हाथों पर सुन्दर फूल-पत्ते बनाकर बाद में अपनी बायीं हथेली को मेंहँदी से सजाया था। अन्त में दाएँ हाथ पर ज़रा सी मेहँदी रखवाकर मुट्ठी बन्द कर ली थी जिससे उस हाथ में भी मेहँदी रच जाए। सुबह उसने शबरी के मेहँदी रचे हाथ देखने के बाद अपने हाथ दिखाए थे तो शबरी ने महसूस किया था कि वह लजा रही है। शबरी के प्रशंसा करने पर जानकी के भीतर की पुलक उसके चेहरे पर काँप-सी गयी थी। तभी पास बैठी किसी स्त्री ने उसे छेड़ते हुए कहा था, "तेरे

* कश्मीरी संगीत का एक प्रकार

हाथ पर रंग इतना सुन्दर खिला है...अब तेरी मेहँदी रात भी जल्दी होगी।" इस पर आँखें झुकाकर मुस्कराती हुई जानकी वहाँ से हट गई थी।

थोड़ी देर बाद रात के बिस्तर आदि उठाकर ऊपर अम्बरनाथ के कमरे में जमाने को कहा गया तो कुछ गद्दे लेकर जानकी सीढ़ियों की ओर बढ़ गयी। शबरी ने भी उठकर तीन-चार गद्दों की तह की और उन्हें रखने ऊपर की ओर चली। कमरे के दरवाज़े पर पहुँचकर वह ठिठक गई। अम्बरनाथ भीतर था और जानकी से कुछ कह रहा था, "चाय वाय छोड़ो...पर मुझे तुमसे ये उम्मीद नहीं थी।"

"मैंने क्या किया?"

"क्या तुम नहीं जानतीं ये शादी कैसी है? अरे मैं सगा भाई होकर भी पूरे-पूरे दिन ग़ायब रहता हूँ। रात को यहाँ आना मेरी मजबूरी है। लेकिन तुम्हें यहाँ आना ऐसा क्या ज़रूरी था?"

"मैं तो बस शबरी की वजह...", जानकी ने धीमी काँपती आवाज़ में कुछ कहना चाहा था पर अम्बरनाथ की आवाज़ के गुस्से ने उसके वाक्य का दम तोड़ दिया, "तुम जानती हो इस शादी के बारे में हम रिफ़ार्मियों के क्या व्यूज़ हैं। फिर भी तुम जश्न मनाने आ गयीं!"

"पर शबरी तो मुझे इतना मानती है...उसकी मेहँदी थी तो...", जानकी ने हिम्मत फिर बटोरी थी।

"जो जी में आये सो करो...चलो रास्ता छोड़ो।" आवाज़ और गुस्से को दबाने की कोशिश में अम्बरनाथ शब्दों को चबाकर बोला था।

जानकी शायद उसके सामने खड़ी थी। वह नहीं हटी थी। फिर उसकी आवाज़ सुनाई दी थी, "मेरी मेहँदी तो देख लो...तुम्हारे लिए ही तो..."

अम्बरनाथ ने जानकी की बात फिर काटी "तुम्हारी हथेलियों पर मैं इस बर्बादी की निशानी नहीं देखना चाहता।" यह कहते हुए उसने अचानक आधा भिड़ा हुआ दरवाज़ा खोल दिया था और तेज़ी से कमरे से बाहर आ गया था। बाहर गद्दे लिए खड़ी शबरी से लगभग टकराने ही वाला था कि सँभलकर नीचे उतर गया।

शबरी कमरे में आयी तो दरवाज़े के पास खड़ी जानकी अपनी मेहँदी लगी हथेलियों को देख रही थी। आँखों में आँसू लिये हुए। फिर दोनों ने बिस्तर वगैरह ठीक से उस कमरे में जमाये थे। मगर कुछ ही देर में जानकी वहाँ से अचानक चली गयी थी। स्त्रियों ने उसे ढूँढ़ा भी पर सोचा कपड़े वगैरह लेने घर गयी होगी। शबरी खामोश रही थी। वह समझ गयी थी कि जानकी अब शादी में नहीं लौटेगी। पर उस दिन उसने अपने भीतर एक शहदीली पुलक महसूस की थी। तो क्या भाई जी और जानकी एक दूसरे से...! यानी जल्द ही जानकी मेरी भाभी

बनेगी और यह राज़ घर में सिर्फ़ मैं जानती हूँ! उसके अपने विवाह का विचार उसे जो एहसास नहीं दे पाया था वह भाई जी और जानकी के भावी विवाह के विचार ने दे दिया था। उस दिन विवाह के लिए जानकी के लौट कर न आने का उसने कभी कोई गिला नहीं किया था।

शादी के बाद शबरी मायके आयी तो जानकी उससे मिलने आयी थी। तब उसने शबरी को शादी में न आ पाने की कुछ मनगढ़न्त कहानियाँ सुनाकर सफ़ाई-सी देने की कोशिश की थी लेकिन शबरी ने हवा का रुख़ बदल दिया था, "उस दिन यहाँ नहीं आयी तो क्या...आख़िर तो तुझे यहीं आना है! घर तो यही है तेरा!"

जानकी को इसकी उम्मीद नहीं थी। वह यह भी नहीं समझ पाई कि शबरी उसके मन की बात कैसे जान गयी! मगर लजाए चेहरे से बालों की लटें हटाते हुए धीमे से बोली थी, "सदके जाऊँ...तुझे मेरी उम्र लग जाए!"

"अरे अरे...फिर मेरे भाई का क्या होगा!" शबरी ने छेड़ने के अन्दाज़ में कहा तो दोनों ज़ोर से हँस दी थीं।

शबरी ससुराल की होकर रह गयी थी। जानकी से फिर मिलना भी कहाँ हो पाया था! हालात कुछ इतनी तेज़ी से बदले कि अम्बरनाथ शबरी को हमेशा के लिए वापस ले आया और कभी शादी न करने का संकल्प भी ले बैठा था।

भाई जी की जानकी से क्या बात हुई होगी? क्या जानकी ने उसके विवाह न करने के फ़ैसले का विरोध न किया होगा? क्या जानकी की दुनिया में अंधियारा न फैल गया होगा? क्या भाई जी उसके बाद जानकी को मन से भूल पाए होंगे? क्या ख़बर! क्या भाई जी की ज़िन्दगी के वीराने की वजह खुद उसके जीवन की वीरानगी नहीं? अब इन बातों का कोई अर्थ रह भी कहाँ गया है! अम्बरनाथ नहीं है और अटहरू* पहने विवाहिता जानकी शबरी के सिरहाने बैठी उसे दिलासा दे रही है। शबरी ने जानकी का हाथ एक ओर किया और उठ बैठी। चेहरे को साड़ी के पल्लू से पोंछा और आवाज़ को सँभालकर कहा, "अब घर जा जानकी...बहुत देर हो चुकी है... बच्चे इन्तज़ार करते होंगे।"

जानकी ख़ामोश निगाहों से शबरी को देखती रही। शबरी ने उसके कन्धे पर हाथ रखा, "जा जानकी...सुबह की आयी है तू...जा अपना घर सँभाल।" जानकी की आँखों में एक बार फिर आँसू तैर आये। वह आहिस्ता से उठी और दरवाज़े की ओर बढ़ गयी।

---

*हिन्दू स्त्रियों द्वारा कान में पहना जाने वाला एक आभूषण जो विवाहिता होने की निशानी है।

कुछ क्षण बाद शबरी भी उठी और सामने की ताक़ में रखी किताबों की आड़ में छिपाये एक लिफ़ाफ़े को निकाला। काँपते हाथों से उसे खोला और उसमें से एक काग़ज़ का पुर्ज़ा-सा निकाला। उस पर लिखे हर्फ़ों को मन ही मन पढ़ा। फिर दायें हाथ की उँगलियों से एक-एक शब्द को छूकर उन्हें फिर पढ़ा-

'क्या है यह मज़हब? क्या दुनिया में यह सियासत का सबसे बड़ा दल नहीं? जाने इसे दलदल न कहकर सिर्फ़ दल क्यों कहते हैं! इसने इन्सानों को जोड़ने के बदले काटा ज़्यादा है। अलग-अलग मज़हब के तहत लोग कटते गए। अलग होते गये। तो क्या आने वाले समय में हम भी कट जाएँगे? मेरे पृथ्वी के बच्चों का सादिक़ के बच्चों से कोई नाता नहीं रहेगा? और मैं? मुझे सादिक़ के बिना जीना होना और सादिक़ को मेरे बिना! जी पाएँगे क्या हम?'

ये पुर्ज़ा पृथ्वी ने उसे दिया था। यह अस्पताल में अम्बरनाथ की जेब से मिला था। तो इस ख़याल और इस ज़हनियत के साथ उस दिन घर से निकले थे भाई जी! और अपने ही लोगों के पत्थर का शिकार हो गये ! ओह!

कितना सहा है भाई जी ने! बहुत छोटे थे तो पिता और फिर माँ नहीं रही। मन से बन्धु जी के रिफ़ार्म मूवमेंट में जुट गए। ख़ाली समय में खूब पढ़ते थे। खुले दिल और खिले विचारों के तहत काफ़ी कुछ लिखा भी। पर मेरी वजह से उनके पैरों में बेड़ियाँ-सी पड़ गयी थीं। अपना घर कभी न बसाया और बहन के जीवन और बड़े भाई के परिवार को सँभालते रहे। और अन्त में अपनी कश्मीरियत और इंसानियत से वाबस्ता सवालों में घिरकर चले गये। हमेशा हमेशा के लिए। शबरी ने एक नम साँस बाहर छोड़ी। काश कि वे उन मौजूदा सवालों को भी अपने साथ ले जा पाते जिनका हमारे पास कोई जवाब नहीं है! फिर हमें ऐसे सवाल परेशान न करते। हमारे वजूद को क़लम की तरह न छीलते! एक गूँगा क़लम जिसका इन सवालों के जवाबों से कोई रिश्ता नहीं है।

शबरी ने पुर्ज़े को तह किया और उसी लिफ़ाफ़े में डालकर किताबों की आड़ में वापस रख दिया। अब मेरे जीवन का एक ही मकसद होना चाहिए-जहाँ तक सँभव हो भाई जी के अधूरे कामों को पूरा करना, उनकी दिखाई राह पर आगे बढ़ना। शबरी ने मन ही मन जैसे ही यह संकल्प लिया उसके झुके कन्धे कुछ खुल-से गये। चेहरे पर एक दृढ़ उत्साह की आभा झलक उठी। उसे भीतर एक मज़बूती-सी महसूस हुई।

तभी गोद में जया को लिए मोहिनी ने प्रवेश किया। शबरी को कमरे में खड़ी पाकर बोली, "आप खड़ी क्यों हैं? जल्दी क्या है...ज़रा आराम कर लीजिए।"

"नहीं मैं ठीक हूँ," शबरी कुछ कह ही रही थी कि जया 'जिदली... जिदली'

कहकर उसकी ओर लपकी। शबरी ने फ़ौरन उसे अपनी गोद में लिया ओर मोहिनी से बोली, "ला मुझे दे... मैं खिलाती हूँ।" मोहिनी ने भात और दही का कटोरा शबरी को थमा दिया।

शबरी ने कटोरा थामते ही कहा, "इसमें ज़रा सा सूखा पोदीना बुरक दे तो चाव से खाएगी...पेट के लिए भी मुफ़ीद है। फिर नीचे जाकर बैठ औरतों में।"

"जी...," कहते हुए मोहिनी रसोई की ओर चल दी। फिर जया ने पोदीने की खुशबू वाला दही-भात अपनी जिगरी के हाथों खाया। खाते-खाते ही उसकी पलकें भारी हो रही थीं। जैसे ही कटोरे का भात खत्म हुआ और जिगरी ने उसका मुँह पोंछा वह जिगरी की गोद में ही लुढ़क कर सो गयी। शबरी ने स्नेह के साथ बायाँ हाथ उसके घुँघराले बालों में फेरा। वैसे इतनी ज़िद्दी है कि पूछो मत मगर खाते हुए गऊ हो जाती है। जो चाहे खिला लो, प्यार से खा लेती है। यह सोचते हुए शबरी मन ही मन मुस्कराई और उसके होंठों ने बुदबुदाया "अपने भाई जी की तरह...उन्हीं पर जो गई है।"

शबरी ने जया को कमरे में एक ओर लिटा दिया और उसे चद्दर ओढ़ाने लगी। तभी उसके मन ने कहा कि वह जया को ठीक वैसा ही बनाएगी जैसा भाई जी चाहते थे। मगर कैसे? वह तो पृथ्वी और मोहिनी के साथ दिल्ली चली जाएगी। अगले ही क्षण शबरी खड़ी हो गई। उसे याद आया भाई जी का वह वाक्य, "अपने घर के बच्चों को तो सभी पालते हैं, पढ़ाते हैं...सवाल ये है कि तुमने अपने घर-परिवार से आगे निकल कर आसपास की दुनिया के लिए क्या किया!" इस एक वाक्य ने शबरी के पैरों को एक लोच भरा वेग दिया। वह दरवाज़े की ओर चली पर उसने अपने भीतर से आती आवाज़ को भी सुना, "जया चली गयी तो क्या...उसके आसपास तो बहुत बच्चे हैं। फिर एक जया ही क्यों सभी बच्चे क्यों न जाएँ भाई जी पर!" और वह नीचे शोक में बैठी स्त्रियों वाले कमरे की ओर चल दी।

शबरी ने महसूस किया कि प्राय: किसी के शोक में शामिल होकर हमें अपने गुज़रे शोक भरे दिन या भावी डर आस-पास बैठे दिखाई देते हैं और हमारा स्व दूसरे के उस शोक में विलय हो जाता है। पर आज शबरी का अपना शोक उसे अपने स्व से मुक्त कर रहा था। उसे एक बार फिर भीतर से बाहर की ओर जाने की प्रेरणा दे रहा था। इस बार कुछ और ज़्यादा।

पृथ्वी की छुट्टियाँ खत्म हो रही थीं और दिल्ली लौटने का दिन क़रीब

आ रहा था। उसने तय किया कि अब जिगरी को यहाँ घर में अकेला नहीं छोड़ा जा सकता है। सो मोहिनी और जया के साथ-साथ वह जिगरी को भी दिल्ली ले जाएगा।

एक सुबह उसने अपना यह फ़ैसला जिगरी को सुनाया तो वह निर्विकार रही और कुछ ही देर बाद गली में शीरीं से मिलने चल दी। जब लौटी तो पृथ्वी ने पूछा, "जिगरी क्या रुख़्सत लेने गयी थीं?"

"रुख़्सत! अभी रुख़्सत कैसे बेटा...अभी तो मुझे जीना है...काफ़ी काम करने हैं।" शबरी मानो किसी दूसरे लोक में थी।

जवाब सुन पृथ्वी अचकचा गया, "नहीं मेरा मतलब...मतलब दिल्ली जाने से था...दिल्ली के लिए रुख़्सत से..."

"दिल्ली मैं नहीं बेटा तुम जाओगे अपने परिवार के साथ। मेरा घर-द्वार, परिवार तो यहीं है जहाँ मैंने जन्म लिया और जहाँ लाकर भाई जी ने मुझे बसाया...एक नई दुनिया का दरवाज़ा खोला मेरे लिए।"

"मगर जिगरी यहाँ अकेले तुम कैसे रहोगी?" पृथ्वी ने कहीं खोकर कहा।

"मैं अकेली नहीं हूँ बेटा...इतने रिश्तेदार हैं, रिश्तेदारों से भी सगे पड़ोसी हैं, शीरीं है, रतन भाई हैं...सादिक़ भाई हैं...दुर्गा है...वो बच्चियाँ है जो रोज़ मेरी राह तकती हैं कि मैं उन्हें पढ़ाने और कसब* सिखाने कब पहुँचूँगी।"

"सिर्फ़ बच्चियों को पढ़ाने के लिए तो हम तुम्हें सबसे अलग इस घर में अकेला नहीं छोड़ सकते जिगरी।"

"क्यों बेटा...ये कोई छोटा काम तो नहीं है। अपनी धुन में जीता तो वह भी है जो रोज़ एक ईंट की दीवार चुनता है और शाम को उसे तोड़ देता है। फिर मैं तो शाम को तोड़ने के लिए दीवार नहीं बनाती हूँ।" शबरी का उपग्रह-सा व्यक्तित्व मानो साक्षात सूर्य होने की तैयारी में था।

पृथ्वी जिगरी के पास सरक आया और उसकी बाँह पर हाथ रखकर बोला, "मगर जिगरी तुम अकेली यहाँ...क्या खुश रह पाओगी?"

शबरी ने पृथ्वी का हाथ सहलाकर कहा, "खुशी तो बर्फ़ का घर होती है। उसे ढहना ही होता है। फिर बेटा दुख से कौन बचा है? जिस घर में चूल्हा... चूल्हे में आग है, समझो दुख भी हैं। ये सच है कि छोटे-छोटे सुख ही इतने बड़े जीवन की शक्ति होते हैं मगर उन सुखों को जीवन में गूँथने वाला धागा दुख का होता है।" शबरी ख़ामोश हुई तो पृथ्वी उसे अवाक् देखता रह गया। बाहर बारिश की शीतल टप-टप ध्वनि चारों ओर बरस रही थी।

---

*सिलाई-कढ़ाई आदि जैसे गुण

"मगर मैं तुम्हें अकेला नहीं छोड़ सकता...," पृथ्वी ने बहुत धीमी आवाज़ में कहा मानो खुद से कहा हो। पर शबरी ने उस बारिश की ध्वनि में अम्बरनाथ की हँसी सुनी। वह हँसी कुछ ऐसी गूँजी जैसे अमावस की रात में आग की लपट से चारों ओर क्षण भर का प्रकाश हो गया हो। और जिगरी आँख मूँद कर मन ही मन गा उठी–

कर्म मेरे अर्चना और
शब्द सारे मन्त्र हैं
अपने धाम पहुँचना मुझको
मन में बसी इक लहर यही
माया–सर धँसी मेरी तरी
मैं तो तेरी लल्लेश्वरी।

शबरी अँधेरी रात के छोर पर खड़ी थी और उसके चेहरे पर सूर्योदय के हल्के प्रकाश के छींटे थे। कुछ समय पूर्व उसकी ज़िन्दगी किसी सुनसान रात में काँपती डल के अँधेरे जल पर खाली नाव-सी थी। बिल्कुल खाली और दिशाहीन। मगर अब इस नाव में वह अपनी भरपूर दुनिया के साथ गोद में सपने लिए बैठी उसे खे रही थी एक निश्चित दिशा की ओर। पृथ्वी को लगा कि जिगरी को उस हादसे और भाई जी के शोक से मुक्त होकर सामान्य होने में अभी वक़्त लगेगा। ऐसे में उसे यहाँ अकेला छोड़ना ठीक नहीं था। इसलिए उसने और मोहिनी ने यही तय किया कि पृथ्वी अभी अकेला ही दिल्ली लौटेगा। मोहिनी नौकरी नहीं छोड़ेगी और काम पर जाना जारी रखेगी। जया के रहने से शबरी का भी मन बदल जाएगा। सो पृथ्वी अकेला ही दिल्ली लौट गया।

शबरी ने अभी घर से निकलकर काम पर जाना शुरू नहीं किया था। मोहिनी जब पढ़ाने जाती थी तो जया की ज़िम्मेदारी शबरी ही सँभालती थी। कुछ ही महीनों बाद पता चला कि मोहिनी गृहस्थी को विस्तार देने वाली है। जया की बहन या भाई के आने की उम्मीद थी। ऐसे में शबरी पर गृहस्थी की ज़िम्मेदारियाँ लगातार बढ़ रही थीं पर उसका मन अपनी बच्चियों को पढ़ाने के लिए भी तड़पता था। उसे जीवन आँच पर चढ़ा खाली भगोना प्रतीत होता था। स्कूल जाकर या अलग-अलग मोहल्ले में जाकर पढ़ाना अब सम्भव नहीं था। सो उसने शीरीं व अन्य स्त्रियों से बात कर अपने घर के आँगन में ही बच्चियों को पढ़ाने का काम शुरू किया। अब गली में ही होने की वजह से शीरीं भी शबरी के

साथ इस काम में पूरी तरह जुट गई थी। वह नयी-नयी बच्चियों को यहाँ की राह दिखाती। शबरी उन्हें पढ़ाती और शीरीं सिलाई-कढ़ाई और पशमीना कातना सिखाने में उसकी मदद करती।

अगले साल जया का भाई हुआ तो शबरी ने उसका नाम अभिनव रखा। जया और अभिनव साथ-साथ बड़े होने लगे। पृथ्वी साल में दो बार घर आता था। हर बार उसे बच्चे कुछ ज़्यादा बड़े और समझदार होते लगते थे। जया तो जिगरी से इतना हिली हुई थी कि उसे माँ के आस-पास होने या न होने की कभी कोई चिन्ता-फ़िक्र ही नहीं थी। जिगरी के पास सोना, उसी के साथ रहना, उसी के हाथों खाना। अभिनव फिर माँ और जिगरी के स्नेह के बीच कहीं बँटा हुआ-सा दीखता था मगर जया के लिए उगता सूर्य भी जिगरी थी और डूबता सूर्य भी जिगरी। वैसे भी जिगरी के पास तो गीतों और कहानियों का ख़ज़ाना था। जया जब चाहती कोई चुराकर जेब में रख लेती और फिर सारा दिन उसी की धुन में रहती। वह कितना भी चुरा लेती, ख़ज़ाना खाली तो क्या कम भी नहीं होता था। इस ख़ज़ाने का कोहेनूर तो वह एक पहेली नुमा उल्टा-पुल्टा गीत था जो जिगरी से ज़िद करके सप्ताह में एक-दो बार तो जया को सुनना ही होता था। उसका एक-एक शब्द जया के आसपास रहस्य का एक धुआँ-सा छोड़ जाता था जिसमें घिरी नन्हीं जया विस्फारित नेत्रों से कभी जिगरी के गाल देखती, शब्दों के इशारों पर नाचती जिगरी की आँखें, तो कभी उसके सफ़ेद-सफ़ेद दाँत।

अब जया बड़ी हो गयी थी और स्कूल भी जाने लगी थी मगर रहस्य के धुएँ वाला यह उल्टा-पुल्टा गीत अब भी उसे सिर धुनता व अवाक् छोड़ जाता था। अब भी जया ज़िद करके जिगरी से वह गीत सुनती थी। अब भी उस धुंध से घिरी वह जिगरी का चेहरा, उसकी आँखें और फिर उसके दाँत देखती रह जाती थी। सफ़ेद-सफ़ेद दाँत!

जब जिगरी से मतलब पूछती तो जिगरी मुस्करा कर कहती, "कुछ भी नहीं...बस खेलगीत है।"

जया मतलब जानने की ज़िद पकड़ लेती तो जिगरी कहती, "माँ को आने दो उससे पूछेंगे...मैं इतना कहाँ जानती हूँ...मैं तो यह भी नहीं जानती कि रोज़ सूरज क्यों निकलता है...कुछ पेड़ों पर फल और कुछ पर फूल क्यों होते हैं!"

माँ से पूछने पर भी जया को कभी इसका अर्थ नहीं मिला था। यह रहस्य का कोहरा उसे घेरे रहता था। पूरा गीत उसे याद हो चुका था पर जिगरी से सुनने का आनन्द ही कुछ और था। आज भी जब वह स्कूल से लौटी तो उसने जिगरी से वही गीत सुनाने की ज़िद की, "जिगरी दस दिन हो गये..."

"नहीं परसों ही तो सुनाया था," जिगरी ने झूठे गुस्सा से कहा।

"जिगरी आप भूल जाती हैं...वह मुझे नहीं अभिनव को सुनाया था। मैंने तो दस दिन से नहीं सुना। प्लीज़ जिगरी...प्लीज़।"

"अभी स्कूल से लौटी हो पहले खाना खा लो।"

"नहीं पहले सुनाओ।"

"नहीं पहले खाना खाओ... देखो घीया और बैंगन बना है...चलो मैं खिलाती हूँ।"

"हँह... घीया का पति बैंगन*! लम्बी घीया ठिगना बैंगन।" जया ने मुँह बनाते हुए कहा।

"चलो मुँह खोलो।" जिगरी भी डटी बैठी थी।

"नहीं पहले सुनाओ।"

जिगरी ने चावल में घीया मिलाकर एक छोटा लड्डू-सा बनाया और बोली, "मुँह खोलो।"

"नहीं पहले सुनाओ।" चेहरा दूसरी ओर घूमाकर कहा जया ने।

"अच्छा-अच्छा सुनाती हूँ...पर पहले मुँह खोलो।"

"ठीक है...ये लो...अब सुनाओ," जया ने चेहरा जिगरी की ओर करके कहा। जिगरी ने चावल का वह लड्डू जया के मुँह की ओर बढ़ाया और उसकी ज़िद पूरी की-

एक कोई था
कहीं नहीं-सा।

उसके हुए जी गबरू तीन
शिकार पे निकले वो एक दिन
दो पे थीं पर इक कमान बिन
जो कमान बिन
किये उसी ने शिकार तीन
पहुँचते-पहुँचते
जहाँ वो पहुँचे
वहाँ मिले उन्हें मकान तीन
दो में थी पर इक था छत बिन
जो था छत बिन
उसमें पाए चूल्हे तीन

---

*अलि रून वाँगुन

दो में थी पर इक था लौ बिन
जो था लौ बिन
मिलीं वहीं पे हंडिया तीन
दो में थे पर इक पेंदे बिन
जो पेंदे बिन
पके उसी में शिकार तीन
शिकार खाया
शोरबा बाँधा कमर से

पहुँचते-पहुँचते जहाँ वो पहुँचे
मिलीं वहीं उन्हें नदियाँ तीन
दो में था पर इन पानी बिन
जो पानी बिन
उसी में डूबे गबरू तीन।*

इस बीच घीया-भात का थाल खाली हो चुका था। जया आख़िरी ग्रास निगलते हुए बोली, "जिगरी आज आपने ठीक से नहीं सुनाया...उल्टा-पुल्टा कर दिया..."

"अरे जो खुद ही उल्टा-पुल्टा हो उसे कोई और क्या उल्टा-पुल्टा करेगा।" थाली में हाथ झाड़ते हुए जिगरी उठी और हाथ धोने बाहर की ओर चल दी। मगर जया मुँह पर घीया के रसे की पीली मूँछें बनाये बहुत देर तक वहीं बैठी आसपास के धुँएँ से खेलती रही–

एक कोई था
कहीं नहीं-सा...

इस बार पृथ्वी सर्दियों में आया तो सप्ताह भर बाद ही मोहिनी, जया और अभिनव को लेकर दिल्ली चला गया। श्रीनगर में स्कूल-कॉलेज बन्द थे सो सोचा इन्हें दिल्ली घुमाया जाए। जिगरी को भी चलने के लिए सबने बहुत मनाया पर वह न मानी। बर्फ़ का मौसम होने की वजह से उसके यहाँ लड़कियों का पढ़ने आना भी बन्द था मगर अपनी दहलीज़ सुनसान छोड़कर जाना उसे मंज़ूर नहीं था। पृथ्वी के यह कहने पर कि मकान में अकेले रहना ठीक नहीं उसने

---

*अख ओस अखा कुन्यि न केंह...

जवाब दिया कि वह अकेली नहीं उसके साथ गृहदेवता है। जया के लिए जिगरी का यह जवाब भी खेलगीत से कम न था। उसने जाते हुए जिगरी से कहा था कि गृहदेवता से नयी-नयी कहानियाँ और गीत सीखकर रखना। जब मैं लौटूँ तो सुनाना। और जब जया लौटी थी तो सचमुच जिगरी ने नयी कहानियाँ और नये गीत सुनाये थे। जया ने मन ही मन अदृश्य गृहदेवता का आभार माना था पर अगले ही क्षण वह उदास भी हो गयी थी क्योंकि इस गृहदेवता ने अब तक उससे दोस्ती नहीं की थी।

अब अगली बार से कुछ ऐसा ही क्रम बन गया था कि गर्मियों की छुट्टियों में पृथ्वी श्रीनगर आता और सर्दियों की छुट्टियों में मोहिनी, जया और अभिनव दिल्ली आते। जिगरी वहीं रहकर धीमे-धीमे अपनी नाव खेती जाती। यह क्रम कई साल बना रहा। मगर पृथ्वी और मोहिनी दोनों के लिए दिक़्क़तों से भरा था। जया पन्द्रह साल की हुई तो पृथ्वी ने बच्चों को दिल्ली में पढ़ाने की पेशकश की। इस बीच पृथ्वी ने मोहिनी के लिए भी दिल्ली में नौकरी ढूँढ़ ली थी। उसे भी एक सरकारी स्कूल में पी.जी.टी. का पद मिल गया। पृथ्वी अब तक शिक्षा विभाग में सहायक निदेशक हो चुका था।

शबरी अपनी दुनिया में मग्न थी। वह जानती थी कि उसने इसी देहरी के भीतर जन्म लिया है और यहीं वह अन्तिम साँस लेगी। उसके घर छोड़कर कहीं जाने का सवाल ही नहीं था। फिर सुबह से शाम तक उसका आँगन जिस तरह के कलरव से महकता रहता था, वह भी पृथ्वी जानता था। पर मोहिनी और बच्चों से जुदा होने का ग़म शबरी को बहुत था। विशेष रूप से जया से। जया उसके जीवन का वह अभिन्न अंग थी जिसके बिना जीने की शबरी ने कभी कल्पना भी नहीं की थी। पर वह जानती थी कि जी तो कड़ा करना ही होगा। जया को भला वह कब तक अपने पास रोक सकती थी!

अब बच्चों के साथ मोहिनी हर साल गर्मियों के लगभग दो महीने शबरी के पास ही गुज़ारती थी। पृथ्वी छुट्टियाँ कम होने की वजह से बाद में आता था और फिर सभी साथ-साथ दिल्ली लौट जाते थे। इसी तरह दिन, महीने, साल गुज़र रहे थे। समय के निशान शबरी की देह पर अब स्पष्टत: प्रकट होने लगे थे। उम्र के साथ-साथ होने वाले हड्डियों के परिवर्तन उठते-बैठते उसे दुख देते थे। गठिया ने घुटनों को जकड़ लिया था। दोनों हाथों की दो-दो, तीन-तीन उँगलियों की हड्डियाँ टेढ़ी हो गयी थीं। चेहरे तथा हाथ-पाँव की त्वचा की झुर्रियाँ और सिर के खिचड़ी बाल उसे एक गरिमामय वृद्धा का दर्जा दे रहे थे। अगर कहीं परिवर्तन नहीं था तो बस उस एक मन में जो गर्मियों की आहट आते ही बच्चों से मिलने

की खुशी का उत्सव मनाने को तत्पर रहता और ऐसे में बाक़ी लोग घर लौटने के साथ-साथ दिल्ली की गर्मी से निजात पाने की खुशी मनाते।

घाटी में धर्म की छाँव तले बैठी राजनीति आहिस्ता-आहिस्ता अपने हाथ-पाँव पसार रही थी। साम्प्रदायिकता का एक तन्त्रजाल-सा फैलता जा रहा था, यहाँ के नागों* की मछलियों तक को निगलने की कोशिश में। परिस्थितियाँ कुछ ऐसे बदल रही थीं कि मनस्थितियाँ भी उनसे प्रभावित होने लगी थीं। इस हिंसक बदलाव में शबरी और उस जैसे लोग सोच-सोच कर बेहाल हुए जाते थे। इस समाज में जीवन सिर्फ़ अपने नहीं बल्कि कइयों के सुख-दुख से मिलकर एक बड़ा रूप लेता है और हम उसी की डोर का सिरा थामे साथ चलते चले जाते हैं। प्रायः कुछ कर नहीं पाते क्योंकि होता वही है जो अगुवा चाहे। अगर सही दिशा में मुड़ गया तो ठीक वर्ना जाने कितने जीवन घिसटते चले जाने को मजबूर होते हैं उसके पीछे-पीछे। जब भी कहीं साम्प्रदायिक माहौल के पसरने की ख़बर फैलती रतनलाल और सादिक़ शबरी से मिलने ज़रूर आते। ऐसी घटनाओं का होना कश्मीरियत को जीवन से बेदख़ल करना था। एक-एक घटना शबरी और उसकी दुनिया के लोगों के मनों में असंख्य फफोले उगा जाती थी। चारों ओर सोच-समझ कर दशहत फैलाई जा रही थी। इस उल्टी बयार के साथ जूझने को ज़िन्दगियाँ मजबूर थीं।

वह 19 दिसम्बर 1985 की सर्द सुबह थी जब रतनलाल ने आकर बताया कि कल रात 8 बजे बन्धु जी का देहान्त हो गया। यह बताकर और कहवा पीकर वह चला गया परन्तु शबरी को भीतर तक जमा हुआ छोड़ गया था। कश्मीर के लिए बन्धु जी का न रहना अब ज़्यादा बड़ी खबर नहीं थी। एक ज़माना वह भी था कि हर सुबह उनके लिखे शब्दों का बेताबी से लोग इन्तज़ार करते थे। शबरी ने अपने चश्मे के शीशे साफ़ किये और सोचा। आज बच्चियों को भी नहीं आना था क्योंकि दो दिन से ठंड कुछ ज़्यादा थी। कल ही एक सप्ताह की छुट्टी का एलान हो गया था। बस शमीमा ने कहा था कि अगर उसके शॉल की कढ़ाई का काम पूरा हो गया तो छुट्टी के बावजूद वह आएगी। शबरी ने मन से चाहा कि आज वह भी न आए। आज जब बन्धु जी के साथ-साथ एक युग समाप्त हो गया तो एक बार वह उस समय को नज़र भरकर देख तो ले।

बन्धु जी कभी उनके परिवार की धुरी थे। उनका देहान्त चाहे अब हुआ पर

*जलस्रोतों

असल में उनके जीवन से तो वे अम्बरनाथ के साथ ही चले गये थे। वैसे भी वे गिरफ़्तार किये जा चुके थे। पर उनके सिद्धान्तों-विचारों ने शबरी की दुनिया बदल दी थी। अम्बरनाथ के बाद चाहे उनका ज़िक्र घर में अधिक न होता था पर बन्धु जी हमेशा शबरी के जीवन का अहम हिस्सा रहे। अम्बरनाथ द्वारा सहेजकर रखे गऐ बन्धु जी के लेख शबरी कभी-कभी अकेले में पढ़ती थी और उसमें से छाँट-छाँटकर बच्चियों को पढ़कर भी सुनाती थी। उनकी जलाई लौ के सहारे ही शबरी का अपना ये लम्बा एकाकी जीवन चल रहा है। समाज में सामाजिक परिवर्तनों और रिफ़ार्म की आवाज़ धीरे-धीरे धुँधला गयी थी और उस पर आँसू गैस के धुँए की तरह सियासी माहौल और सियासत छा गई थी।

'देश' अख़बार शबरी आख़िर तक मँगवाती रही थी। उसी से जाना था कि 1958 में बन्धु जी को जेल से रिहा कर दिया गया था। बाहर आने के बाद वे किसी सियासी पार्टी में शामिल नहीं हुए। फिर 1964 में बख़्शी गुलाम मोहम्मद को हटाकर गुलाम मोहम्मद सादिक़ को चीफ़ मिनिस्टर बनाया गया। सादिक़ साहब ने बन्धु जी को उत्तरी कश्मीर में सोनाबारी क्षेत्र का प्रोजेक्ट हाथ में लेने के लिए किसी तरह मना लिया था। बाढ़ की आफ़तों में डूबे सोनावारी का बन्धु जी ने नक्शा बदल दिया था। वह ज़मीन सही मायने में स्वर्ण-भूमि में तबदील हो गयी थी। बाढ़ से किसानों को मुक्ति मिली और वहाँ फसल उगाई जा सकी। भूख और गुरबत से जूझते किसानों ने इन्सानों की तरह साँस लेना सीखा। फिर 'देश' अख़बार भी 1967 में बन्द हो गया। बन्धु जी की खबरें कभी अन्य अख़बारों से मिलतीं, कभी रतनलाल तो कभी ओंकारनाथ गंजू सुना जाते थे।

शेख़ मोहम्मद अब्दुल्ला 1974 में दोबारा सत्ता में आये पर इस बार पहले की तरह वज़ीरे आज़म नहीं बल्कि चीफ़ मिनिस्टर बनकर। अगले ही वर्ष बेग-पार्थसारथी समझौता हुआ। शेख साहब बन्धु जी की और आम जनता के हित में किये गये उनके कार्यों की इज़्ज़त करते थे। वे नहीं भूले थे कि कैसे देहात सुधार महकमे के डाइरेक्टर रहते हुए बन्धु जी ने देहातों में सड़कों, कुँओं, नालों की सूरत बदल दी थी। गाँवों में न्याय पंचायत बनाकर ग्रामीणों को कोर्ट-कचहरी से मुक्ति दिलवाई थी, किसानों की माली हालत सुधारने के लिए उन्हें बीज वगैरह दिए थे, घर-घर जाकर शिक्षा का प्रसार करवाया था। साथ ही वे एक कुशल प्रशासक भी थे। इसी वर्ष शेख साहब ने राज्य के प्रशासन में मदद के लिए बन्धु जी को ख़त लिखा कि 'जुन्नार बंदी* कीजिए, क़ौम की खिदमत का वक़्त आ गया है।'

---

*कमर कस लीजिए

मगर बन्धु जी ने उनके ख़त के जवाब में लिखा कि 'जिस शेरे कश्मीर को मैं जानता था इस समझौते के बाद वो दिखाई नहीं देता।' सो शेख साहब द्वारा बेग-पार्थसारथी सन्धि की शर्तों को मानने के कारण बन्धु जी ने शेख साहब के साथ काम करने से इंकार कर दिया। उन्हें ऐसा लगा कि इस बार मिला यह ओहदा मानो केन्द्र की ओर से उछाला गया सिक्का है। फिर वह सिक्का चाहे सोने का हो या ताँबे का-क्या फ़र्क़ पड़ता है!

बन्धु जी सत्ता से न जुड़कर अपने पैतृक गाँव में रहने लगे थे और वहीं एक चिनार की छाँव में बैठकर अपने गाँव वालों को बेहतरी की राह दिखाते रहे। और एक दिन फिर वह चिनार भी अपनी विशाल जड़ों के साथ वहीं छूट गया। अकेला। ऐसे जुझारू व्यक्तित्व का ऐसा ख़ामोश अन्त!

अपने देहान्त से कुछ ही दिन पहले श्रीनगर में हुए ऑल इंडिया कश्मीरी पंडितों की कांफ्रेंस में बन्धु जी ने कहा था कि किसी भी तरह के 'समर्थन या सहायता के लिए नयी दिल्ली की जगह श्रीनगर की ओर देखो।' यह उनका आख़िरी भाषण था। जिसे अब अखबार 'स्वैन सॉन्ग' कह रहे थे।

शबरी को लगा कि जाते-जाते भी शायद बन्धु जी कश्मीर के लगातार बिगड़ते हालात के विरोध में वही दोहरा रहे होंगे जो आज़ादी से पहले असहमति के शाब्दिक झंडे के रूप में वे 'मार्त्तण्ड' में एक अर्से तक रोज़ छापा करते थे-

ख़ामोशी गुफ़्तगू है
बेज़ुबानी है ज़ुबाँ मेरी...

देश में आतंकवाद अपनी जड़ें जमाने में जुटा था। पंजाब में फैली इस आतंकवाद की आग से भी शबरी वाक़िफ़ थी। इधर कश्मीर में धर्म की राजनीति का लबादा दिन-रात लम्बा होता जा रहा था। सरकार स्थानीय पार्टी की थी पर पर्दे के पीछे से केन्द्र से हाथ मिला चुकी थी। यह अवाम को मंजूर न था क्योंकि हमेशा की तरह यहाँ भी केन्द्र अपनी सत्ता का पत्ता चल रहा था। शायद यही सत्ता की राजनीति है! सत्ता का यह पत्ता कश्मीर के अवाम को बेईमानी का खेल लगा। पर शायद सत्ता की शतरंज पर मोहरों की यह चाल जायज़ मानी जाती है!

वर्ष 1984 में केन्द्र की सरकार ने जनता द्वारा चुनी गई फारूख अब्दुला की सरकार को अचानक बर्खास्त कर दिया और उन्हीं के बहनोई जी.एम.शाह को मुख्यमन्त्री बना दिया। एक बार फिर राजनीति के खेल के आगे फटेहाल डेमोक्रेसी विधान सभा के बाहर खड़ी दामन पसार कर भीख माँग रही थी।

अब्दुला परिवार के आपसी मतभेद का फ़ायदा उठाकर स्थानीय दल नेशनल कान्फ्रेन्स की रीढ़ तोड़ने की कोशिश की गयी थी और उसमें केन्द्रीय सरकार कामयाब भी हुई। नेशनल कांफ्रेन्स ने फारूख़ अब्दुल्ला की बर्खास्तगी के ख़िलाफ कोई बड़ा आन्दोलन नहीं किया। इन हालात से खीझ कर सत्ता की चाह में फारूख अब्दुला ने केन्द्र से हाथ मिला लिया और लगभग दो साल बाद दोबारा मुख्यमंत्री बन बैठे। कुछ सालों की इस उठा-पटक से आम कश्मीरी मन में कांग्रेस और नेशनल कांफ्रेन्स दोनों के प्रति मोहभंग हुआ।

पृथ्वी उन दिनों एक ट्रेनिंग प्रोग्राम के तहत नैनीताल में था। ऐसी खबरें पढ़कर उसके ज़हन में बहुत पहले हुई शेख़ साहब की गिरफ़्तारी, उसके विरोध में हुई एजीटेशन और अपने भाई जी की दर्दनाक मौत घूम जाती। कैसा सदमा पहुँचा था भाई जी को भी यह जानकर कि आज़ाद देश की यह डेमोक्रेसी मसनूई है। यहाँ केन्द्रीय सरकार चुनाव में जीतकर आई किसी भी राज्य की सरकार को कान से पकड़ कर नीचे बैठा सकती है डोरमैट पर! तब तो शेख़ साहब को न सिर्फ़ अपदस्थ किया गया था बल्कि गिरफ़्तार कर लगभग ग्यारह साल नज़रबन्द रखा गया। उन पर आरोप था कि वे अमेरिका की मदद से कश्मीर को आज़ाद कराना चाहते थे और इसे राजद्रोह कहा गया। बाद के वर्षों में पृथ्वी बार-बार यह सोचने को मजबूर हुआ कि अगर शेख़ साहब राजद्रोही थे तो उनके खिलाफ़ चलाया गया मुकदमा वापस क्यों ले लिया गया! और इस 'राजद्रोही' को सन् 1964 में स्वयं नेहरू जी ने आज़ाद क्यों किया? फिर उन्हें ही अपना विशेष दूत बनाकर पाकिस्तान क्यों भेजा? यानी जनरल अयूब खाँ से कश्मीर के मसले पर बातचीत करने की इजाज़त क्यों दी? नेहरू जी के देहान्त के बाद शेख़ साहब को कांग्रेस ने फिर नज़रबन्द रखा पर उसी कांग्रेस ने 1977 में उन्हें बाइज़्ज़त मुख्यमन्त्री की कुर्सी पर बैठने में मदद दी। क्यों?

वह मन ही मन जिरह करता कि आज फारूख अब्दुला से किया गया केन्द्र का समझौता क्या इतिहास का दोहराव नहीं? उस इतिहास का जिसने कश्मीरियों के दिलों में केन्द्र के प्रति सुलगती नफ़रत की आग को दावानल में बदल लिया! फिर जैसे ही केन्द्र में कश्मीरी मुस्लिम ने गृहमन्त्री का पदमार संभाला कश्मीर में चन्द ताक़तों और गुटों ने भी कश्मीर की आज़ादी के लिए लड़ रहे आतंकवादियों का साथ दिया। अब आन्दोलन सड़कों पर उतर आया और इसका क़हर कश्मीरी पंडितों पर बरसा। केन्द्रीय सरकार को हिन्दुओं से जोड़कर देखा गया इसलिए कश्मीर की आज़ादी का आंदोलन अब कश्मीर को पूरी तरह से मुस्लिम स्टेट बनाने का आन्दोलन हो गया। इस स्थानीय आन्दोलन में विदेशी

शक्तियाँ भी दल-बल सहित कूद पड़ीं।

अब तक वे इस आग को चोरी-छिपे हवा देती थीं मगर अब वे लोग इसमें अपना हाथ होने से इंकार करने के बावजूद खुलकर सामने आये। जेहाद का हवाला देकर कश्मीरी मुस्लिम लड़कों व युवकों को सीमापार ले जाया जा रहा था। वे वहाँ से आतंक फैलाने की ट्रेनिंग और आधुनिकतम हथियार लेकर लौटते थे और अपने ही लोगों पर क़हर ढहाते थे। अपनेपन में एक चौड़ा शिगाफ़ पड़ रहा था। ये सारा क़हर तब कश्मीरी पंडितों पर टूटता था। उनका उद्देश्य था हिन्दुओं को घाटी से भगाओ जिससे यह एक मुस्लिम स्टेट बने। तब रायशुमारी की भी भला क्या ज़रूरत रहेगी!

शबरी महसूस करने लगी थी कि तब से हालात और बिगड़ गये हैं। कभी किसी चौराहे पर गोलियाँ चलती थीं तो कभी किसी निर्दोष, निहत्थे पंडित को बेवजह मौत के घाट उतार दिया जाता था। आये दिन बमों, बाज़ारों, स्कूलों, कॉलेज़ों में बम फट रहे थे। कोई किसी की हिमायत में मुँह खोलता तो पहले उसी की जान जाती। जवान बहू-बेटियाँ अग़वा कर ली जा रही थीं। किसी के भी घर में घुसकर उसे धमकाना आम बात थी। खौफ़ फैलाने के नये से नये अमानवीय तरीके ढूँढ़े जा रहे थे। दहशत के अँधेरे ने घाटी को पूरी तरह जकड़ लिया था और यह अँधेरा कश्मीरी पंडितों की आत्मा में उतर गया था। अब पंडितों का बाहर से यहाँ आना क्या यहाँ से जान बचाकर बाहर जाना भी मुश्किल और खतरनाक हो गया था। सड़कों पर सुबह-शाम लाउड स्पीकरों से यही धमकी भरे नारे सुनने को मिलते कि सभी पंडित अपनी सम्पत्ति और बहू-बेटियाँ घाटी में छोड़कर घाटी से बाहर जाएँ वर्ना बचेंगे नहीं।

कहीं किसी पंडित स्त्री को सिर से धड़ तक दो हिस्सों में काट दिया गया तो दूसरी को सामूहिक बलात्कार के बाद घायल अवस्था में निर्वस्त्र सड़क पर छोड़ दिया गया। यह एक घायल निर्वस्त्र स्त्री ए.के. 47 के सैंकड़ों वारों से कहीं अधिक कारगर सिद्ध हो रही थी उनके लिए। यह एक जीता-जागता अमानवीय व भयावह सन्देश था पूरे पंडित समुदाय के लिए कि कश्मीर छोड़कर भाग जाओ वर्ना तुम्हारे परिवार की स्त्रियों का भी यही हश्र होगा। और कश्मीरी पंडित रातों-रात जैसे-तैसे वहाँ से भाग रहे थे। अपने ही स्टेट में अपनी जन्मभूमि से पलायन करने को मजबूर थे। अपना घर, अपनी सम्पत्ति छोड़कर शरणार्थी शिविरों में रहने को मजबूर थे।

शबरी की आत्मा हर पल इन हालात का शोक मनाती थी पर बहुत कहने-मनाने के बावजूद अपना घर, अपना कश्मीर छोड़ने को तैयार न थी। सोचती थी मुझ बुढ़िया

का कोई क्या करेगा! जितनी बची है जैसे-तैसे यहीं गुज़र जाएगी।

मगर ये क़हर शबरी पर भी बरसा था जब उसके घर-आँगन में चलने वाले स्कूल के खिलाफ़ भी आतंकवादियों ने कमर कस ली थी। श्रीनगर रात-दिन कर्फ़्यू के साये में साँस लेता-छोड़ता था। इस कर्फ़्यू में थोड़े वक़्त की छूट भी दी जाती थी जिससे बाज़ारों से रोज़मर्रा की वस्तुएँ खरीदी जा सकें और ज़िन्दगियाँ किसी तरह निभ सकें। कर्फ़्यू में इस ढील की घोषणा भी अचानक ही होती थी। एक शाम जब कर्फ़्यू दो घंटे के लिए खुला तो शबरी घर में अकेली थी। लड़कियाँ भी पढ़ने या सिलाई सीखने आजकल नहीं आ पा रही थीं। बस गली की एक-आध लड़की कभी-कभी आ जाती थी। प्रायः शीरीं के परिवार का कोई भी व्यक्ति शबरी की ज़रूरत का सामान, सब्ज़ी, फल वगैरह ला देता था। आज जैसे ही शबरी ने रेडियो की ख़बरों से जाना कि उनके इलाक़े का कर्फ़्यू खुला है उसने किसी को तकलीफ़ न दे खुद बाज़ार जाकर सब्ज़ी वगैरह लाने का फैसला किया। महीनों से घर में रह-रह कर ऊब भी गयी थी। सो उसने एक कपड़े का थैला उठाया, सदर दरवाज़े पर बाहर से कुंडी लगाई और एक-एक कदम सावधानी से उठाती-रखती गली से बाहर चली।

दुकानें सारी खुली थीं। लोग तेज़ी से सामान खरीद रहे थे। कुछ लोग दो-दो, तीन-तीन के गुटों में खड़े धीमे स्वर में बातचीत कर रहे थे। दुकानदारों के हुक़्क़े और चिलम कोने में पड़े थे और वे तेज़ी से सामान बेच रहे थे। यह रौनक उसे भली लगी और वह धीरे-धीरे हब्बा कदल तक पहुँच गयी। वहाँ से सब्ज़ी खरीदी और उसी धीमी चाल से सब्ज़ी का थैला उठाये घर की ओर आने लगी। तभी एक दुकान के बाहर खड़े चार नौजवानों में से एक ने उसे रोका, "ए बुढ़िया... बहुत चला लिया तूने सुकूल-वुकूल... अब खुद चलती बन।"

शबरी सहसा ठिठक गयी। उसे विश्वास ही न हुआ कि वह उसी से मुखातिब था। फिर साँस सी सटककर उसने कहा, "वो स्कूल तुम्हारा क्या बिगाड़ता है?"

"तेरा हुलिया बिगाड़कर दिखाऊँ क्या बिगाड़ता है? बहस करती है। पहले हमारी लड़कियों को बिगाड़ती है फिर बहस करती है!"

"मैं भला बहस कहाँ...," शबरी कुछ कहना चाहती थी कि तभी सामने से एक अधेड़ ने आकर उसके हाथ से थैला ले लिया और उसे लगभग आगे की ओर ठेल कर कहा, "लाओ थैला...चलो घर पहुँचा दूँ..."

असमंजस में शबरी के क़दम तेज़ी से आगे की ओर लगभग घिसटे मगर उसके कानों ने उन पीछे छूट रहे युवकों को थूक की तरह कुछ गालियाँ सड़क

पर फेंकते हुए सुना और फिर उनका ठहाका "सब्ज़ी का थैला तो सँभाला नहीं जाता...स्कूल चलाएगी। हँह!"

अपनी गली में पहुँची तो उस अनजान अधेड़ ने कहा, "आजकल सड़क पर किसी के मुँह लगना खतरे से खाली नहीं। सब्ज़ी वगैरह किसी से मँगवा लिया करो।"

शबरी युवकों के उस अपमानजनक व्यवहार की वजह से भीतर से ऐसी हिल गयी थी कि उसे जवाब ही न सूझा। फिर उस अधेड़ ने शबरी को उसका थैला थमा दिया, "लो थैला ले लो...अब चलता हूँ...खुदा हाफ़िज़।"

रात में भी शबरी को चैन न मिला। खाना खाने को जी न था सो वह जल्दी ही लेट गई। मगर दिमाग को आराम कहाँ! वह रोज़ यहाँ-वहाँ के अपमानजनक व दहशतनाक किस्से सुनती थी मगर खुद उसका भी भरे बाज़ार में अपमान हो सकता है यह उसने सोचा भी न था। और लोग खड़े देखते रह गये। जो दुकानदार उससे हमेशा इज़्ज़त से पेश आते थे, उसके एक इशारे पर सामान घर पहुँचा देते थे! वे भी खामोश रहे बल्कि कुछ तो दूसरी ओर देखने लगे थे। अगर वह अनजान व्यक्ति मदद को आगे न बढ़ता तो न जाने क्या हो जाता!

उन नौजवानों की नज़रों में कोई ग़ैरत बाक़ी न थी। कलियुग क्या इसी को कहते हैं? क्या हो गया है हमारी नयी पीढ़ी को?

अचानक एक ज़ोरदार आवाज़ हई और शबरी काँप गई। ये आवाज़ कैसी? उठकर कुछ पल सोचा उसने। नीचे रसोई की ओर से आयी थी। सो उसने सीढ़ियों की बत्ती जलाई और रसोई में पहुँची। वहाँ की बत्ती जलाकर देखा तो हैरान रह गयी। बाहर की ओर से एक ज़ोरदार पत्थर रसोई की खिड़की के एक पल्ले को खोलता हुआ बर्तनों पर लगा था। उसने बत्ती फ़ौरन बुझा दी। फिर धीरे-धीरे आगे बढ़ी और खिड़की का पल्ला बन्द किया। रसोई से बाहर आई और अपने कमरे में चली गयी। कुछ क्षण के लिए उसके भीतर की धक्-धक् में एक उछाल-सा आया। तो नौबत यहाँ तक पहुँच गयी है!

न चाहते हुए भी रात जागते ही बीती। दिमाग ने शरीर और मन की थकान से मुँह मोड़ लिया था। शबरी के घर में जब सुबह भारी मन से दाखिल हुई तो शबरी उठी और रसोई की सफ़ाई में जुट गई। फिर सारे घर के एक-एक कमरे को खोलकर उसने झाड़ू लगायी। थक कर बैठी तो सोचा कुछ खा-पी ले, क्या पता भूले-भटके कोई लड़की आ ही जाए। पर कुछ बनाने को जी न चाहा। पेट में क्यों डालना होता है इतना ईंधन बार-बार? उसने खुद से पूछा। थोड़ी देर बाद कहवा बनाकर खाली पेट में डालने बैठी। रात में किसने मारा

होगा ये पत्थर और क्यों? पर आया तो आसपास से ही होगा। इस पूरे मोहल्ले में बड़े से लेकर बच्चे तक मेरी इज़्ज़त करते हैं, मुझसे मोहब्बत से बात करते हैं, फिर ये किसकी करतूत होगी? क्या उसे इस बात का ज़िक्र औरों से करना चाहिए? नहीं। ऐसी बातों से माहौल में और तल्ख़ी बढ़ेगी। फिर बच्चियाँ भी कहीं घबरा न जाएँ। शबरी ने सोचा और तय किया कि वह इसका ज़िक्र किसी से नहीं करेगी। किसी से भी नहीं।

तभी दरवाज़ा खुलने की आहट हुई और कुछ क्षण बाद शीरीं रसोई से जुड़े कमरे में दाखिल हुई। उसने सशंक नज़रों से शबरी को देखा। शबरी को उसका बिना दुआ-सलाम के यूँ फटी-फटी नज़रों से देखना बहुत अजीब लगा, "आओ शीरीं...क्या हुआ?"

शीरीं ख़ामोशी से बैठ गयी तो शबरी की जिज्ञासा ने कहा, "क्या हुआ शीरीं?"

"तुम्हें नहीं पता?" शीरीं ने पूछा।

"क्या?"

"वो...जो दरवाज़े पर...," कहते-कहते शीरीं अटक गई।

"किस दरवाज़े पर? क्या है दरवाज़े पर?"

"तुम्हारे घर के दरवाज़े पर...", शीरीं ने फिर वाक्य अधूरा छोड़ दिया।

शबरी खोस एक ओर रख उठ खड़ी हुई और तेज़ी से सदर दरवाज़े की ओर लपकी, "अरे बोलती क्यों नहीं...क्या है दरवाज़े पर...कौन है?"

आँगन में पहुँची तो दरवाज़ा बन्द था। शबरी ठिठक गयी और पलट कर पीछे आ रही शीरीं को देखा। शीरीं ने सहमी आवाज़ में कहा, "खोलकर देख।"

अब शबरी सशंक कदमों से आगे बढ़ी और सदर दरवाज़े को खोला तो सन्न रह गयी। वहाँ एक पोस्टर लगा था, 'बुढ़िया मास्टरनी की अचानक मौत की वजह से स्कूल बंद हो गया है। इस पोस्टर को यहाँ से हटाने वाले के हाथ काट दिए जाएँगे।'

दरवाज़ा जस का तस छोड़ शबरी थके बोझिल कदमों से लौट आई। शीरीं ने उसे अन्दर जाते देखा तो दौड़कर आयी और सदर दरवाज़ा बन्द कर दिया। फिर शबरी के पास पहुँची, "शबरी...शबरी...मेरी बात मानेगी?"

शबरी ने खामोश नज़रों से शीरीं की ओर देखा तो उसने कहा, "तू यहाँ अकेली मत रह...ये ठीक नहीं है अब...आज ही मेरे साथ चल...वहीं रह जब तक पृथ्वी न आ जाए तुझे लेने।"

"क्या! और ये स्कूल?"

"ये स्कूल...ये स्कूल अब है कहाँ... आगे भी नहीं चलेगा।" काँपती आवाज़

में कहा शीरीं ने।

"तूने भी मान लिया कि बुढ़िया मास्टरनी मर गयी?"

"नहीं शबरी...तुझे मेरी उम्र भी लगे...वो बात नहीं मगर..."

"क्या मगर?" शबरी की आवाज़ में गुस्से की आँच थी।

"जब लड़कियाँ ही नहीं आएँगी तो फिर स्कूल...," शीरीं आधा वाक्य फिर निगल गयी थी।

"अरे आजकल नहीं हैं तो क्या हुआ... कुछ दिन बाद आने लगेंगी। क्या वो लड़कियों को भी रोकेंगे? पहरे पर बैठेंगे यहाँ?"

"पहरे पर बैठे बिना ही वो अपना काम कर चुके हैं।"

शबरी का कलेजा धक् से रह गया, "कैसे?"

"लड़कियों के घर वालों से कह दिया गया है कि जो अपनी लड़की को वहाँ भेजेगा पछताएगा...उनकी लड़की के चेहरे पर तेज़ाब डाल दिया जाएगा!"

"क्या!" शबरी फिर सन्न रह गई। उसने कमज़ोर आवाज़ में पूछा," तुम्हें कैसे पता है?"

"आज सुबह ही सलीमा और नफ़ीसा आयी थीं। यहाँ आते हुए डर रही थीं। इसलिए मुझसे ही कह गयी हैं कि अब से वो भी नहीं आएँगी और बाकी लड़कियाँ तो पहले ही...!" कमरे ने कुछ पल सिर्फ़ शबरी और शीरीं की धीमी साँसों की आवाज़ें सुनीं। फिर शीरीं बोली, "उनके जाते ही तुझे बताने आयी तो दरवाज़े पर वो पोस्टर...।"

शबरी की ज़बान ऐंठ गयी। पर उसने शीरीं को कहते सुना, "यहाँ अकेले रहना ठीक नहीं है...चल उठ मेरे साथ चल। चल मैं तेरे कुछ कपड़े बाँध लूँ..."

शीरीं उठी और उसने शबरी की बाँह पकड़कर उसे उठाना चाहा। शबरी ने बाँह वापस खींच ली, "नहीं, ये मेरा घर है और मैं यहीं रहूँगी।"

"तू...क्या हो गया है तुझे? समझती क्यों नहीं तू...इस शहर का दिमाग़ खराब हो चुका है।"

"जानती हूँ...सब जानती हूँ कि यह दिमाग़ी बुखार है...आतंक के नशे ने इनके दिमागों को तपा दिया है और जवाब में ये लोग आग बरसा रहे हैं। मगर मैं...मैं अपना घर छोड़कर नहीं जाऊँगी...चाहे कुछ भी हो जाए...कहीं नहीं...कभी नहीं। स्कूल नहीं चलता न चले...पर ये मेरा घर है...मुझे यहाँ से कोई नहीं निकाल सकता...कोई नहीं।" शबरी के होंठों पर पपड़ियाँ-सी जमने लगी थीं। गला सूख रहा था। साँसें तेज़ थीं।

"क्या अब भी तुझे अकेले यहाँ डर नहीं लगेगा?" शीरीं ने हैरानी से पूछा।

"डर? अपने घर में भला कैसा डर!" फिर शबरी उठी और शीरीं की बाँह पकड़कर बाहर की ओर चली। आँगन पार कर उसने सदर दरवाज़ा खोला और उस पोस्टर पर नज़र डाली। फिर उसे कई हिस्सों में उखाड़-उखाड़ कर फेंक डाला।

"लो ये मैंने हटा दिया...जाओ उनसे कह दो कि आओ काटो मेरे हाथ...जाओ..." फिर ज़रा साँस लेकर कहा शबरी ने, "तुम भी ठंडे दिमाग़ से काम लो। हमारी बच्चियाँ पहले से बहुत कम हो गयी हैं। हमें हिम्मत से काम लेना होगा। जो बच्चियाँ अब डर गयी हैं उन्हें समझाओ...कुछ दिनों में सब ठीक हो जाएगा।" शबरी ने कहा तो शीरीं उसे एक-टक देखती रही। फिर साँस खींचकर बोली, "आमीन! तू पाक़ दिल है...क्या पता खुदा तेरी ही बात सुन ले..."

शबरी ने उसके कन्धे पर हाथ रखकर कहा, " जा घर जा...डरने से कुछ नहीं होगा...मैं अपने घर, अपने शहर में ही रहूँगी।"

शीरीं चली गयी तो शबरी सूने आँगन में ही बैठ गयी। तो अब ये आँगन ऐसा ही सुनसान रहेगा! तो आज से उसका स्कूल बन्द हो गया! जो दो-चार लड़कियाँ कभी-कभी आ जाती थीं वे भी नहीं आएँगी! हालाँकि अब वह खुद नहीं बल्कि उसकी सिखाई लड़कियाँ ही इस स्कूल को जिलाए हुए थीं पर उसे एक सब्र था कि आँगन उसी का है। शबरी का दिल डूब गया। इस जीवन में ये दिन भी देखना था! इसी स्कूल और इन्हीं बच्चियों के लिए उसने अपने परिवार के साथ न जाकर यहाँ अकेला रहना मंजूर किया था। मगर अब? अपनी भीगी ज़िन्दगी को निचोड़कर सपने का जो पौधा बोया था उसकी शाखें अचानक मुरझाई दिखाई दीं। धीरे-धीरे वह पौधा सूख जाएगा। शबरी को लगा कि उसका जीवन कबाड़खाने में रखी बिना चमड़े की तुम्बकनारी-सा निरर्थक है। उसका स्कूल एक मनौती वाला वृक्ष था जो आज उखड़ गया अपनी जड़ों से। उसके उखड़ने से सिर्फ़ शबरी की ही नहीं जाने कितनों की मनौतियाँ सूख जाएँगी, दम तोड़ देंगी। उसने अपने भीतर बची-खुची हिम्मत बटोरी और खुद से ही कहा—मनौतियों वाले वृक्ष और मनौतियों के बिना जीवन जीना कितना भी कठिन क्यों न हो पर अब जितना भी बचा है वह यहीं जियेगी। इसी आँगन में, इसी दहलीज़ पर, इसी मिट्टी में, इसी हवा में। उम्र के लगभग पिचहत्तर पड़ाव पार कर लेने के बाद अब क्या अपनी छोड़ किसी और की देहरी पर जाना! फिर उसे भी अन्ततः अपनी वितस्ता का ही वरण करना था अपने पुरखों की तरह। यही उसने पृथ्वी से कहा था जब साल भर पहले वह अकेला ही उसे यहाँ से ले जाने आया था। हालात ठीक न होने के कारण वह अकेला ही आया था।

जया अपने घर की हो चुकी थी। वह भी बच्चों को लेकर कई सालों तक

बिना नागा मिलने आती रही थी। इधर पाँच-छह सालों से उसे देखने को आँखें तरस गयी थीं। अभिनव और बहू नन्दिनी असम में थे जहाँ अभिनव फॉरेस्ट ऑफ़िसर था। श्रीनगर आये उन्हें भी पाँच-छह साल हो ही गये थे। यहाँ घर में फ़ोन न होने की वजह से भी पृथ्वी जिगरी को लेकर काफ़ी चिन्तित रहता था। सप्ताह में तीन-चार बार वह शीरीं के घर जिगरी को फ़ोन पर बात करने के लिए बुलवा लेता था।

इस बार गर्मियों में पन्द्रह दिनों के लिए अकेला आया तो सुबह-शाम जिगरी से श्रीनगर छोड़ दिल्ली चलने का इसरार करता रहा पर वह जाने को राज़ी न हुई थी। अन्ततः पृथ्वी को अकेला ही वापस जाना पड़ा था। इस बीच मोहिनी के भी फ़ोन आते रहे थे पर शबरी की एक ही रट थी, "बेटा तुम लोग वहाँ अपना ख़याल रखो। मेरी तो कट गयी। अब बची-खुची यहीं से पार लगेगी।"

वह घर न छोड़ने की अपनी ज़िद पर अड़ी थी। तभी उसने सोचा कि अन्तिम समय पृथ्वी को सूचना न मिल पायी या वह न आ पाया तो? इस ख़याल के आगे शबरी बेबस थी। उसका दिमाग़ दूर-दूर तक फैली सफ़ेद बर्फ़ से ढँक कर सुन्न-सा हो गया। उसे कुछ न सूझा। हे माँ भवानी कृपा करना। उसने अपने दाएँ घुटने को दबाया जहाँ हल्का-हलका दर्द था। जो किस्मत में लिखा होगा वही होगा। पृथ्वी नहीं आ पाएगा तो इसका कोई चारा नहीं होगा। यहाँ अभी बहुत मेरे अपने हैं वही दे देंगे मुखाग्नि। इस घर-आँगन से लगता है जन्म-जन्मान्तर का नाता है। यहीं जन्म लिया, यहीं से ब्याही गयी और जब लौटी भी तो यहीं। यहीं रहकर एक ही जीवन में न जाने कितने जीवन जिये! तो क्या अब अन्तिम पहर में, चला-चली की इस वेला में इसे छोड़ दूँ? नहीं किसी क़ीमत पर नहीं। हरगिज़ नहीं। शबरी ने अपने बचे-खुचे जीवन को ऊपर वाले के हाथों में सौंप दिया और अपने उसी आँगन में बैठी-बैठी अपनी ललद्यद को याद करने लगी-

काठ-कमान को तीर घास का
बढ़ई महल को बेसीख मिला
बीच बजरिया वो दुकान मैं
ताला न जिसपे लगा मिला
तीर्थ रहित ये देह रही है
समझे कौन वेदना रे!*

---

*हचिवि हारिंजि प्यच्युव कान गोम/अबख छान प्योम यथ राज़दाने
मंज़बाग बाज़रस कुलुफ़ रोस वान गोम/तीर्थ रोस पान गोम, कुस मालि ज़ाने।

शबरी के दरवाज़े पर लगे पोस्टर और लड़कियों पर तेज़ाब डालने की धमकी की ख़बर तेज़ी से फैली। अगली सुबह अपने अकेलेपन के इलाज के लिए शबरी ने कुछ बचा-खुचा ऊन निकाला और जया की बेटी के लिए मोज़े बुनने लगी। सोचा पिछली बार जब मिली थी यही कोई चार-पाँच बरस की थी। तब से भी पाँच साल तो बीत ही गए। सो दस की होगी। उसने दस-बारह की उम्र के पाँव के हिसाब से फँदे डालने शुरू किये। तभी अचानक दरवाज़ा खुला और लाठी लिए धीमे कदमों से रतनलाल ने प्रवेश किया।

शबरी ने नमस्कार करते हुए सिलाइयाँ और ऊन एक ओर रख दिए। रतनलाल के चेहरे पर इतनी अधिक चिन्ता थी कि बैठते हुए वे शबरी के नमस्कार का जवाब भी न दे पाए। बस उसका चेहरा देखते रहे, "सुना है वो लोग यहाँ भी पहुँच गये!"

शबरी ने हामी में सिर हिलाया। फिर रतनलाल ने ढेरों सवाल कर सड़क पर हुए अपमानजनक व्यवहार और दरवाज़े पर चस्पाँ किए गये पोस्टर और तेज़ाब डालने की धमकी की तफ़सील जानी।

"क्या बताया जाये...कभी-कभी लगता है कि जैसे इसी जन्म में कोई दूसरा जन्म ले लिया हो...देखते-देखते आँखों के सामने सब कुछ बदल गया...सब बदल गया...", रतनलाल ने दुख के साथ भारी आवाज़ में कहा।

"कहाँ से चले थे कहाँ पहुँचे हैं!"

"सब गया...सब गया...!" सिर को नकारत्मक ढंग से हिलाते हुए कहा रतनलाल ने। फिर कुछ क्षण की चुप्पी के बाद आगे बोले, "मैं तो बिल्कुल बदज़न* हो गया हूँ! ये तो अब सुबह-शाम की बात हो गयी है। सुबह जिस घर के दरवाज़े को खुला देखते हैं शाम को उसी पर ताला लगा मिलता है। हमारा मोहल्ला तो लगभग ख़ाली रह गया है। मैं तो भाई की वजह से पड़ा हूँ यहाँ...उसे इस लकवे की हालात में कहाँ ले जाऊँ...दुर्गति होगी बेचारे की...वर्ना अब यहाँ डर महसूस होता है। बेफ़िक्री की नींद सपना हो गयी है। बाहर तो बाहर ही है। घर के अन्दर भी इत्मीनान से नहीं बैठ सकते। घरों के अंदर पत्थरबाज़ी होती है। आँगन में निकलते हैं तो डर लगता है कि कहीं कोई पत्थर सिर पर ही न पड़ जाये। फिर पत्थरों को ही क्या रोएँ...कोई भी घर में घुसकर घर के लोगों पर खड़े-खड़े गोली दाग़ कर चल देता है। हमें भी जाने कब-कौन आकर गोली मार दे!"

"शुभ शुभ कहिए...शुभ शुभ कहिए...आपकी बलाएँ उन्हें लगें।"

---

*विमुख

पर रतनलाल अपनी दहशत से अभी उबरे न थे, "दरवाज़े पर दस्तक होती है तो काँपती टाँगों से वहाँ तक पहुँचता हूँ। अब सदर दरवाज़े भी हमेशा जबरन बन्द रखने पड़ते हैं...वर्ना हमने कब बन्द रखे थे! कोई भरोसा नहीं...किसी का कोई भरोसा नहीं...क्या ख़बर कभी कोई पड़ोसी ही पोदीना माँगने के बहाने आये और गोली दाग कर चल दे।"

शबरी काठ हो गयी। उसे तो शीरीं के साथ रहते कभी ऐसा अहसास नहीं हुआ था। मगर रतनलाल की मनोदशा उसे कुछ ठीक नहीं लगी। फिर उसने सुना, "घर में लाश पड़ी होगी तो औरतें किसे पुकारेंगी? कन्धा देने के लिए चार पंडित भी न बचेंगे...मातम भी दबे-दबे मनाना होता है...आप अपने हाल पर दिल खोलकर रो भी नहीं सकते। ओह! मगर क्यों? किस गुनाह की सज़ा भुगत रहे हैं हम...सिर्फ़ अपने पंडित होने की?"

"हाँ भाईसाहब, युग बदल गया!" शबरी बस इतना ही कह पायी।

"युग नहीं मेरी बहन...युगधर्म बदल गया।" फिर खुद को सँभाल कर कहा उन्होंने, "मेरी मानो अपनी ज़िद छोड़ दो। पृथ्वी को तो तुमने इस बार भी ख़ाली हाथ लौटा दिया पर...अब हमारे साथ निकल चलो...दुर्गा के परिवार को भी आखिर यहाँ से जाना ही पड़ा। तुम्हारे सारे रिश्तेदार एक-एक कर चले गये हैं। अपनी तैयारी रखो। हम मौक़ा लगते ही यहाँ से निकल लेंगे। एक आर्मी ऑफ़िसर से बात की है मैंने...उसकी मदद से भाई को ले जाना आसान हो जाएगा। मन से तैयार रहो। मैं कभी भी अचानक आ जाऊँगा।"

"देखिए भाई साहब, ईश्वर क्या करवाता है...अभी कुछ..."

"तुम लोगों को कौन समझा सकता है," आवाज़ में गुस्सा भरकर कहा रतनलाल ने, "हो किसकी बहन! लेकिन मैं कहता हूँ दिमाग़ से काम लो...तुम्हारी तरफ़ अगर रुख हुआ है तो अब तुम्हें भी छोड़ेंगे नहीं ये जहन्नुमी लोग। इस उम्र और इन हालात में घर से निकल कर यहाँ इसीलिए आया हूँ कि तुम्हें कुछ अक़्ल की बात समझा सकूँ। वर्ना मेरा तो घर से निकलना भी बन्द-सा ही है अब। अपने साये पर भी भरोसा नहीं रहा...हमसाया तो फिर दूर की बात है!" यह कहते हुए रतनलाल उठ कर खड़े हो गये ओर उन्होंने अपनी लाठी सँभाली।

"अब आये हैं तो कहवा पीते जाइए।"

"नहीं अब चलना चाहिए...," उनकी टाँगों की तरह आवाज़ भी ज़रा काँप-सी गई, "यहाँ गली के बाहर न जाने किस तरह के नामुराद लड़के पहरेदारी-सी कर रहे हैं। इन हरामज़ादों की शक्लें देखकर भी अब खौफ़ खाने लगा हूँ।"

आँगन में पहुँचकर वे पलटे और पीछे खड़ी शबरी से बहुत हल्के स्वर में बोले,

"यहाँ का मोह छोड़ दो...समझीं...और अभी दरवाज़ा ठीक से बंद कर लो।"

पहले रतनलाल की लाठी और फिर रतनलाल आहिस्ता से बाहर निकले। शबरी ने दरवाज़ा बंद कर मन ही मन सोचा कि कैसे यह दरवाज़ा हमेशा लोगों के लिए आँगन बिछाए रहता था। वहाँ कोई ऐसी साँकल भी कहाँ है जो बाहर से न खुल पाए!

लगभग आधे घंटे बाद शीरीं ने रोते हुए वह दरवाज़ा खोला और शबरी के पास आकर उससे लिपट गयी। उसके आँसुओं में भीगे अस्पष्ट शब्दों से शबरी जान पायी कि यहाँ से बाहर निकलते ही सड़क पर खड़े कुछ आतंकवादी नौजवानों ने रतनलाल को रोका, उनसे बूढ़ी मास्टरनी से जाकर मिलने और उसे शह देने का कारण पूछा और बाद में सरेआम बाज़ार में ही उनका बूढ़ा सीना गोलियों से छलनी कर दिया। फिर खून से लथपथ रतनलाल की तड़पती देह को सड़क पर नाली की ओर धकेल कर मोटर साइकिल पर सवार हो वे लोग वहाँ से चल दिए।

शबरी को रतनलाल के वे शब्द याद आये-'हमें भी जाने कब-कौन आकर गोली मार दे!' और उन्होंने गोली मार ही दी। यह सोचकर शबरी को टाँगों की ओर से ठंड-सी चढ़ती महसूस हुई। ऊपर आते ही वह कँपकँपी में बदल गयी। रतन भाई का बहुत सहारा था, वे भी नहीं रहे। और इस तरह...ओह! रोते-काँपते स्वर में वह फूट पड़ी, "हाय, यहाँ से गये और घर भी न पहुँचे! ये मेरी ही फूटी क़िस्मत है। वर्ना मुझ ज़िद्दन को समझाने क्यों आते!"

"शबरी खुद को सम्भालो...शबरी।"

"हाय वो गोली मुझ कमनसीब को क्यों न लग गयी... क्या मुँह दिखाऊँगी भाभी को? ये सब मेरी वजह से ही हुआ। ये पाप कहाँ जाकर धोऊँगी!" यह कहते हुए शबरी उठ खड़ी हुई और अपना चेहरा पोंछकर पल्ला सँभालने लगी।

"तुम कहीं...मेरा मतलब कहीं घर से बाहर जाने का तो नहीं सोच रही हो?" ताड़ते हुए पूछा शीरीं ने।

"हाँ," शबरी भारी मन से बोली, "रतन भाई के घर तक..."

"क्या कहती हो!" शीरीं लगभग चीखकर बोली, "नहीं...तुम कहीं नहीं जाओगी।"

"इस मातम में भी नहीं जाऊँगी तो फिर कब..."

"मातम! मातम यहाँ चारों ओर है...कहाँ-कहाँ जाओगी?"

"कैसी बात करती हो...बिजली गिरी है उन पर...वहाँ भाभी बेचारी.."

"मुझे कुछ नहीं सुनना। तुम घर से नहीं निकलोगी। हरगिज़ नहीं...बस।"

शीरीं के चेहरे के गुस्से ने संकल्प का रूप ले लिया था। वह उठी और शबरी को कन्धे से पकड़कर नीचे बैठा दिया, "घर के दरवाज़े से बाहर झाँकने का भी मत सोचना। मैं जाती हूँ...शाहनवाज़ को भेजती हूँ... वो तुम्हारे आँगन के दरवाज़े में भीतर से एक चटखनी लगा देगा। ऐसे माहौल में बढ़ई को बुलवाकर यह काम करवाना भी खतरा मोल लेना है। दरवाज़ा अच्छी तरह बन्द रहना चाहिए।" यह कहकर शीरीं आँगन की ओर बढ़ गयी और शबरी सुन्न दिमाग व फटी-फटी आँखों से उसे जाते देखती रही।

द्रौपदी के चीर की तरह दिन इतना लम्बा खिंचा कि खिंचता चला गया। अब कहीं जाकर सूरज ने चलने का मन बनाया था और शाम गहराने लगी थी। शबरी ने घड़ी की ओर देखा। छह बजे थे। शाहनवाज़ उसके सदर दरवाज़े में ऊपर और नीचे की तरफ़ एक-एक साँकल लगा गया था जिससे दरवाज़ा अन्दर से अच्छी तरह बन्द हो सके। जाते हुए समझा भी गया था कि किसी ऐरी-ग़ैरी दस्तक पर न खोलना। जब तक उस शख़्स का नाम न जान लो ख़ामोश रहना और शबरी ने पहली बार उसकी हिदायत पर अपने घर के सदर दरवाज़े की साँकलें बन्द की थीं। उसने दरवाज़े की उन बन्द साँकलों पर एक बार फिर नज़र डाली। जी में आया कि फ़ौरन आँगन बुहार कर साँकलें खोल दे। वह उठी। खजूर की झाड़ की ओर बढ़ी पर फिर कदम रुक गये। "अब सन्ध्या समय क्या बुहारी उठानी! फिर आज...जब रतन भाई का मातम है तब तो बिल्कुल नहीं!" वह लौट आयी।

घर में रोशनी नहीं थी। यह लगभग रोज़ की समस्या थी। पूरे शहर का खस्ता हाल था। फिर उसके घर के मीटर का तार तो बाहर गली से कभी भी कोई भी खींच कर निकाल देता था। बस यूँ ही उसे बुढ़िया समझकर तंग करने के लिए। अगले दिन शाहनवाज़ या उसके बच्चों से कहकर वह तार ठीक करवाती थी। अब इतनी आदत हो गयी थी कि लालटेन में शाम गुज़ारना ही सही लगता था। वह रसोई में गयी और लालटेन जलाई। फिर उसे बाहर के कमरे में रखा। ताक़ में रखी रामनामी उठाई और दीवार के सहारे बैठकर महामृत्युंजय का जाप करने लगी।

अचानक बाहर हुई हल्की दस्तक से उसकी तन्द्रा टूटी। उसने खिड़की से बाहर झाँका। कुछ क्षण ठहर कर इन्तज़ार किया। फिर याद आया कि सदर दरवाज़े में तो आज दो-दो चटखनियाँ लगी हैं। भला बाहर से कोई कैसे खोलेगा! रामनामी एक ओर रखी और कमर को पकड़ कर बाहर आँगन में आयी। वही हल्की दस्तक फिर हुई। वह सदर दरवाज़े के बहुत क़रीब

पहुँची और खामोश खड़ी रही। कौन होगा? क्या दरवाज़ा खोल दे? अगर वही लोग हुए जिन्होंने रतन भाई को...। शबरी का कलेजा थरथरा उठा। मगर वे होते तो इतनी हल्की दस्तक क्यों देते? सुना है वे लोग तो गोली मार-मार कर चटखनियाँ तक तोड़ देते हैं। फिर यह कहीं शाहनवाज़ ही तो नहीं? काँपती आवाज़ को ज़रा सहारा देकर पूछा उसने, "कौन है?"

"दरवाज़ा खोलो...मैं हूँ...सादिक़।" और शबरी ने दरवाज़ा खोल दिया। सादिक़ सधे कदमों से अंदर दाखिल हुआ और सदर दरवाज़ा बन्द कर अन्दर की ओर चल दिया। शबरी उसे विस्मय से देखती उसके पीछे-पीछे अन्दर आ गयी।

कमरे में आते ही सादिक़ ने बिना किसी दुआ-सलाम के बात शुरू की, "तुम्हें ख़बर मिल ही गयी होगी?"

शबरी उसे खामोशी से देखती रही तो वह बोला, "रतनलाल की।"

शबरी ने बिना कुछ कहे हामी में सिर हिला दिया। फिर धीमे से बोली, "बैठिये।"

" न ये बैठने का वक्त है न तक़रीरों का। अब इस घर में तुम्हारा एक लम्हा रहना भी मुनासिब नहीं। हमारे लिए न सही, अपने लिए न सही, अम्बरनाथ की ख़ातिर अब यह जगह छोड़ दो। तुम्हें क़सम है उसकी। शबरी तुम्हें कुछ हो गया तो उसकी रूह को बहुत तकलीफ़ पहुँचेगी। फिर क्या मुँह दिखाऊँगा मैं उसे।"

"भाई जान...."

"तुम्हें अब कुछ कहना नहीं, सिर्फ सुनना है। जो कहता हूँ सुनो और वैसा ही करो। एक भाई की हैसियत से कह रहा हूँ कि पलटकर मत देखो। यहाँ से कुछ भी नहीं लेना है। खाली हाथ बस मेरे साथ निकल लो। अभी...इसी वक्त। तुम्हारा बेटा बाहर जीप में बैठा है।"

"अभी...इसी वक़्त!" शबरी का मुँह खुला का खुला रह गया।

"बिल्कुल इसी वक़्त...हालात हद से बाहर हो चुके हैं। रतनलाल का हश्र हम देख ही चुके हैं। मैं अपनी बहन को महफ़ूज़ देखना चाहता हूँ।"

"मगर मेरी बात तो..."

"अब मैं इस बारे में कोई बात नहीं सुनना चाहता। आज की रात क़यामत की रात हो सकती है। बहस मत करो। ऐसे हालात में यहाँ से कुछ भी उठाकर ले चलना मुमकिन नहीं। यहाँ का सब यहीं छोड़ो और निकल लो।"

"मेरा कब क्या था जो होगा! पर सोचा था इस घर में रहते ही चोला बदल जाएगा। वो आस..."

सादिक़ ने शबरी की बात पूरी होने से पहले ही कहा, "हालात साज़गार होते ही मैं अपनी बहन को खुद दिल्ली से वापस लेने आऊँगा। भरोसा रखो। अभी बस यहाँ से निकल लो। बाहर ताला डालो और चलो।"

अचानक शबरी के कलेजे की धक्-धक् तेज़ हुई। उसे लगा कि उसकी टाँगों से रही-सही जान भी जाती रही। वह वहीं दरवाज़े को पकड़कर नीचे बैठ गयी। सादिक़ घबरा-सा गया, "शबरी...शबरी...सँभालो खुद को...मैं जानता हूँ तुम बहुत हिम्मतवाली हो...तुम हिम्मत नहीं हारोगी। शबरी..."

शबरी के मन में कुछ अस्फुट विचार यहाँ से वहाँ करने लगे—'मैं तो तुम भाइयों के सहारे ही रही। एक ने जिसका हाथ थमा कर इस घर से विदा किया उसी के साथ चली गयी। दूसरा इज़्ज़त पर खेलकर वहाँ से इसी घर में वापस ले आया और यह घर-द्वार मेरे हवाले कर चला गया। तब से यहीं इसी देहरी को थामे बैठी थी। आज तुम कह रहे हो कि इसे भी छोड़ कर निकल लो। जिसने जब कहा मैं चल दी। मगर आज तो तुम मुझे मेरी खुदी से ही दूर जाने को कह रहे हो! कैसे जाऊँ अपनी ज़िन्दगी यहाँ छोड़कर?' शबरी ने गर्दन मोड़कर सामने की देहरी पर टिमटिमाती लालटेन को देखा। शायद यह इसकी आखिरी लौ हो!

"शबरी...उठो शबरी...हिम्मत से काम लो...खतरा बढ़ रहा है।" शबरी धीरे-धीरे उठी। उसने सामने अलमारी से अपना शॉल निकाला। बुढ़ापे की हड्डियों को गर्मी के मौसम में भी शॉल दरकार होती है। चलने को तैयार हुई तो सादिक़ ने कहा, "शबरी तुम्हें जम्मू तक वैन में जाना है। सब दिखाई देता है। मेरी बहन ज़रा दूसरी तरह की पोशाक पहन लो।" सादिक़ यह कहकर फ़ौरन बाहर आँगन में जाकर दीवार के सहारे खड़ा हो गया।

शबरी की चेतना लौटी और उसे फ़ौरन बात समझ में आयी कि उसे पंडितों की ये पोशाक भी छोड़नी होगी। कुछ क्षण वह असमंजस में रही कि क्या करे, पहनने के लिए साड़ी के बदले शलवार-कमीज़ कहाँ से लाए! तभी उसे याद आया और वह लालटेन उठाकर ऊपर के कमरे में गई। वहाँ एक ट्रंक में से मोहिनी का शलवार-कमीज़ निकाल कर पहना। उस पर अपने शॉल से सिर ढँककर अच्छी तरह लपेटा। पास के ट्रंक से रुपये निकालकर रूमाल में बाँधे और कमीज़ के गले में डालकर खोंसे। फिर कमरे के दरवाज़े की ओर बढ़ी तो उसे कुछ याद आया। वह फ़ौरन लौटी। उसने ट्रंकों के पीछे रखी एक छोटी संदूक़ची निकाली। उसमें रूमाल में कुछ बंधा रखा था। उसे उठाया और लालटेन लेकर नीचे आ गयी।

यह पहला मौका था जब शबरी साड़ी के स्थान पर शलवार-कमीज़ पहन कर घर से बाहर निकल रही थी। एक बार पहले भी उसने अपनी पोशाक त्यागी थी पर अपने मन से एक सद्कार्य के लिए। तब उसने फेरन छोड़कर साड़ी का वरण किया था। मगर आज वह अपनी पोशाक साड़ी त्याग कर शलवार-कमीज़ पहनने को मजबूर थी। मन में कुछ अजीब से भाव थे। मानो वह जुर्म करके फरार हो रही हो। उसे लगा वह, वह नहीं है। उसका वजूद अलग हो चुका है। उसका बुढ़ापा शर्मसार था। उसकी आँखों में आँसू थे। बाहर आते ही उसकी नज़रें सादिक़ से मिलीं तो सादिक़ की नज़रें व गर्दन दोनों झुक गये। जलती लालटेन घर की देहरी पर छोड़ शबरी आँगन की ओर बढ़ी।

हर तरफ़ से ढँकी इस नई पोशाक में वह साड़ी की बनिस्बत कहीं ज्यादा ढँकी हुई थी पर जाने क्यो उसें ऐसा अहसास हो रहा था कि वह बाहर जा नहीं पाएगी क्योंकि वह बिल्कुल बरहना* है। मगर जी कड़ाकर वह आगे बढ़ती चली गई क्योंकि अब वह नहीं उसकी प्रेतछाया चल रही थी। फिर उसने सादिक़ के पास जाकर छोटी संदूक़ची से निकाली गयी पोटली उसकी ओर बढ़ा दी, "माँ का डेजहोर और अटहोर है...उसके गले के भी कुछ गहने हैं...सोचा था अभिनव की बहू उम्मीद से है उसकी गोद भर जाएगी तो दूँगी...अब आप सँभालकर रख लीजिए। ये मेरे बच्चों की अमानत है। आकर ले लूँगी।"

सादिक़ ने अनिश्चित भाव से दायाँ हाथ बढ़ाकर शबरी से वह पोटली ले ली और भीगे स्वर में कहा, "बहुत बोझा है इस डेजहोर-अटहोर का!" और उसने वह पोटली पतलून की जेब में डाल ली। फिर पूछा, "लालटेन बुझा दूँ?"

शबरी ने लालटेन की ओर रुख किये बिना ही आँगन में पड़ते उसके प्रकाश की ओर नज़र भरकर देखा, "नहीं भाई जान ऐसे ही रहने दीजिए। अँधेरे घर को छोड़ कर ज़ा नहीं पाऊँगी।" मन ही मन शबरी ने कहा, 'क्या पता इसकी बुझती लौ ही मुझे खींच लाए!'

सादिक़ खामोश रहा। शबरी ने सदर दरवाज़ा खोला। पहले सादिक़ बाहर निकला फिर शबरी। अब शबरी ने अपने काँपते हाथों से उस सदर दरवाज़े पर बाहर से बड़ा सा ताला लगाया और चाबी बिना कुछ कहे सादिक़ की ओर बढ़ा दी। मगर उसका मन कह रहा था-'लीजिए भाई जान...अपना...अपने पुरखों का सब आपके सहारे छोड़े जा रही हूँ। अम्बरनाथ की दहलीज़ तक अब आपके हवाले है।'

सादिक़ ने चाबी ली और दोनों गली से बाहर निकले। शबरी ने सिर पर

* निर्वस्त्र

रखा शॉल कुछ और आगे कर लिया और गर्दन झुका कर सादिक़ के क़दम से क़दम मिलाकर हब्बा कदल की ओर चल दी। सादिक़ के बेटे बिस्मिल ने दूर से ही उन्हें आते देख लिया था। सो उसने फ़ौरन वैन स्टार्ट कर दी। पास पहुँचते ही सादिक़ ने शबरी को पीछे बैठाया और खुद सँभलकर बेटे के साथ आगे बैठा। फिर पलटकर शबरी से कहा, "थोड़ी देर आराम कर लो। ज़रा लेट जाओ।"

"नहीं मैं ठीक हूँ," कहा शबरी ने।

"मौक़े की नज़ाकत को समझो। लेट जाओ...तुम्हारा चेहरा दिखाई नहीं..."

शबरी मुँह को शॉल से ढँक कर लेट गई। अमीरा कदल पहुँचते ही वैन रुकी। सादिक़ ने शबरी से कहा, "चलता हूँ बहन। घबराने की कोई बात नहीं है। तुम्हारा बेटा तुम्हें दिल्ली तक पहुँचा कर आएगा। खुदाहाफ़िज़।" और वह उतर कर उल्टी दिशा के अँधेरे में खो गया।

मारुति वैन अँधेरे को चीरती हुई तेज़ी से जम्मू की ओर जा रही थी। शबरी की बूढ़ी कमज़ोर देह आँखों में घर की देहरी पर टिमटिमाती पीछे छूट गई लौ का अक्स लिए कटे पेड़ की तरह पीछे की सीट पर पड़ी झटकों से बेहाल हो रही थी। उसे लगा जैसे आज बिस्मिल श्रीनगर से उसे नहीं उसकी मय्यत को ले जा रहा हो! जनाज़ा भी ठीक से न निकल पा रहा था क्योंकि उतने कन्धे तक नहीं मिले थे!

चौथा चिनार

"दो दिन की बच्ची क़ब्र से बचाई गयी।"

जया ने यह दिल दहला देने वाली ख़बर पढ़ी तो उसका जी धक से रह गया। आज इक्कीसवीं सदी में हम कभी किसी स्त्री का किसी देश की प्रधानमन्त्री होने का उदाहरण देकर विकास और प्रगति की बातें करते हैं तो कभी 'छूना है आकाश' के सपने को दुलराते हैं। पर किन्हीं मुद्दों पर क्या हमारी सोच और समय दोनों मिलकर ठहर गये-से नहीं लगते? वर्ना आज हैदराबाद के एक ज़िले में एक माँ-बाप ने क्यों अपनी परित्यक्ता बेटी की दो दिन की बच्ची को रात के अँधेरे में सड़क के किनारे गड्ढा खोदकर उसमें ज़िन्दा दफ़ना दिया होता? उनकी सात बेटियाँ थीं और अब उनकी इस परित्यक्ता बेटी ने भी एक बेटी को ही जन्म दिया था। अत: बेटी को बिना बताए उन्होंने उसकी साँस लेती बच्ची के लिए क़ब्र खोदी और उस नन्हीं जान को उसमें दफ़्न कर दिया। सड़क से गुज़रते एक माली ने देखा कि कुछ कुत्ते वहाँ एक गड्ढा खोद रहे हैं और गड्ढे से एक नन्ही बाँह झाँक रही है जिसे एक कुत्ता दाँतों से बाहर खींच रहा है। माली ने कुत्तों को भगा कर वह गड्ढा खोदा तो एक बेहोश बच्ची हवा मिलते ही रो उठी। क्या वह नन्हीं जान दुनिया की क्रूर अनपढ़ रोशनी को देखकर न रो पड़ी होगी!

जया को लगा कि उसने अख़बार खोलकर ही ग़लती की। आज लगभग पन्द्रह दिन बाद उसने अख़बार पढ़कर छूटी हुई दुनिया से सम्पर्क साधना चाहा था। चाहा था कि जिगरी की यादों से ज़रा-सा मुक्त होने की कोशिश करे। दूसरे शब्दों में इस श्मशान वैराग्य से बाहर निकले मगर अख़बार की पहली ख़बर ही उसे यह एहसास दिला गयी कि कुछ क्रूर अमानवीय स्थितियाँ जिगरी के शुरुआती दिनों से लेकर आज उसके न होने तक भी पसरी बैठी हैं। जाने कब से रही होंगी ये यहाँ इस समाज में!

जिगरी नहीं रही। माघ शुक्ल पक्ष अष्टमी यानी भीष्माष्टमी की भोर में लगभग बयानवे वर्षीय जिगरी ने पृथ्वी के दिल्ली स्थित डेरे में आख़िरी साँस ली। जया को याद है कि जिगरी हर अष्टमी के दिन व्रत रखती थी और इस भीष्माष्टमी का बहुत महत्त्व मानती थी। कहती थी कि यह इतना शुभ दिन है

कि भीष्म पितामह ने इसी दिन इच्छा-मृत्यु का वरण किया। और यह बताकर वह हाथ जोड़ मस्तक से लगाकर सजल नेत्रों से किसी अदृश्य को प्रणाम करती थी। कैसा विचित्र संयोग है कि जिगरी ने भी इसी दिन इहलोक से प्रयाण किया। कहीं उसने भी भीष्म पितामह की तरह इच्छा-मृत्यु का ही तो वरण नहीं किया? जया ने अपने सिर को झटक कर अपने इस बच्चों जैसे विचार को एक ओर किया। तभी उसकी आँखों में बादल तैर आये। यदि जिगरी के पास इच्छा-मृत्यु को वरण करने की शक्ति होती तो क्या आज से लगभग सत्रह साल पहले ही वह अपने घर के आँगन में अकेली जलती लालटेन को छोड़कर सदर दरवाज़े की ओर बढ़ते हुए ही इस शक्ति का प्रयोग न कर लेती? इच्छा-मृत्यु यानी एक मजबूर आत्मघाती की आत्महन्ता शक्ति के लिए दिया गया एक गरिमामंडित शब्द!

जिगरी को लेकर बिस्मिल रास्ते में रुकते-रुकाते जम्मू पहुँचा तो सुबह के दस बजे थे। वह जिगरी को लेकर सीधा दुर्गा के यहाँ पहुँचा। दुर्गा ने जुलाका मोहल्ले में एक कमरा और रसोई किराये पर ले रखा था। बिस्मिल को गाड़ी बहुत दूर ही खड़ी करनी पड़ी क्योंकि उन्हें सँकरी गलियों में से होकर पहुँचना था। जिगरी का हाथ पकड़कर दुर्गा के घर का रास्ता पूछते-पूछते वह जैसे-तैसे वहाँ पहुँचा तो दुर्गा ने दरवाज़े से ही एक व्यक्ति के खड़े होने भर जितने छज्जे में से उन्हें आता देख लिया। वह दौड़कर नीचे आयी और जिगरी से लिपट गयी। थकी-हारी-टूटी जिगरी को इस हाल में एक अलहदा पोशाक में अपने दरवाज़े पर पाकर वह ऐसा फूटी कि आँसुओं ने रुकने का नाम ही न लिया। जिगरी शिला-सी खड़ी उसके बालों को सहलाती रही, सीने के तूफ़ान पर पट्टियाँ बाँधे हुए। फिर धीरे-धीरे जिगरी सीढ़ियाँ चढ़कर ऊपर पहुँची। दुर्गा ने उसे अपने एकमात्र कमरे में बिछी मसनद पर बैठाया। कमरे में दो फोल्डिंग कुर्सियाँ भी थीं जिनमें से एक पर बिस्मिल बैठ गया।

दुर्गा घर में अकेली थी। दुर्गा का पति सेवानिवृत्ति के बाद की अपनी सारी दोपहरियों को त्याग कर अड़सठ साल की उम्र में दोबारा नौकरी के झमेले में पड़ने को मजबूर हुआ था। एक दोस्त के होटल में एकाउंट्स सँभालता था। उसी सिलसिले में वह दो दिन के लिए उधमपुर गया हुआ था। इस शिविरनुमा कमरे में आने के बाद अच्छे ख़ासे संयुक्त परिवार के चूल्हे अलग हो गए थे। दुर्गा की दो बेटियाँ तो जहाँ सींग समाए वहाँ अपनी गृहस्थियों को लेकर चली ही गयी थीं। बेटे भी अब साथ नहीं थे। बड़ा बेटा

अपनी पत्नी व एक बेटे के साथ तवी विहार में एक कमरा लेकर रह रहा था। छोटा बेटा जो अभी अविवाहित था, फ़ूड कॉरपोरेशन ऑफ़ इंडिया का मुलाज़िम था और उसका तबादला कुरुक्षेत्र में हो गया था। दुर्गा पीने का पानी लेने गयी तो जिगरी ने एक उड़ती सी नज़र कमरे पर डाली। श्रीनगर की रसोई जितने उस कमरे में एक ओर एक फोल्डिंग पलँग था और पलँग जितनी जगह पर ही नीचे मसनद बिछा था। समाने कुर्सियाँ थीं जिनमें से एक पर बिस्मिल बैठा था और दूसरी पर कपड़ों का ढेर-सा लदा रखा था।

कैसे दुर्दिन हैं कि उसकी लाड़ली अपना बसा-बसाया घर-आँगन छोड़कर यहाँ जम्मू की इन सँकरी गलियों के एक सिकुड़े कमरे में गृहस्थी चला रही है। बाद में जिगरी ने उसकी रसोई देखी तो उसके भीतर की शिला बह निकली। एक ताक़ पर काग़ज़ के लिफ़ाफ़ों और पुड़ियों में मसाले रखे थे। यानी दुर्गा उन मसालों के लिए अभी डिब्बे भी नहीं जुटा पाई थी।

उस दिन जिगरी दुर्गा के यहाँ ही रही और बिस्मिल अपने किसी रिश्तेदार के यहाँ चला गया था। अगली सुबह छह बजे दुर्गा ने जिगरी को अपनी एक धोती पहनाई और बिस्मिल की गाड़ी में बैठाकर दिल्ली के लिए रवाना किया।

बिस्मिल ने पृथ्वी को फ़ोन से सूचना दे दी थी। पृथ्वी को उनके आने के समय का अन्दाज़ा था। वह मोहिनी के साथ घर पर शाम से ही जिगरी का इन्तज़ार करता रहा था। रात हो आई थी मगर न जिगरी आयी और न बिस्मिल ही।

रात के दस बजे थे। पृथ्वी और मोहिनी दोनों ही घबराए हुए थे। पृथ्वी ने सादिक़ को फ़ोन किया तो पता चला कि वहाँ भी बिस्मिल ने कोई सूचना नहीं दी थी। सारी रात दिल्ली में पृथ्वी और मोहिनी तथा श्रीनगर में सादिक़ का परिवार चिन्ता से जूझता रहा था। एक निष्क्रिय चिन्ता जो बेबसी से लैस होकर आती है।

उधर रास्ते में जिगरी की तबीयत कुछ इतनी खराब हो गयी कि जगह-जगह रुककर जिगरी के लिए बिस्मिल को होटलों में वॉशरूम खोजने पड़े थे। ऐसे में बिस्मिल ने जालन्धर में ठहरना ही बेहतर समझा। जालन्धर में पूछताछ कर पास के एक नर्सिंग होम में पहुँचा। वहाँ जिगरी को दवा दिलवाकर दिल्ली के लिए कूच करना था। पर जिगरी की उम्र और उसकी सेहत को देखते हुए बिस्मिल की हिम्मत ने जवाब दे दिया। उसने डॉक्टर से अनुरोध कर एक रात के लिए जिगरी को नर्सिंग होम में ही भर्ती करवा दिया। खुद पास के ही एक होटल में रात गुज़ारी। इन परेशानियों में चाहते हुए भी वह न श्रीनगर फ़ोन कर पाया और न दिल्ली।

अगली सुबह पाँच बजे बिस्मिल ने पृथ्वी को फ़ोन कर सारा हाल सुनाया और अपने दोपहर तक पहुँचने की सूचना दी। दोपहर दो बजे बिस्मिल ने अपनी वैन का दरवाज़ा खोला और तन-मन से थकी-हारी जिगरी दिल्ली के लक्ष्मीबाई नगर में पृथ्वी के क्वार्टर के दरवाज़े पर उतरी। भीतर से पृथ्वी व मोहिनी दौड़े चले आये। उदास जिगरी ने कमज़ोर नज़र से जैसे ही पृथ्वी को देखा वह ठिठक गया। बरसों से उसकी तमन्ना थी कि जिगरी और भाई जी उसके दिल्ली वाले घर में आएँ जो उसने खुद अपनी मेहनत से अर्जित किया था। पर आज जब जिगरी उसके दरवाज़े पर खड़ी थी तो उसका जी रो दिया था। उसने मन से चाहा था कि काश यह पल कभी न आता, काश जिगरी को हमेशा उसके श्रीनगर के माहौल में ही देखता और याद करता! उसकी आँखों में आँसू तैर आए और उसे भाई जी का चेहरा याद आ गया। भाई जी जो बन्धु जी का शेर गा रहे थे–

बुलबुल न ये वसीयत एहबाब भूल जाएँ
गंगा के बदले मेरे जेहलम में फूल जाएँ।

वह ठिठका खड़ा ही रह गया और मोहिनी ने आगे बढ़कर जिगरी को गले से लगा लिया, "जिगरी...कैसी तबीयत है....बहुत चिन्ता हो रही थी... सारी रात हमने जैसे-तैसे काटी।"

खुद पर जो बीती थी उस पर बात करने का जिगरी का मन न था। सो अपनी उदासी में ही मोहिनी का माथा चूमकर और 'खुश रहो' कहकर वह पृथ्वी की ओर बढ़ गयी थी।

दस्तरख़ान पर फ़ौरन खाना लगाया गया। बिस्मिल और जिगरी से पृथ्वी ने हाथ-मुँह धो लेने को कहा। फिर जिगरी को हाथ से पकड़ कर पृथ्वी गुसलख़ाने तक ले जाकर छोड़ आया। तभी अचानक जिगरी की चीख सुनाई दी। पृथ्वी और बिस्मिल गुसलख़ाने के दरवाज़े की तरफ़ दौड़े। मोहिनी झट रसोई से बाहर आयी। पता चला कि जिगरी ने जैसे ही वॉशबेसिन का नल खोलकर जल्दी में मुँह पर पानी का छपका मारा तो जून की दोपहर में लगभग खौलते पानी से उसकी हथेलियाँ व चेहरा लाल हो गया था। वह कभी सोच भी नहीं सकती थी कि दोपहर में नल का पानी ख़ुद-ब-ख़ुद इतना गर्म भी हो सकता है। दिल्ली की गर्मी से जिगरी की यह पहली मुलाक़ात थी।

हल्का खाना खाने के बाद जिगरी लेटी तो लगा था सिर पर टँगा पंखा गर्म हवा को बिलो-बिलोकर वापस फेंक रहा है। गर्म...अगली बार और गर्म...फिर उससे भी ज़्यादा गर्म। दिल्ली के गर्म मौसम को क्रम से दो बार जैसे-तैसे बर्दाश्त कर लेने के बावजूद जिगरी को लगता था कि गर्मी हर साल

कुछ बढ़ रही है। कश्मीर से दूर यहाँ की इस गर्मी में जिगरी खुद को ज़मीन से उखड़ी मूली-सा महसूस करती थी। अपनी जड़ों से जुदा पर आधी जड़ें वहीं छूट गयी थीं। पीले पत्तों व झुर्रियों वाली मूली जिसका मूल छूट गया हो और अब बस नाम की मूली हो। कश्मीर से आये हज़ारों-लाखों निर्वासितों की तरह जिगरी भी जी रही थी लगातार। जैसे कोई ग्रह चक्कर लगा रहा हो अपनी कक्षा के बाहर। ये क्या कम था कि उसके सिर पर एक छत थी और वह अपने हज़ारों निर्वासित भाई-बहनों की तरह शरणार्थी शिविर में नहीं थी। उन शिविरों में जो जीवन के धधकते श्मशान थे। झुलसाती धूप और तेज़ाब-सी बारिश में कैसे वे लोग अपने परिवार और बच्चों के साथ उन टैन्टों में जीते होंगे! बारिश टैन्टों के अन्दर-बाहर कीचड़ ही कीचड़ कर जाती होगी। दुर्गा से सुना था कि कीचड़ की उस ज़मीन पर उगी घास में साँप-बिच्छू भी घुस आते हैं। कहा था उसने कि जहन्नुम है वो जहन्नुम! सुबह-सुबह शौचालयों के लिए लगती लाइनें, मल के ढेर, बदबू! पानी के लिए लम्बा इन्तज़ार। दिशाहीन आवारा होते बच्चे जो पैसों के अभाव में जेबों से संस्कार और मूल्य निकाल-निकालकर बेचते हैं। शाम होते ही वीरान ज़िन्दगियों का अँधेरा ढँक लेता है उन शिविरों को। रात में कहीं आशंका और भय से भारी हुई बाँह अपनी जवान बेटी पर रखकर सोती माँ तो दिन-रात कहीं बुढ़ाती बेटियों के भागकर शादी करने का इंतज़ार करते बूढ़े माँ-बाप। बस ज़िन्दगी की साँस को किसी तरह हर हाल में बचाए रखने की मजबूर कोशिश!

अब यही एक दिलासा बचा था बिलखती ज़िन्दगी के सामने प्रस्तुत करने को कि उसके सिर पर छत है और वह शरणार्थी कैम्प में न होकर अपने पृथ्वी को मिले मकान में है। मगर उसके पंचतत्त्वों का सन्तुलन कुछ ऐसा था कि उसकी उम्मीद घर का रास्ता नहीं भूल पाती थी। प्रकट रूप में वह निश्शब्द रोती थी। किसी ऐसे मोची की तलाश में थी जो जूते की तरह उसका फटा कलेजा सी सकता। मगर उसी फटे कलेजे की दरारों के पीछे एक नन्ही आस दुबक कर बैठी थी—कभी न कभी अपने घर लौटने की, अन्तिम साँस अपने घर में लेने-छोड़ने की।

जिगरी को दिल्ली आये लगभग दो साल बीत गये थे। इस बीच श्रीनगर से उसका फ़ोन की मार्फ़त जो रिश्ता था उसके फन्दे भी बीच-बीच में छूट गये से लगने लगे थे। अख़बारों में लगातार वहाँ कोनों-कोनों तक फैले आतंकवाद की ख़बरें पढ़ने को मिलती रहती थीं।

तभी एक दिन अचानक दिसम्बर की रात में आठ बजे पृथ्वी के दरवाज़े

की घंटी बजी। उसने दरवाज़ा खोला तो सामने ट्वीड का फेरन पहने सादिक़ को खड़ा पाया। "आदाब अर्ज़ भाई जान... आप... आइए ना।" पृथ्वी ने हैरान व प्रसन्न स्वर में कहा। फिर आगे बढ़कर उनके हाथ से बेंत की टोकरी थाम ली। "खुश रहो'', कहते हुए सादिक़ ने पृथ्वी को गले से लगा लिया।

"शबरी कैसी है?" सादिक़ ने पूछा।

"ठीक हैं...आइए ना खुद ही पूछ लीजिए उनसे।" पृथ्वी ने आगे बढ़ते हुए गर्दन ज़रा पीछे को मोड़कर जवाब दिया।

दोनों बड़े कमरे में पहुँचे जहाँ टी.वी. पर ख़बरें चल रही थीं। उन्हें देखते ही मोहिनी उठ खड़ी हुई और दुआ-सलाम कर जिगरी को ख़बर देने अन्दर की ओर चली।

"क्या अकेले हैं? घर ढूँढ़ने में दिक़्क़त तो नहीं हुई?" पृथ्वी ने पूछा।

"नहीं बेटा...बाहर गाड़ी में फ़ैयाज़ है...मेरा भतीजा। सीधे जम्मू से आ रहे हैं। बहुत सामान था इसलिए वह बाहर ही..."

"कैसी बात करते हैं भाई जान!" कहते हुए पृथ्वी ने टोकरी कमरे में रखी और वापस बाहर की ओर चला, "मैं अभी बुला कर लाता हूँ...घर है ये...वो भला बाहर क्यों..."

पृथ्वी के जाते ही भीतर के कमरे से आहिस्ता-आहिस्ता शबरी ने बड़े कमरे में प्रवेश किया। उसे देखते ही सादिक़ तख़्त से खड़ा हो गया, "शबरी!"

सादिक़ का चेहरा नम आँखों से देखती हुई शबरी पास आई तो सादिक़ ने बाईं बाँह से लपेटकर उसे कन्धे से लगा लिया, "कैसी हो शबरी!"

शबरी की आँखों से दो आँसू टपक पड़े। सादिक़ ने उसकी पीठ थपथपाई और तख़्त की और इशारा कहा, "आओ यहाँ बैठो।"

"एक अर्से बाद देख रही हूँ आपको। यक़ीन ही नहीं हो रहा!" बैठते हुए कहा शबरी ने। तभी एक ओर से मोहिनी ने एक गिलास में पानी लिये प्रवेश किया तो बाहर से पृथ्वी ने फ़ैयाज़ के साथ। सादिक़ को पानी दे मोहिनी फ़ैयाज़ के लिए पानी लेने जाने लगी तो पृथ्वी ने कहा, "इतनी ठंड में पानी क्या गर्म कहवा पिलाओ।"

सादिक़ ने बेंत की टोकरी में रखे बादाम के थैले में हाथ डालकर एक छोटी पोटली सी निकाल कर बेंत की टोकरी पृथ्वी की और बढ़ा दी, "बेटे इसमें अपने बाग़ात के कुछ बादाम और अखरोट हैं।"

"अच्छा-अच्छा...आप हाथ-मुँह धो लीजिए...थके होंगे।" पृथ्वी बोला।

"वो सब बाद में," सादिक़ ने शबरी की ओर देखते हुए पृथ्वी को जवाब

दिया और फिर टोकरी में से निकाली गयी छोटी पोटली शबरी की ओर बढ़ा दी, "पहले इसे सँभालो...बुज़ुर्गों की अमानत!"

"ये क्या?" शबरी ने हैरानी से पूछा।

सादिक़ ने शबरी का दायाँ हाथ अपने हाथ में लेकर उसमें वह छोटी पोटली थमा दी, "वही अमानत जो चलते वक़्त तुमने मुझे सौंपी थीं।"

शबरी ने पोटली खोलकर देखी तो उसमें माँ के ज़ेवर और डेजहोर-अटहोर थे। "ये मुझ पर आपका उपकार है।"

"नहीं शबरी उपकार तो मुझपर ऊपर वाले का है कि मैं तुम्हारी अमानत अपनी हयात में तुम तक पहुँचा सका।"

"कैसी बात करते हैं भाई जान! आपके पास था तब भी मुझे सब्र था।" कहा शबरी ने। फिर ज़रा धीमी आवाज़ में बोली मानो खुद से कह रही हो, "जब कुछ भी नहीं रहा तो अगर यह भी..."

"ऐसा न कहो बहन...तुम नहीं जानती ये पोटली सौंपकर तुमने मुझ पर कितनी बड़ी ज़िम्मेदारी सौंपी थी। हर पल यही फ़िक्र खाए रहती थी कि कैसे तुम तक तुम्हारी अमानत पहुँचाऊँ। तबीयत बहुत ख़राब रही मेरी...तुम तो जानती हो ये दमा कितनी नामुराद बीमारी है।"

"अब कैसी तबीयत है?" पूछा शबरी ने।

"ज़रा सँभली हुई है। जैसे ही पता चला कि फ़ैयाज़ शॉल वगैरह लेकर दिल्ली रवाना होने वाला है मैं भी उसके साथ ही निकल लिया। मेरी तबीयत की वजह से तुम्हारी भाभी ने कहा था कि फ़ैयाज़ के हाथ ही भिजवा दूँ...पर मैं अपने हाथों से ही तुम्हें यह सौंपना चाहता था। फिर इस उम्र में इतना लम्बा सफ़र..." ज़रा साँस लेकर कहा सादिक़ ने, "क्या बताऊँ किन मरहलों से गुज़रा हूँ सफ़र में! याद आता है तो रूह काँप उठती है!"

"क्या हुआ भाई जान...क्या आपकी तबीयत रास्ते में?" पृथ्वी ने पूछा।

"नहीं बेटा... जिस बात का डर था वही हुई।"

"क्या हुआ?" शबरी बोली।

"काज़ीगुंड छोड़े घंटा-डेढ़ घंटा ही हुआ था कि देखा सड़क के किनारे एक बस खड़ी है। उसमें से चीख़ता हुआ एक आदमी उतरकर उल्टा भागा मगर पीछे से गोली लगते ही वहीं ढेर हो गया। सड़क पर पहले से ही खड़े दो नक़ाबपोशों ने हमारी गाड़ी को भी बस के पीछे रोक दिया। उनके हाथों में बन्दूकें थीं।"

"त्राहि-त्राहि...सितम...सितम!" शबरी के मुँह से बेसाख़्ता निकला।

"तभी उस बस में से चार नक़ाबपोश कूदकर उतरे। वो सब भी बन्दूकें ताने थे।"

"बन्दूकें नहीं वो ए.के. फौर्टीसेवन थीं। स्टेयरिंग पकड़े मेरे हाथ काँप रहे थे। मैं पसीने-पसीने हो रहा था। लगा था अब नहीं बचेंगे।" फ़ैयाज़ ने जोड़ा।

"चाहते क्या थे वो लोग?" पृथ्वी ने उत्तेजित स्वर में पूछा।

"हमारे सामान की तलाशी लेना चाहते थे। पिस्तौल की नोंक पर पहले हमसे नाम पूछे। फिर डिक्की खुलवा कर खुद ही अटैचियाँ खोल-खोल कर देखीं। तब तक तो फिर भी कुछ ठीक था मगर उसके बाद गाड़ी का दरवाज़ा खुलवाकर जब एक नक़ाबपोश मेरे पास आकर बैठा और मुझ से ये बेंत की टोकरी खोलकर दिखाने को कहा तो सच कहता हूँ...मेरे...मेरे...हाथ-पाँव सुन्न हो गये थे...सिर भन्ना गया। कानों में झन-झन होने लगी। मुझे पूरा यक़ीन हो चुका था कि ऐसे या वैसे...अब मेरा बचना मुश्किल है।"

"क्या किया उन्होंने?" शबरी की आँखों में फैले डर ने पूछा।

"बादाम और अखरोटों के थैले खोलकर देखे मगर ऊपर-ऊपर से ही। अगर अन्दर हाथ डालते तो ग़ज़ब हो जाता। अगर ये ज़ेवरों की पोटली उनके हाथ लग जाती तो मेरी ख़ैर नहीं थी। इसमें रखे डेजहोर-अटहोर को देखकर वो फ़ौरन समझ जाते कि यह हिन्दुओं का सोना है। फिर मेरी ख़ैर नहीं थी।"

"हे ईश्वर तू ही रहम करता है!" शबरी के मुँह से निकला।

"अगर मैं उनकी गोली से बच जाता और वो यह पोटली ले जाते तो भी मैं न बचता। उससे शर्मनाक मेरे लिए कुछ न होता। किससे कहता कि मैं अपनी बहन की अमानत वापस देने जा रहा था और रास्ते में मुझसे छीन ली गयी! किस खुदा से कहता मैं...कि मैं सच कह रहा हूँ।" सादिक़ का गला भर आया था। उसकी बूढ़ी आँखें नम हो गयी थीं। आवाज़ को सँभाल कर फिर कहा उसने "ऊपर वाले ने इस ज़िन्दगी में मुझ पर सबसे बड़ा रहम यही किया है...सच कहता हूँ बहन...सबसे बड़ी रहमत यही है।"

तभी मोहिनी ने ट्रे में कहवा लिए कमरे में प्रवेश किया तो पृथ्वी ने बात को सँभाला, "लीजिए कहवा लीजिए।"

सादिक़ ने हाथ बढ़ा कर ट्रे में से एक प्याला उठाया। पृथ्वी ने एक ऊनी चादर से सादिक़ की टाँगे लपेट सी दीं और दूसरी ऊनी चादर फ़ैयाज़ की ओर बढ़ा दी।

"कहवा पीकर हाथ-मुँह धो लो...खाना तैयार है," कहा शबरी ने।

"नहीं शबरी...देर हो चुकी है। आज चलेंगे...," सादिक़ ने कहवे की चुस्की लेकर कहा।

"नहीं भाई जान खाना तैयार है...मैं चावल चढ़ा कर आई हूँ।" मोहिनी बोली।

"नहीं बेटी... फिर कभी...," सादिक़ ने मुस्कराकर जवाब दिया।

"अब घर में जो भी बना है...वही सही।" शबरी बोली।

"आज तो संयोग से बन्दगोभी और मीट भी बना है।" मोहिनी ने धीमे स्वर में कुछ झिझकते हुए शबरी को बताया जो कमरे में बैठे सभी लोगों ने सुना। सादिक़ ने फिर अपनी बात दोहराई, "नहीं शबरी आज नहीं।"

"भाई जान आपको देर बिल्कुल नहीं होगी...आज इसी दस्तरख़ान पर सही।"

"पृथ्वी बेटा ज़िद न करो...फिर कभी।"

"कैसी बात करते हैं...इतनी रात गये घर से बिना खाए जाएँगे आप लोग? ये मुमकिन नहीं।" शबरी का स्वर ज़रा भारी हो गया था।

"नहीं शबरी आज कहवा पी लिया...खाना फिर कभी।"

शबरी ने ज़रा ठहरकर सादिक़ को देखा। फिर धीमे स्वर में बोली, "अब मान भी जाइए...यहाँ हलाल का ही आता है।"

शबरी और सादिक़ की नज़रें क्षणभर को मिलीं। सादिक़ ने कहवे का ख़ाली प्याला दस्तरख़ान पर रखा तो शबरी ने फिर कहा, "उठिए हाथ धो लीजिए।"

अपने दाएँ घुटने पर ज़ोर डालकर सादिक़ ने उठने की कोशिश की तो पृथ्वी ने फ़ौरन आगे बढ़कर उन्हें सहारा दिया और हाथ धुलवाने ले गया।

सादिक़ लौटकर आया तो शबरी ने पूछा, "हमारी गली में जाना होता है कभी?"

"हाँ गया था एक-आध बार पर...अब क्या जाना!" सादिक़ ने गर्दन झुकाकर कहा।

शबरी ने भर्राए गले से जवाब दिया, "हाँ...शीरीं से पता चला था कि वो...वो ताला तोड़ दिया गया है।"

कुछ क्षण कमरे में खामोशी रही, फिर सादिक़ ने कहा, "सुना है कि उस मकान को दहशतगर्दों ने अपनी आरामगाह बना रखा है।"

शबरी ने कुछ कहना चाहा था पर शब्द गले में उभरे गुबारों में अटक कर रह गये। उसने सादिक़ को कहते सुना, "हमारा कश्मीर तबाह हो गया है... बिल्कुल तबाह...जन्नत उजड़ चुकी है। अब या तो इन टैररिस्टों की आरामगाहें हैं या आर्मी के डेरे...बन्दूकों का राज है चारों तरफ़।"

बाहर से आये सर्द हवा के तेज़ झोंके ने अचानक एक ज़ोरदार आवाज़ के साथ बरामदे की खिड़की का एक पल्ला खोल दिया था। वह झोंका उसी वेग

के साथ कमरे में पहुँचा तो पृथ्वी फ़ौरन उठकर खिड़की बन्द करने चला।

एक बड़े थाल में भोजन परोसकर लाती मोहिनी भी इस सर्द झोंके से ठिठक सी गयी, "लगता है बारिश हो रही हे... शाम से बादल मँडरा रहे थे।"

"ग़नीमत हैं ये सर्द हवाएँ भी अब... वहाँ तो बर्फ़ गिर रही होगी!" शबरी ने बुदबुदाया।

"पन्द्रह दिन पहले बर्फ़ थी। पिछले दिनों नहीं थी। तभी तो निकल पाए... वर्ना रास्ते में अटकने का ख़तरा रहता।" फ़ैयाज़ ने कहा।

"वो ख़तरा उन जहन्नुमियों से कहीं बेहतर था।" सादिक़ ने ऊनी चादर समेटते हुए कहा और दस्तरख़ान पर सामने रखे थाल की ओर हाथ बढ़ाया।

सादिक़ और फ़ैयाज़ के जाते ही जब घर का दरवाज़ा बन्द हुआ तो जिगरी के अन्तर्मन का ज़रा-सा भिड़ा हुआ दरवाज़ा एक झटके से खटाक खुल गया। ओह! वह टूटी-बुझी लालटेन वहीं किसी कोने में पड़ी रो रही होगी। वह घर, वह सहन, वे कमरे, वह रसोई और वे सीढ़ियाँ जिन्हें बरसों एक लगन के साथ रोज़ सुबह पहले माँ को लीपते देखा था, फिर भाभी को और फिर ख़ुद लीपा करती थी, उन्हें आज आतंकवादियों के बेरहम गन्दे जूते मसल देते होंगे! अब लौट पाएँगे हम? इच्छा से मुक्तिद्वार को पा सकते हैं पर अपनी स्मृतियों के घर-संसार को नहीं! बिस्तर में लेटे-लेटे शबरी ने अँधेरे कमरे में जलती फुट लाइट को देखा। मन में मुँह छिपाए बैठी ये अधमरी उम्मीद कब बुझेगी! दिन-रात गुज़रे दिनों में डोलती फिरती है बावरी! मेरी आयु भी मेरी तरह सठिया गयी है। सोचा शबरी ने। अन्य बातों के साथ अपनी सीमा भी भूल बैठी है। क्या रखा है अब यहाँ जो समय काट रही है? क्या अब चोला बदल नहीं जाना चाहिए? क्या बचा है अब जीवन में स्मृतियों के सिवा? यहाँ जून की एक ठेठ दोपहरी में कोलतार की सड़क पर जब गर्मी गोंद की तरह बिछी हुई थी और चलते हुए शबरी की चप्पल चिपक गयी थी तो उसे दम लगाकर पाँव उठा-उठाकर आगे बढ़ाना पड़ा था। तब शबरी को लगा था कि अपनी स्मृतियों के गोंद से भी तो वह ऐसे ही दम लगाकर पाँव छुड़ा-छुड़ा कर आगे बढ़ाती है पर सड़क और उस पर फैला गोंद खत्म होने में ही नहीं आते। पिघलते कोलतार से पुती स्मृति की सड़क पर जैसे-तैसे चलते-चलते साल दर साल बीतते चले गये। दिल्ली की सड़कों पर सर्दियों में रूई का उड़ना भ्रम फैलाता था। पौधों के पत्तों पर ठिठकी रूई—मानो हर पौधे पर बर्फ़ के फूल उग आये हों! चौड़ी सड़कों के किनारे बनी सूखी नालियों में रूई के छोटे-छोटे जमघट। जिगरी कहती थी इतनी रूई है कि पन्द्रह मिनट में इसे बटोरकर तकिया भरा

जा सकता है। बर्फ़ का तकिया!

शबरी का वर्तमान से कोई रिश्ता बना ही नहीं था। वह पुराने रिश्तों में ही जी रही थी। अफ़सोस इस बात का था कि पीछे छूट गये इंसानी रिश्तों में कोई शिगाफ़ न था पर हालात से मजबूर होकर उनसे दूर होना पड़ा। आटा मिट्टी में मिल जाता तो वह नज़र फेर लेती पर हीरा मिट्टी होते कैसे देखा जाए! फिर उसकी तो कौस्तुभ मणि भी वहीं पीछे छूट गयी थी। अपनी कमबख़्ती में शबरी स्मृतियों को गर्मियों में सर्दियों के ऊनी कपड़ों की तरह और सर्दियों में गर्मियों के सूती कपड़ों की तरह तहा-तहा कर ट्रंकों में क़रीने से रखती चली जाती थी कि सामने न दिखें पर वे यहाँ-वहाँ छूट ही जाती थीं। इसी तरह कपड़ों को सहेजते-सहेजते कब पन्द्रह साल बीत गये, यह बूढ़ी शबरी जान ही न पाई थी!

कल सुबह जया को श्रीनगर जाने के लिए दिल्ली आना था। जब से जिगरी दिल्ली आयी थी जया सर्दियों और गर्मियों की छुट्टियों में कुछ-कुछ दिनों के लिए ज़रूर आती थी। जया के पति राँची में एक उच्च प्रशासनिक अधिकारी थे। प्राय: उनका तबादला होता रहता था। इसलिए जया नौकरी नहीं करती थी पर जिसकी परवरिश जिगरी ने की हो तथा अम्बरनाथ और जिगरी के परिवार के संस्कार मिले हों वह ज़िन्दगी को बेवजह कैसे जी सकता था! जया ने पिछड़ों, ग़रीबों और आदिवासियों की शिक्षा व स्वास्थ्य के लिए कुछ लोगों के साथ मिलकर एक संस्था बनाई थी–'हमेशा'। ये लोग हटिया, खूँटी, लोहरदग्गा सरीखे राँची के आस-पास के गाँवों और आदिवासी इलाक़ों में काम करते थे।

इस बार जम्मू-कश्मीर में शान्ति स्थापना व शिक्षा के लिए कार्यरत एक अन्य गैर सरकारी संस्था ने अपनी वार्षिक बैठक में 'हमेशा' की ओर से जया को आमन्त्रित किया था। यहाँ एक सत्र में विभिन्न राज्यों में शिक्षा के क्षेत्र में कार्यरत गैर सरकारी संस्थाओं ने अपने-अपने अनुभवों का आदान-प्रदान करना था। इस अवसर का जया को इन्तज़ार था।

एयरपोर्ट से बाहर निकलते ही श्रीनगर की हवा ने जया का स्पर्श किया तो उसका मन बावला हो उठा। जाने कितने सालों बाद आयी थी वो यहाँ! एयरपोर्ट से डलगेट जाते हुए सड़कों पर दोनों ओर खड़े कद्दावर पेड़, ढलवाँ छतों के मकान देखे, हवा में एक अलग अपनेपन की खुशबू मिली तो टैक्सी में बैठी जया की आँखें नम हो आयीं। भीतर से एक आह बाहर आयी, "ये क्या हो गया मेरी ज़मीन को? मैं उसकी हूँ तो वो मेरी क्यों नहीं?" तभी उसे बचपन में सुना

एक वाक्य याद आया जो उसकी स्मृति के अनुसार राजगोपालाचारी ने कभी कहा था, 'ज़बानें और फूल आपस में नहीं लड़ते। इंसान लड़ते हैं।'

जया ने टैक्सी वाले से कश्मीरी में बात की तो उसे रोमांच हो आया। अपनी ज़मीन पर अपनी भाषा में बात करने का सुख क्या होता है वह जया आज ही जान पाई थी। कश्मीरी तो वह दिल्ली और राँची में भी बोलती थी पर जाने क्यों उसे लगा कि वहाँ तो सिर्फ़ ध्वनि बची है अब, भाषा नहीं। शब्द, कहावतें, गीत सब वहाँ होते हुए भी लगता है यहीं छूट गये थे। अपनी सरज़मीं छोड़ते हुए जब लोगों ने बिस्तर बाँधा था तो काश इन्हें भी बिस्तरबन्द में लपेट लिया होता। या अटैची के किसी कोने में ठूँस लिया होता! तभी उसे याद आया कि जिगरी तो ख़ाली हाथ आयी थी। काश उस ज़ेवर की पोटली की तरह इन्हें भी अमानत के तौर पर सादिक़ भाई जान को थमा दिया होता तो दो साल बाद ये भी वापस मिल जाते!

जया ने डलगेट स्थित एक होटल में प्रवेश किया तो रिसेप्शन के बाद सामने दिखाई दिया देवदार की लकड़ी से बना एक खूबसूरत रेस्तराँ। एक जी चाहा पहले वहाँ जाकर कहवा पियूँ पर दूसरे जी ने कहा कि नहीं पहले कमरे में चलो। कमरे में पहुँचते ही उसने खिड़की खोलकर देखा तो सामने डल थी और डल में किनारे-किनारे लाइन से असंख्य हाउस बोट किसी पुराने कंगाल हो चुके नवाब की हवेली की तरह अपनी उदासी में भी गरिमा के साथ खड़े थे। डल के बीच कई रंग-बिरंगे शिकारे थे। दूर पहाड़ों पर बर्फ़ की चमकीली सफ़ेद चादरें ख़ामोशी से जया की खिड़की की ओर ही नज़र गड़ाए खड़ी थीं।

"खिड़की बन्द रखिए बहुत सर्दी है," पीछे से हिन्दुस्तानी में आवाज़ आयी। जया ने पलट कर देखा तो होटल का बैरा जग लिए खड़ा था। उसने जवाब में मुस्करा कर कश्मीरी में कहा, "सर्दी अच्छी लग रही है... बहुत दिन बाद मिली है यह अप्रैल की सर्दी।"

कश्मीरी में जवाब सुनते ही उसकी आँखें खुशी से फैल-सी गयीं, "मुझे रिसेप्शन पर ही लगा था कि आप कश्मीरी हैं... कहवा लाऊँ क्या?"

जया कुछ जवाब देती उसने पहले ही बैरा ने कहा, "ले लीजिए... साथ में कमलककड़ी के पकौड़े भी हैं आज।"

जया उसे देखती मुस्कराती खड़ी रह गयी। मानो सदियों बाद मायके आयी हो और समझ न पा रही हो कि बात किससे और कहाँ से शुरू करे। बैरा ने कहा, "बैठिए लाता हूँ।" फिर वह कन्धे उचकाता दरवाज़े की ओर बढ़ गया। अब जया ने पुकारा, "नाम क्या है तुम्हारा?"

"हबीब... हबीब मोहम्मद।" और वह दरवाज़ा बन्द कर बाहर कहवा व पकौड़े लेने चला गया।

जया ने पलट कर डल के पानी पर चलते एक शिकारे को देखा और एक लम्बी साँस खींचकर खिड़की बन्द कर दी। अचानक उसका मन उदास हो गया। इसी हवा में कभी सोहम और अनलहक की खुशबुएँ एक हो गयी थीं! आज हालात ने इन खुशबुओं को भी चीरकर रख दिया है। अब खुशबू में दरारें दिखाई देती हैं।

वार्षिक बैठक के पहले दिन शाम को प्रतिभागियों ने तय किया कि एक जीप में सब इकट्ठा पास ही के चश्मेशाही, निशात बाग़ और शालीमार बाग़ देखने जाएँगे। जया का मन हरवन जाने का था। उसे बचपन में वहाँ जाकर एक अलग तरह का ठंडा सुकून मिलता था। पर वहाँ के लोगों ने समझाया कि शाम के समय इतनी दूर जाना ख़तरे से ख़ाली नहीं है। इस पर जया ने एक बार रास्ते में पड़ने वाले ज़ीठयार यानी ज्येष्ठा देवी के मन्दिर जाने का इसरार किया। वहाँ जाने के लिए ड्राइवर ने हाँ कर दी। चढ़ाई के बाद जीप ज़ीठयार पर जाकर रुकी। कुछ सीढ़ियाँ चढ़ने के बाद जया ने वहाँ पवित्र कुंड के दर्शन किये जो देवी का निवास माना जाता है। जया ने देखा कि अब वहाँ कुंड के ऊपर देवी दुर्गा की एक प्रतिमा की भी स्थापना कर दी गयी है।

कुंड के पास ही चिनार का एक विशाल वृक्ष था जिसकी जड़ों के पास कुछ पुरानी देव प्रतिमाएँ रखी थीं, विस्थापित-सी। पास ही चिनार के कई पत्ते गिरे हुए थे। उसने झुककर चिनार के कुछ पत्ते उठाए और अपने बैग में से एक लिफ़ाफ़ा निकाल कर उसमें सीधे-सीधे रख लिए। सोचा राँची में दिखाऊँगी कि कैसे होते हैं चिनार के पत्ते। कैसी अजीब बात है कि जो चिनार उनके लिए बचपन में एक लोककथा के समान था उसके बच्चों के बच्चों के लिए एक काल्पनिक वृक्ष होगा!

फ़िर आगे बढ़कर वह कुछ सीढ़ियाँ चढ़कर एक कमरे में पहुँची जहाँ बड़ा-सा शिवलिंग स्थापित था। नीचे पंडित जी ने उससे कहा था कि ऊपर जाकर शिवलिंग के दर्शन कर लेना। इसे बीस-पच्चीस साल पहले ही गणपतयार से यहाँ लाया गया है। जया ने शिवलिंग को प्रणाम कर जब सिर उठाया तो देखा शिवलिंग में दरार थी।

वहाँ से वे सीधे निशात बाग़ पहुँचे। अन्दर पहुँचकर जया का मन अवसाद से भर गया। निशात बाग़ के उस उजड़े दयार ने उसे घेर लिया। न वहाँ वैसे फूल थे, न फ़व्वारों में पानी। न ही वो दिन-भर पिकनिक मनाकर केन की टोकरियाँ

व समावार उठाये वापस जाते परिवारों के जत्थे। न दौड़ते बच्चे, न खिलखिलाती किशोरियाँ और न ही टूरिस्ट। बेतरतीब घास में कहीं मुड़ी हुई सिगरेट की खाली डिब्बी पड़ी थी तो कहीं ढेर सूखे पत्ते। एक क्यारी के पास बिस्लरी की खाली बोतल लुढ़की हुई थी। बाग़ में नज़र दौड़ाते ही एक वीरानी जया के क़दमों से ऐसा लिपटी कि वे उठाये न उठे। जैसे-तैसे वह वापस जीप तक पहुँची।

जब तक वे चश्मेशाही पहुँचे शाम गहरा गयी थी। गेट बन्द था। गेट के पास जीप आकर रुकी तो उसकी रोशनी में जया ने देखा कि एक चौकीदार उनकी ओर आ रहा है। पास आकर बूढ़े चौकीदार ने जीप के भीतर झाँका तो समझ गया कि सभी सैलानी हिन्दू हैं क्योंकि सभी के माथे पर ज्येष्ठा देवी के मन्दिर का टीका लगा था। चौकीदार ने ऊँचे स्वर में उर्दू में पूछा, "कहाँ जाना हैं?"

"चश्मेशाही..."

"बन्द हो गया है... कल आना।"

तभी जया ने कश्मीरी में कहा, "हम यहीं के हैं। अब बहुत दूर से आये हैं। कल वापस जाना है।"

अपनी भाषा सुनते ही बूढ़े चौकीदार ने झाँककर जीप के अन्दर बैठी जया का चेहरा देखा और मुस्करा दिया। फिर दरवाज़े की ओर हाथ से इशारा कर कश्मीरी में बोला, "जाओजी... और इसे भी ले जाओ अपने साथ।"

"फिर तुम क्या करोगे?" जया ने दिल्लगी के अन्दाज़ से कहा।

"पन्द्रह साल से हम ही देख रहे हैं... अब तुम ले जाओ।" और वापस जाकर उसने दरवाज़ा खोलना शुरू किया।

जाने क्यों जया की आँखों में आँसू भर आये जो उस अँधेरे में जीप में बैठे उसके साथियों को दिखाई नहीं दिए। मगर ड्राइवर कादिर ने गाड़ी वापस मोड़ ली और चौकीदार से कहा, "रहने दो अभी जाना बेकार है... फिर आएँगे।" फिर वह जीप में सवार लोगों से धीरे से बोला, "अब जाना सेफ़ नहीं है।"

जीप लौट रही थी और चश्मेशाही की पुरानी तस्वीर जया के आँसुओं में दाएँ-बाएँ हिल रही थी। होटल पहुँचकर जीप से उतरी तो उसने साथियों से कहा कि वह ज़रा सड़क का एक चक्कर लगाकर लौटेगी। सबने रोकने की बहुत कोशिश की कि रात काफ़ी हो चुकी है पर जया ने कहा कि उसे किसी से मिलना है। बस छह-सात होटल पार तक ही जाना है।

"होटल शाहनवाज़ तक," कहते ही जया तेज़ क़दमों से अपने होटल के दरवाज़े से बाहर चल दी। अचानक हल्की बूँदा-बाँदी शुरू हो गयी। जया एक

के बाद एक होटलों का नाम पढ़ते हुए आगे बढ़ती जा रही थी। तभी उसे नियोन लाइट में चमकता दिखा–'शाहनवाज़' तो उसने अन्दर की ओर क़दम बढ़ाए।

इस होटल में जया एक ही बार आयी थी। अपनी शादी के लगभग साल भर बाद। शादी होते ही उसे पटना जाना था। साल भर बाद जब कुछ दिन श्रीनगर में बिताने पातंजलि के साथ लौटी तो राशिद ने इसी होटल में उन्हें शानदार दावत दी थी। राशिद सादिक़ भाई जान के बेटे बिस्मिल का बेटा था और डलगेट पर यह होटल उसने जया की शादी से लगभग साल भर पहले ही शुरू किया था। उस दिन होटल में उस डिनर के बाद राशिद ने जया और पातंजलि को सरप्राइज़ भी दिया था। उसने दोनों के लिए पहलगाँव के होटल 'हीवन' में दो दिन का मुफ़्त रहने का इन्तज़ाम किया था। 'हीवन' राशिद के दोस्त का होटल था। यह राशिद की तरफ़ से जया को शादी के बाद पहली बार मायके आने का तोहफ़ा था।

राशिद जया से लगभग पाँच–छह साल बड़ा था। जब कभी शादी के पहले जिगरी के पास दिल्ली से श्रीनगर आती थी राशिद से सप्ताह में एक–आध बार मिलना होता ही था। फिर राशिद भी उसके लिए उसका प्रिय गोश्ताबा* कहीं न कहीं से लेकर घर ज़रूर आता था। गोश्ताबा खाए बिना श्रीनगर का दौरा फ़ीका रहता था।

जया होटल 'शाहनवाज़' के रिसेप्शन पर पहुँची तो पता चला कि राशिद घंटे भर के लिए कहीं निकल गया है। वह अपना नाम–पता छोड़कर लौट आयी और आते हुए राशिद के होटल और घर का फ़ोन नम्बर ले आयी। साढ़े दस बजे तक जब राशिद का कोई फ़ोन नहीं आया तो जया का मन उद्विग्न हुआ। जाने उसे सन्देश मिला भी होगा या नहीं! फिर उसने सोचा कि क्यों न घर फ़ोन करे। सादिक़ भाई जान को गुज़रे तीन साल हो चुके थे। जाने कौन उठाए! इन वर्षों में उस परिवार में कई बहुएँ भी आ चुकी थीं जो जया से ज़्यादा परिचित नहीं थीं। बच्चे बड़े हो चुके थे। फिर सोचा अगर राशिद का फ़ोन न आया तो? इसी उधेड़–बुन में उसने फ़ोन उठाया और घर का नम्बर मिलाया। फ़ोन खुद राशिद ने ही उठाया और पूरे खुलूस के साथ जया से बात की। आज न मिल पाने पर अफ़सोस ज़ाहिर किया। फिर तय यह हुआ कि राशिद जया को लेने कल बारह बजे पहुँचेगा। जया राशिद के साथ उसके घर जाएगी। दोपहर का भोजन भी जया वहीं करेगी। भोजन के लिए जया ने बहुत मना किया मगर राशिद ने उसकी एक न सुनी।

अगले दिन सुबह चाय लेकर हबीब मोहम्मद फिर हाज़िर हुआ।

***गोश्त का एक पकवान जो कश्मीरी मुस्लिम पाक–प्रणाली 'वाज़वान' का हिस्सा है**

"अरे हबीब... सुबह भी तुम्हारी ही ड्यूटी है?"

"सुबह-शाम क्या... आप जब बुलाएँगी आ जाऊँगा।"

"क्यों? छुट्टी के समय घर नहीं जाते?"

"छुट्टी! छुट्टी कैसी? मैं यहीं रहता हूँ। घर गया तो छुट्टी ही हो जाएगी।" ट्रे मेज़ पर रखते हुए कहा हबीब मोहम्मद ने।

"तो तुम घर कब जाते हो?" जया ने खिड़की के पर्दे सरकाए और कुर्सी पर बैठ गई।

"बहुत मुश्किल से ये नौकरी मिली है... घर जाऊँगा तो खाऊँगा क्या!" हबीब मोहम्मद ने केतली से टीकोज़ी हटाकर कहा।

"घर कहाँ है?"

"बहुत दूर... गाँव में।"

"घर में बीबी है?"

हबीब मोहम्मद कप में चाय उंडेल रहा था। चाय की धार की ओर देखते हुए उसने मुस्करा कर जवाब दिया, "हाँ... दो बच्चे भी हैं।"

"कितने बड़े हैं?" जया के स्वर में उत्साह भरी उत्सुकता थी।

"बड़ा बेटा सात साल का है... छोटा पाँच का।" हबीब मोहम्मद ने चाय में दूध डाला और चीनी मिलाने से पहले जया की ओर देखा। मानो पूछ रहा हो– 'कितनी?'

कप की ओर हाथ बढ़ा कर जया ने कहा, "रहने दो... चीनी नहीं चाहिए।"

हबीब मोहम्मद एक क्षण को ठिठका, फिर कप जया की ओर बढ़ा दिया। कप थामते हुए जया ने पूछा, "स्कूल जाते होंगे... कौन-सी क्लास में हैं?"

"स्कूल!" हबीब मोहम्मद के स्वर में दुख उभरा। "कहाँ जाएँगे स्कूल! नाम तो दर्ज कराया है वहीं एक स्कूल में पर ज़्यादातर तो बन्द ही रहते हैं स्कूल यहाँ। फिर कब कहाँ बम फट जाए... क्या खबर! अफ़रा-तफ़री है! आप नहीं समझेंगी।"

"क्यों?" संजीदा आवाज़ में जया बोली।

"आपके समय में ऐसा नहीं था। जब तीन-चार महीने बाद दो-तीन दिन के लिए घर जाता हूँ तो मेरी माँ मुझे छू-छू कर देखती है। वापस आते हुए मेरा माथा चूम-चूम कर ऐसे रोती है जैसे आख़िरी बार हो।" हबीब मोहम्मद एक रौ में बोलता जा रहा था, "आप चीनी क्यों नहीं लेतीं? फीकी चाय कैसी लगती है?"

"ठीक लगती है... आदत हो गई है ना। तुम्हारे बच्चे स्कूल नहीं जाएँगे तो पढ़ेंगे कैसे?"

"बड़े-बड़ों के बच्चे नहीं जा पाते तो मेरे बच्चे क्या!" हबीब मोहम्मद ने

किनारे एक अलग मेज़ पर रखे जग का पानी जाँचा। फिर पलट कर बोला, "जब भी घर जाता हूँ बीवी से इसी बात पर झगड़ा होता है।"

"किस बात पर?"

"सिरीनगर में बाहर से कुछ लोग आते हैं...भले लोग हैं...सरकार के नहीं हैं...वो दस-बारह साल के बच्चों को अपने साथ ले जाते हैं...जम्मू और कश्मीर से बाहर। अपने खर्चे पर। वहाँ पढ़ाते हैं स्कूल में। वो भी अपने खर्चे पर। गर्मियों की छुट्टियों में बच्चों को वापस घर लाते हैं...फिर छुट्टियाँ खत्म होने पर उन्हें लेने भी आते हैं।"

"किसी एनजीओ के लोग होंगे।"

"हाँ गैर-सरकारी हैं...हमारे गाँव से भी दो बच्चे पूना गए हैं उनके साथ पढ़ने। मैं बीवी को कहता हूँ कि जब बेटा दस साल का हो जाएगा तो हम भी भेज देंगे। बस इसी बात पर हमारा झगड़ा हो जाता है।"

"वो बेटे को इतनी दूर भेजना नहीं चाहती होगी।"

"हाँ वैसे कहती तो ठीक ही है कि गाँव के गाँव से ही बच्चे लापता हो जाते हैं तो इतनी दूर जाकर उस मासूम पर क्या गुज़रे क्या ख़बर! पर मैं कहता हूँ कि आख़िर पढ़ाना भी तो है। पढ़ेगा नहीं तो करेगा क्या? यहाँ से बाहर जाकर पढ़ेगा तो वहीं कोई नौकरी भी ढूँढ़ लेगा वर्ना यहाँ काम कहाँ! यहाँ तो गोली है या बम! रोज़-रोज़ बन्द होते हैं। हमारी तो क़िस्मत ही बन्द हो गई है। आपका घर कहाँ था? शहर में?"

"हाँ हब्बा कदल के पास," कहते हुए जया ने खाली कप मेज़ पर रखा। उसे उठाकर हबीब मोहम्मद ने ट्रे में रखा और ट्रे उठाकर दरवाज़े की ओर बढ़ा। फिर पलटकर आँखों में एक चमक के साथ बोला, "आज कश्मीरी पालक बनेगा। कुछ और खाने का मन हो तो बताइयेगा। वहाँ कहाँ मिलता होगा! जो कहेंगी बन जाएगा। रसोइया मेरा दोस्त है।"

जया को उसका यह अपनापन बहुत भोला और भला लगा। उसने मुस्कराकर कहा, "आज दोपहर में मैं यहाँ नहीं हूँ। बचाकर रखना पालक। रात में खाऊँगी।"

"परवाह नहीं," कहता हुआ हबीब मोहम्मद कमरे का दरवाज़ा खोलकर बाहर चला गया।

पौने बारह बजे जया मीटिंग में उपस्थित लोगों से इजाज़त ले रिसेप्शन पर आकर राशिद के इन्तज़ार में बैठ गयी। साढ़े बारह बजे के बाद उसका सब्र जवाब देने लगा। उसने वहीं से 'शाहनवाज़' फ़ोन कर राशिद के बारे में पूछा तो पता चला कि वह कुछ सैलानियों के साथ बात करने में व्यस्त है। जया ने

अपना नाम व अपने होटल का नम्बर बताकर कहा कि "उनसे कहिएगा मैं इन्तज़ार कर रही हूँ।"

तभी डेढ़ बजे बैठक का सत्र समाप्त हुआ और प्रतिभागी भोजन के लिए उसी होटल के रेस्तराँ की ओर जाने लगे। जया को अब तक रिसेप्शन पर बैठे देखा तो हैरान हुए। उन्होंने उससे भोजन के लिए साथ चलने का आग्रह किया पर जया ने कहा कि उसे लेने उसके अपने कुछ लोग आते ही होंगे।

जया ने दोबारा 'शाहनवाज़' फ़ोन किया तो पता चला कि राशिद होटल से कहीं निकल गया है। जया को लगा इसी ओर आता होगा सो पन्द्रह-बीस मिनट वहीं उसका इन्तज़ार किया। घड़ी में दो बजने को थे। प्रतिभागी भोजन करके आने वाले थे। जया ने सोचा अब तक उसे यहाँ बैठा देखेंगे तो हैरानी से फिर कुछ सवाल करेंगे जिनका जवाब उसके पास शायद नहीं था। सो वह उठकर अपने कमरे में चली गयी। घंटा भर वहाँ भी राशिद का इन्तज़ार करने के बाद उसने रेस्तराँ में फ़ोन किया तो पता चला कि भोजन का वक़्त ख़त्म हो चुका है। सो उसने कमरे में ही एक कप चाय और एक सैंडविच मँगवा लिया।

इस बार हबीब मोहम्मद नहीं कोई अन्य बैरा आया था। उसने ट्रे में रखी कश्मीरी पालक की कटोरी की ओर संकेत कर कश्मीरी में कहा, "हबीब मोहम्मद ने कहा ये भी ले जाओ। उसे 207 वाली मैडम ने फल लेने भेजा है।" जया ने सिर हिलाकर हामी भरी तो वह चला गया। वह कटोरी उठाकर जया ने पलंग के सिरहाने वाली छोटी मेज़ पर प्लेट से ढँककर रख दी।

जया बैठक के अगले सत्र में फिर नहीं गयी। शायद जा ही नहीं पायी। उसके मन में एक ओर गुस्सा उमड़ता तो दूसरी ओर अजीबोग़रीब से सवाल उठते। राशिद भाई क्यों नहीं आये? क्या इतने व्यस्त थे? अगर ऐसा था तो फ़ोन तो करते। खुद नहीं आ सकते थे तो किसी और को भेज देते। वह मुझे उनके घर पहुँचा आता। क्या वे आना ही नहीं चाहते थे? तो फिर इतनी मुहब्बत से फ़ोन पर बात कर मुझे न्यौता क्यों दिया? क्या वह सब बनावटी था, मसनूई था? मगर उसकी ज़रूरत क्यों हुई? क्या उस खुलूस के साथ बात करते हुए भी उन्हें पता था कि वह मुझे लेने नहीं आएँगे? क्या रिसीवर रखने के बाद ऐसी कोई बात हुई होगी कि उन्होंने अपना फ़ैसला बदल लिया? क्या घर में किसी के कहने पर अमल किया उन्होंने? उन्होंने घर में लोगों से मेरा ज़िक्र किया भी होगा या नहीं? क्या उनके पिता जानते होंगे कि मैं श्रीनगर में हूँ और उन लोगों से मिलना चाहती हूँ? उन्होंने एक बार भी सोचा होगा कि मैं उनका इन्तज़ार करूँगी? मुझे यूँ इन्तज़ार करवाकर और फिर न आकर उन्हें क्या

मिला? क्या उनके मन में भी कोई बाल आ चुका है? क्या मैं अब उनके लिए सिर्फ़ किसी पंडित परिवार की सदस्या होकर रह गयी हूँ?

जया जितना सोचती जाती थी सवालों की लड़ी उतनी ही लम्बी होती जाती थी और शायद बद्शक्ल भी। उसके सवालों के जवाब सिर्फ़ राशिद के पास थे जो न तो उसे लेने आया था और न कोई संदेश भिजवाया था। अब ऐसी कोई उम्मीद भी नहीं बची थी। उसे उदासी के एक घटाटोप ने घेर लिया और बिस्तर में औंधे मुँह कम्बल ओढ़कर वह शाम को ही सो गयी।

जया सुबह उठी तो उसने हरारत सी महसूस की। पलँग पर बैठे-बैठे ही जाने क्यों उसे अपने नाना का एक मज़ाकिया संवाद याद आ गया। नानी को सुबह उठते ही नाना का अख़बार तलब करना नागवार गुज़रता था। नानी का कहना था कि सुबह-सुबह ईश्वर का नाम लेना चाहिए जिसने हमें जीवन में एक और दिन दिया। एक रोज़ नानी के यह पूछने पर कि इस अख़बार में ऐसा क्या होता है कि सुबह-सुबह ही देखना हो। नाना ने उन्हें चिढ़ाने के लिए कहा था कि 'जब सुबह उठता हूँ तो आँखें मलते हुए पहले अख़बार में ऑबिच्युरी का कॉलम देखता हूँ। उसमें काले बॉर्डर में अपनी ख़बर न पाकर फ़ौरन उठ खड़ा होता हूँ कि चलो आज फिर बच गया। न नाम छपा न फ़ोटो। बस फिर तुम्हारे ईश्वर का तहेदिल से शुक्रिया करता हूँ।' फिर जया की ओर आँखें मिचकाकर बोले थे, "वैसे अख़बार में ऑबिच्युरी के सिवा होता भी क्या है!"

जया को आज बिना अख़बार देखे ही एहसास हुआ था कि उसका फ़ोटो और नाम काले बॉर्डर में छपा है। फिर उसने मन ही मन कहा, 'अगर नहीं छपा तो छप जाना चाहिए।'

जया सिर को झटककर उठी और पैंट्री में फ़ोन कर चाय मँगवाई। फिर न जाने क्यों उसने एक फ़ोन रिसेप्शन को भी किया, यह जानने के लिए कि उससे मिलने कोई आया तो नहीं था। उत्तर नकरात्मक ही मिला तो उसे भीतर की हरारत की वजह से ज़रा कमज़ोरी-सी महसूस हुई। उसने पास रखा शॉल ओढ़ा और चाय के इन्तज़ार में आकर सोफ़े पर बैठ गयी। लाख चाहने पर भी वह मन को कल की घटना से हटा नहीं पा रही थी।

कल का हादसा और पुराने दिनों की खुशनुमा यादें मिलकर उसके मन पर मन भर के बोझ की तरह रखी थीं। काश वह दिल्ली में होती तो ऐसी ही सुबह बिस्तर से उठते ही उसे पहली आवाज़ कबाड़ी वाले की सुनाई देती- 'कबाऽऽड़ीऽऽ'। वह दौड़कर जाती और उसे बुला लाती। ख़ाली बड़ी-सी बोरी लिए जब वह आँगन में प्रवेश करता तो वह अपनी सारी अनचाही स्मृतियाँ उसे

दे देती। उठाकर ले जाता वह अपनी बोरी में साइकिल के कैरियर पर रखकर पुराने रद्दी अख़बारों की तरह ही उन्हें भी। वे स्मृतियाँ जो कहीं सहेजी हुई थीं भीतर पर आज ज़िन्दगी के इस कोण पर खड़े होकर देखने पर न जाने क्यों महीनों पुराने अख़बारों की ढेरियाँ-सी दिखाई देने लगी हैं। मानो झूठ का अम्बार हो। पर जया जानती थी कि ये स्मृतियाँ सच और झूठ के दिन-रात के साथ भीतर ही दफ़्न रहेंगी। हमेशा-हमेशा के लिए। किसी कबाड़ीवाले की साइकिल का कोई कैरियर इन्हें उठाने के लिए चक्कर नहीं काटता है। दिल्ली में भी नहीं, कहीं नहीं!

भीतर से फिर आवाज़ आयी—ऐसा क्यों हुआ? इस बार ऐसा क्यों हुआ? मेरे साथ ऐसा क्यों हुआ? राशिद भाई ने ऐसा क्यों किया?

उसे याद आया कि पाँच-छह साल पहले दुर्गा बुआ की पुत्रवधू तृप्ति अपने दफ़्तर के साथियों के साथ पाँच दिन के लिए श्रीनगर आयी थी। वे लोग डलगेट पर ही एक होटल में ठहराए गये थे। दुर्गा बुआ के बेटे की शादी श्रीनगर से निर्वासन के बाद जम्मू में ही हुई थी। वैसे तो तृप्ति के मायके वाले कश्मीर में त्राल के निवासी थे पर निर्वासन के बाद जम्मू में रहने लगे थे। तृप्ति कुरुक्षेत्र से जम्मू आयी थी। जिगरी को जब यह पता चला था कि तृप्ति श्रीनगर जाने वाली है तो उसने तृप्ति से ज़ोर देकर कहा था कि वहाँ पहुँचकर मेरी सहेली शीरीं को एक बार फ़ोन करके सलाम ज़रूर कहना। नानी-सास का हुक्म समझकर ज़िम्मेदारी निभाते हुए तृप्ति ने पहली शाम ही एक पी.सी.ओ से जिगरी की सहेली शीरीं द्यद के यहाँ फ़ोन किया और बताया था कि वह एक सरकारी काम से पाँच दिन के लिए आई है तथा डलगेट पर ठहरी है। शीरीं द्यद ने उसे देखने की इच्छा प्रकट कर घर आने का आग्रह किया तो तृप्ति ने कहा कि मौक़ा मिलते ही कोशिश करेगी।

अगली सुबह नौ बजे रिसेप्शन से फ़ोन आया कि कोई उससे मिलने आया है। तृप्ति फ़ौरन रिसेप्शन पर पहुँची तो देखा इक्कीस-बाईस साल का एक युवक खड़ा था। उसने अपना परिचय दिया कि वह शीरीं द्यद का पोता प्रिंस है और द्यद के कहने पर उसे अपने साथ घर ले जाने आया है। तृप्ति को यह सब कुछ अजब-सा लगा। न वह उस युवक को जानती थी, न उसकी शीरीं द्यद को और न ही उनके घर जाकर उनसे मिलने में उसकी कोई रुचि थी। सो उसने प्रिंस को यह कहकर टाल दिया कि आज तो उसे दस बजे रेडियो स्टेशन पहुँचना है और लौटते में शायद काफ़ी देर हो जाएगी। प्रिंस लौट गया था।

अगली सुबह रिसेप्शन से प्रिंस का फ़ोन आया कि वह उसका इन्तज़ार कर

रहा है। तृप्ति उससे मिलने पहुँची और फिर कोई काम का बहाना बना दिया। प्रिंस ने कहा कि वह उसका इन्तज़ार करेगा क्योंकि उसे घ़र लेकर जाना बहुत ज़रूरी है। शीरीं द्यद और परिवार के अन्य लोग तृप्ति से मिलने को बेताब हैं। तृप्ति ने विनम्रता से उसे टाल दिया और अपने काम पर निकल गयी। शाम को देर से लौटी तो देखकर हैरान हो गयी कि प्रिंस सचमुच वहाँ बैठा उसका इन्तज़ार कर रहा था। उसके हाथ में एक टिफ़िन भी था। प्रिंस दोपहर में घर गया था और शाम को टिफ़िन लेकर आया था। उसने कहा कि इसमें बिरयानी और कोफ़्ते हैं जो माँ ने तृप्ति के लिए भेजे हैं। जाते हुए प्रिंस ने फिर कहा कि कल सुबह वह उसे अपने साथ ले जाने के लिए आएगा इसलिए व्यस्तताएँ ज़रा कम रखे।

प्रिंस के जाने के बाद तृप्ति झल्ला-सी गयी थी कि क्यों ये लोग पीछे ही पड़ गये। उसके सहयोगियों ने समझाया कि बेचारा रोज़ आ रहा है, उसके साथ हो आओ एक बार। हर्ज क्या है! पर तृप्ति ने कहा जाकर क्या करूँगी? जानती ही कहाँ हूँ मैं उन्हें! इस पर एक साथी ने कहा था कि घंटे भर के लिए हो आओ। कह देना इतना ही वक़्त निकाल पाई हूँ। तृप्ति ने जम्मू फ़ोन कर बताया तो उन्होंने भी कहा कि अगर प्रिंस आए तो चली जाना।

अगले दिन सुबह जब प्रिंस आया तो तृप्ति उसके साथ जाने को तैयार थी। रास्ते में प्रिंस से कहकर तृप्ति ने थोड़ी मिठाई ख़रीदी और उनका टिफ़िन लेकर शीरीं द्यद के यहाँ पहुँची थी।

जब तृप्ति ने जम्मू लौटकर और बाद में दिल्ली में शबरी को शीरीं द्यद के घर के स्नेह और अपनेपन का बयान किया था तो उसकी आँखें नम थीं। तृप्ति का वहाँ नयी दुल्हन की तरह स्वागत हुआ था। शीरीं द्यद् उसे बार-बार गले लगा-लगा कर उसका माथा चूम रही थीं। उसके माथे से इस्तबन्द* लगाकर उसकी नज़र उतारने के लिए काँगड़ी की आँच में डाल रही थीं। सारा कमरा इस्तबन्द के धुएँ और उसकी सुगन्ध से महक गया था। उन्होंने पड़ोस की कुछ औरतों को भी बुला लिया था। तृप्ति को पहले केसर-बादाम-इलाइची वाला दूध पेश किया गया। उसने भोजन के समय तक न रुक पाने की माज़रत◆ की तो उसके समक्ष नानबाई की रोटी के साथ रोगनजोश और क़ीमा-मटर पेश हुआ। प्रिंस की माँ एक कटोरी में घर के बग़ीचे के हाख की सब्ज़ी लेकर आयी। इस उम्र में शीरीं द्यद ने खुद उसके लिए फिरनी

---

*एक प्रकार की औषधीय झाड़ी के बीज जो 'हर-मल' कहलाते हैं और किसी शुभ अवसर पर जलाए जाते हैं ◆विवशता प्रकट करना

बनाई थी, पिस्ते-बादाम वाली। फिरनी की कटोरी तृप्ति की ओर बढ़ाते हुए उनकी आँखों में आँसू आ गये थे क्योंकि ऐसे मौक़े पर उन्हें अपनी शबरी की कमी खल रही थी। कुछ औरतों ने मिलकर फिर शुभ के दो गीत भी गाये थे जो बहू के ससुराल में आने पर गाये जाते हैं। शुभ के नेग और उपहार लेकर तृप्ति दोपहर में वापस डलगेट पहुँची तो हतप्रभ थी। उसे पहुँचाकर प्रिंस जब वापस जा रहा था तो वह होटल के दरवाज़े पर खड़ी देर तक वह उसे जाता देखती रह गयी थी।

दरवाज़े पर चाय लेकर आये हबीब मोहम्मद ने दस्तक दी तो जया चौंकी। फिर उसके साथ ऐसा क्यों हुआ? वह दिल्ली जाएगी तो क्या बताएगी जिगरी को? उसे यह जानकर कैसा लगेगा कि कहने के बावजूद राशिद भाई नहीं आये और मैं उनका इन्तज़ार करती रह गयी। जया के गालों पर दो मोटे-मोटे आँसू आकर ठहर गये। जाने क्यों ये उसे अपनी हार लग रही थी। उसने तय किया कि यह बात वह किसी को नहीं बताएगी। किसी को भी नहीं। कभी नहीं।

एक पक्षी के पंखों की तरह अपने वजूद को झाड़कर जया उठ खड़ी हुई। घड़ी में वक़्त देखा तो पौने सात बजे थे। कमरे में रहना भारी पड़ रहा था। उसने फ़ौरन कपड़े बदले और बाहर डल के किनारे आ गयी। थोड़ी-थोड़ी दूरी पर अलग-अलग क़िस्म की हरे पत्तेदार सब्ज़ियों से भरे शिकारे खड़े थे। फुटकर सब्ज़ीवाले और कुछ स्थानीय लोग उनसे सौदा कर रहे थे। वह आगे बढ़ती चली गयी।

आज तो लौटना है। उसके अवचतेन में यह बात टियर गैस के धुएँ की तरह फैल रही थी। फिर जाने कब आना हो! जाने कभी आ भी पाऊँगी या नहीं! उसका मन भारी होने लगा था पर क़दमों ने मन से पहले उसका साथ छोड़ दिया और वह डल के किनारे वाली दीवार पर बैठ गयी। चेहरा डल की ओर था। आँखों में फैली नमी के पारदर्शी लैंस से वह दूर-दूर तक फैली शान्त डल को देख रही थी। बहुत देर तक देखती रही।

"नेहरू पार्क... नेहरू पार्क...", शिकारा में बैठे हाँज़ी ने उसे चौंका दिया। "नेहरू पार्क चलना है? अभी सुबह का वक़्त है कम पैसों में ले जाऊँगा।"

जया ने नकरात्मक ढंग से सिर हिलाकर उसे मना किया और फिर डल पर निगाह टिकाई।

"नेहरू पार्क नहीं जाना है?" अचानक हाँज़ी ने कश्मीरी में पूछा। वह जया के चेहरे से पहचान गया था कि वह कश्मीरी है। "हो आओ... यहाँ तो आग लगी हैं... क्या पता कौन सी चीज़ कब तक है!"

जया ने पलटकर उसके चेहरे की ओर देखा तो दोनों की नज़रें मिलीं। वह फिर कश्मीरी में ही बोला, "तुम तो बहन हो... चलो जो चाहे दे देना!"

जाने ऐसा क्या हुआ भीतर कि जया उठ खड़ी हुई और बोली, "चलो।" रास्ते भर उसने हाँज़ी से कश्मीरी में बातें कीं तो उसे एक सुकून सा मिला। छोटी डल में स्थित नेहरू पार्क पहुँचे तो जया ने कहा, "चार चिनारी चलोगे?"

"क्यों नहीं चलेंगे... हैं किस लिए? पहले यहाँ रोकता हूँ... ये पहले..."

"नहीं मत रोको... सीधे चार चिनारी चलो।"

हाँज़ी ने उसे दो लम्हा ठहर कर देखा और फिर अपने चप्पू से पानी काटते मुस्कराता हुआ बोला, "जो हुकुम महाराज।"

जवाब में जया भी मुस्करा दी, "मगर जल्दी करना... मुझे आज ही दिल्ली लौटना है।"

हाँज़ी का चप्पू तेज़ हुआ, "परवाह नहीं।" फिर उसने नेहरू पार्क के किनारे खड़े शिकारे वाले से कुछ बात की और उसे भी अपने शिकारे के दूसरे कोने पर बैठाकर एक चप्पू थमा दिया। दोनों गीत गाते हुए तेज़ी से बड़ी डल में स्थित चार चिनारी की ओर शिकारे को खेने लगे।

शिकारा किनारे लगा तो डगमगाती हुई जया ने चार चिनारी की ज़मीन पर कदम रखा। निगाह उठाकर देखा तो डल के बीचोंबीच स्थित चार चिनारी के पार ऊँचे-ऊँचे बर्फ़ से घिरे पहाड़ नज़र आये। उसके भीतर कोई उल्टे पैर पीछे दौड़ा तो याद आया कि ये वे बर्फ़ से घिरे पहाड़ हैं जिन्हें दीनानाथ नादिम ने अपनी किसी कविता में 'माँ' कहा था। जिगरी से सुनी थी वो कविता बचपन में कि जब इनके स्तनों में ममता का आवेग सरसराता है तो दूध के झरने फूट पड़ते है। नीचे धरती पर शिशुओं के समान इन्तज़ार में खड़े फूल उस ममता को पाकर धन्य हो जाते हैं। जया के होंठ बुदबुदाए 'वाह' ! और वह आगे बढ़ने लगी। सामने सुर्ख़-सब्ज़ पत्तियों वाला लम्बा घना खूबसूरत चिनार का दरख़्त था। नीचे उसकी कुछ पत्तियाँ बिखरी हुई थीं। उसने झुककर एक पत्ती उठाई और उसे गाल से लगाया। होंठ फिर बुदबुदाए, "ये मैं साथ ले जाऊँगी।" वह आगे बढ़ी और चिनार के तने को छुआ। फिर जाने क्यों उसने आस-पास नज़र दौड़ाकर कौवों को ढूँढ़ा तो मन ही मन झेंप कर मुस्करा दी।

उसने सुना था कि बचपन में पापा, माँ, मामा और मामी के साथ एक बार वह डूँगे में बैठकर यहाँ आयी थी। वह शायद सवा साल की होने वाली थी या उन्हीं दिनों हुई थी। जिगरी ने बहुत मना किया था कि इतने छोटे बच्चे को लेकर जाना उचित नहीं है पर पापा ज़िद करके ले आये थे। वे कुछ ही

दिनों के लिए दिल्ली से आते थे सो जिगरी भी चुप रह गयी थी। यहाँ जब चिनार के किसी दरख़्त के नीचे बैठकर सब लोग खाना खा रहे थे तो पीठ पीछे अपनी एक कटोरी में मुरमुरे और दूसरी में पानी लिए बैठी जया की पानी की कटोरी में एक कौवे ने चोंच मार दी थी। उसके जाते ही जया ने कटोरी उठाकर वह पानी पी लिया था। जिगरी ने सुना तो हँसकर बोली थी कि अब भुगतना, पटर-पटर करती रहेगी। कौवे का जूठा पानी पीने से तो गूँगे को भी ज़बान मिल जाती है। माँ इस मज़ाक को सच समझ बैठी थी और बहुत दिन तक चिन्तित रही थी। फिर जब-जब बचपन में जया बेहिसाब बोलती तो सब कहते – 'देखा कमाल... कौवे के जूठे पानी का!'

चेहरे पर स्मिति की आभा लिए जया आगे बढ़ गयी। कुछ और आगे जाकर उसने चारों दिशाओं में देखा तो अचानक धड़कन रुक-सी गयी। एक दरख़्त वहाँ नहीं था। चिनार के चार दरख़्तों में से तीन दरख़्त थे और एक दरख़्त की जगह ख़ाली थी। यानी चार चिनारी में चिनार के सिर्फ़ तीन दरख़्त! और फिर भी यह चार चिनारी कहलाता है!

"यहाँ तो चार थे... वो एक पेड़ कहाँ गया?" उसने सस्वर मानो खुद से ही पूछा। फिर धड़कन ने जवाब दिया, "धक-धक-धक।"

जया ने घूम-घूम कर बार-बार देखा। वहाँ सच में तीन ही दरख़्त खड़े थे। 'तो क्या वो चौथा दरख़्त हालात के हाथों हार गया?' उसके भीतर की आवाज़ ने पूछा। उसकी टाँगों में कँपकँपी-सी हुई और देह की सारी ऊर्जा पैरों से निकल कर मानो मिट्टी में मिल गयी। उसने दोनों हथेलियों से अपने घुटने पकड़े और झुककर उकड़ूँ बैठ गयी। पैर देह का भार न सँभाल सके तो वह धम्म से नीचे घास पर ही बैठ गयी। उसे फिर पिछली रात वाले अवसाद ने आकर घेर लिया। मानो दूसरे शिकारे में पीछे ही चला आ रहा था। आँखों से अचानक जल की धारा बहने लगी 'तो हार गया वह हमारी ही तरह... वह चौथा चिनार... जड़ से उखड़ गया... अपनी मिट्टी से उखड़ गया। जाने कौन-से कीड़े खा गए होंगे उसे। उसकी जगह ख़ाली है। तीन चिनार खड़े हैं पर यह जगह कहलाती तो हमेशा चार चिनारी ही रहेगी।' दायाँ हाथ बढ़ाकर उसने रूमाल से आँसू पोंछे और दरख़्त की खाली जगह को फिर से देखा। फिर धीरे-धीरे उठी और वहाँ खड़े चिनारों के पत्ते बटोरने लगी तो भीतर शब्दों का जमघट पाया जो कभी प्रश्नों की शक्ल लिए चला आ रहा था तो कभी जिज्ञासाओं का चेहरा बनाए। क्या होता है चौथा चिनार होना? चौथा चिनार हम देह से होते हैं या मन से? या दोनों से? चौथा चिनार अपनी जगह पर खड़ा होकर ही चौथा चिनार कहलाएगा या कहीं भी

रहकर? न जाने कितने लोग यहाँ से विस्थापित होकर अपनी ज़मीन से उखड़ कर भी चिनार बने हुए हैं। न जाने कहाँ-कहाँ होगा ये चौथा चिनार... न जाने किस-किस में बचा होगा या पनप रहा होगा चौथा चिनार!

जया वापस शिकारे में आई तो हाँज़ी ने पूछा, "देख लिया चार चिनारी?"

"हाँ मगर चिनार तो तीन ही बचे हैं!" जया ने कहा और हाँज़ी के चेहरे पर नज़र टिका दी। उसने अपना चप्पू सँभाला और डल के पानी में डालते हुए जवाब दिया, "चौथा जल्द ही लगाएँगे... आखिर तो चार चिनारी है लगाना तो होगा।"

जया के चेहरे पर एक उदास मुस्कान उभरी और उसने दूर जाते शिकारे से फिर चिनार के दरख़्तों को देखा।

उन्हीं चिनारों का अक्स लिए जया श्रीनगर से दिल्ली चली आयी और दिल्ली से फिर अपने घर राँची पहुँची।

जया को घर लौटे लगभग पाँच महीने हो चुके थे मगर राशिद भाई का व्यवहार उसके ज़हन में कुंडली मारे बैठा था। सुबह या शाम जब वह वॉक पर जाती थी यह अक्सर अपना फन फैलाने लगता था।

सुबह के छह बजे थे और जया चलते-चलते अपने घर को ख़ासा दूर छोड़कर खेतों की ओर बियाबान में निकल आयी थी। सुबह और शाम की वॉक का यह आधा-आधा घंटा असल में उसकी अपनी स्पेस होती है। रात को देखे सपनों की व्याख्या करते, किसी बात पर विचार करते या अपनी संस्था के भावी कार्यक्रमों पर सोचते-सोचते वह अक्सर भिन्न-भिन्न दिशाओं में दूर निकल जाती है। घर लौटने की कोई ख़ास जल्दी नहीं होती है क्योंकि घर के काम-काज पौने सात के बाद ही नींद से जागते हैं।

आज जब उसके ज़हन में साँप ने फन फैलाया तो जया ने उस ओर देखते हुए भी नहीं देखा। दूर जाता फन धुँधलाने लगा और सामने आकृति उभरी जिगरी की। छह-सात दिनों से जिगरी से बात नहीं हुई थी। जब जया का फ़ोन नहीं पहुँचता था तो तीन-चार दिनों में मोहिनी का फ़ोन आ ही जाता था और इस तरह जिगरी से बात हो जाती थी। कई बार जिगरी जब बेचैन होती थी तो मोहिनी से नंबर मिलवाकर उससे कुछ दिनों तक रोज़ बात कर लिया करती थी। जया ने सोचा कि आज घर पहुँचते ही वह खुद जिगरी को फ़ोन कर हाल-चाल पूछेगी तभी चाय का घूँट पिएगी। यह ख़याल आते ही वह घर लौटने के लिए वापस मुड़ गयी।

जिगरी नब्बे पार कर चुकी थी फिर भी देह और दिमाग़ से ख़ासी सन्तुलित

थी। अपने छोटे-बड़े काम खुद ही कर लेती थी और अपनी स्मृति के आलोक में प्रायः अतीत का चेहरा निहारती रहती थी। बातें करना भी धीरे-धीरे कम हो रहा था। जया ने तय किया कि इसी माह जाकर जिगरी से एक बार मिल आएगी। उससे मिले भी पाँच महीने हो चुके थे। जब तक है ग़नीमत है!

घर दिखाई देने लगा तो फुर्ती सी आयी। तेज़ क़दम उठाते-रखते वह आगे बढ़ने लगी। बग़ीचे के गेट में प्रवेश किया तो कुछ ही दूरी पर घर का दरवाज़ा था। उसने सोचा भीतर जाने से पहले आउट हाउस से रामखिलावन को बुला लाए जिससे घर के जागने से पहले वह रात को छाँटी किताबों को पोंछकर शेल्फ़ में लगा दे। सो घर का दरवाज़ा बाईं ओर छोड़ती हुई वह आगे बढ़ गयी। तभी उसे बच्चों की आवाज़े सुनाई दीं। यानी रामखिलावन के बच्चे जग चुके हैं। कुछ क़दम और आगे बढ़ी तो उसने जाना कि वे कुछ गा रहे हैं –

दो तो उजड़े-पुजड़े
एक में छत ई नहीं
जिसमें छत ई नहीं
उसमें थे तीन बर्तन
दो तो टूटे-फूटे
एक में पेंदा ई नहीं
जिसमें पेंदा ई नहीं
उसमें सिझाए तीन चावल...

जया को देखा तो गीत गाती सुरजिया और ताली बजाता मुनवा दोनों ही अचानक खामोश हो गये। मुनवा झेंपकर पहले खटिया पर लेट गया। फिर जब पाया कि जया विस्मय से सुरजिया को ही देख रही है तो वह सिर और टाँगें ऊपर-नीचे कर करतब दिखाने लगा। सुरजिया एक ओर जया को इतनी सुबह वहाँ पाकर हैरान थी तो दूसरी ओर अपने गीत पर ज़रा झेंपी हुई थी।

"क्या गा रही थीं तुम सुरजिया?" जया ने स्नेह से पूछा तो आठ बरस की सुरजिया ने शर्म से गर्दन ज़रा झुकाकर जया को तिरछी नज़र से देखते हुए जवाब दिया, "भैया को सुना रहे थे।"

"कौन-सा गीत?" जया ने कुछ पास आते हुए फिर पूछा।

"जो माँ गाती है।" सुरजिया ने मुख़्तसर-सा जवाब दिया।

अब जया सामने बिछी एक और खटिया पर बैठ गयी, "हमें भी सुनाओ ना माँ क्या गाती है।"

सुरजिया इस नयी स्थिति के लिए तैयार नहीं थी। मुस्कराती हुई ख़ामोश

खड़ी रही। तभी मुनवा ने करतब दिखाना रोककर कहा, "हम सुनाते हैं...मच्छर ने मारी घोड़े को लात..."

"ऐसे थोड़ी है...", सुरजिया को अपने प्रिय गीत का यों चौपट होना बर्दाश्त न हुआ और वह फ़ौरन उसे शुरू से तर्ज़ में गाने लगी–

"बातों बात हुआ खुराफात
मच्छर ने मारी घोड़े को लात
घोड़ा गिरा शहर गुजरात
शहर गुजरात में तीन तालाब
दो तो सूखे-साखे
एक में पानी ई नहीं
जिसमें पानी ई नहीं
उसमें आये तीन तैराक
दो तो ऊबे-डूबे
एक तैरता ई नहीं
जो तैरता ई नहीं
वो पहुँचा एक शहर में
शहर में थे तीन घर
दो तो उजड़े-पुजड़े
एक में छत ई नहीं
जिसमें छत ई नहीं
उसमें थे तीन बर्तन
दो तो टूटे-फूटे
एक में पेंदा ई नहीं
जिसमें पेंदा ई नहीं
उसमें सिझाए तीन चावल
दो तो अलग-थलग
एक सीझता ई नहीं
जो सीझता ई नहीं
उसमें आए तीन मेहमान
दो तो रूठे-राठे
एक खाता ई नहीं..."

सुरजिया की माँ दरवाज़े पर खड़ी सब सुन रही थी। तभी वह सामने आई

और उसे देख सुरजिया ने गाना रोक दिया, "हमें नहीं आता... माँ सुनाएगी।"

जया के विस्मय का ठिकाना न था। उसने अब सुरजिया की माँ की ओर देखा तो वह आँखों में मुस्कराती दिखी। तभी कुछ असमंजस में पड़कर सुरजिया से बोली, "जा दौड़कर शीतलपाटी ला... बीबी जी खरहरी खटिया पर बैठी हैं।"

"अरे यह सब रहने दो... मैं तो यों ही आ गयी थी... बच्चों से...," कहते हुए जया ने सुरजिया की बाँह पकड़कर उसे भीतर जाने से रोक दिया।

"क्या सुन रही हो बच्चों से बीबी जी?" सुरजिया की माँ ने पूछा।

"ये... ये गीत तुमने सिखाया है इन्हें?" जया को कुछ और सूझा ही नहीं।

"हाँ... और कौन सिखाता!"

"तुम बचपन में गाती थीं ये? किससे सीखा था? माँ या दादी से?" जया अपने भीतर के विस्मय और आवेग को सँभाल नहीं पा रही थी।

तभी सुरजिया की माँ पास आकर उकड़ूँ ज़मीन पर बैठ गयी और संकोच के साथ बोली, "नहीं बचपन में हमारे जौनपुर वाले भगेलू काका सुनात रहे.. उसमें कुछ फरक रहा।"

"माँ सुनाएगी," सुरजिया बोल पड़ी। शायद यह उसकी अपनी ही इच्छा थी कि माँ से गीत फिर सुने। "माँ सुना ना भगेलू काका वाला वो गीत...," उससे फिर कहा।

"हाँ सुनाओ ना," जया ने सुरजिया को बाँह से पकड़कर अपने पास अपनी खटिया पर बैठा लिया, "सुनाओ सुरजिया की माँ...सुरजिया के साथ आज मैं भी सुनूँगी।"

मुनवा ताली बजाकर खटिया पर उछलने लगा, "सुना माँ... सुना माँ।"

"अच्छा-अच्छा पहले तो बैठ जा...गिरेगा तो पाये से सिर फूटेगा...चल बैठ।" मुनवा के बैठते ही सुरजिया की माँ ने कहा, "कुछ ठीक से याद तो नहीं पर सुना देते हैं..."

"जैसा भी है सुनाओ," बेसब्री से जया ने कहा तो दो क्षणों की ख़ामोशी के बाद सुरजिया की माँ तर्ज़ में कहने लगी–

"कहनी कही कि महनी कही
महनी में बसाए तीन गाँव
दो ठो छावल-छूवल
एक ठो में भीति ए नाहीं
जौने में भीति ए नाहीं
तौने में रहलन तीन कुम्हार

दू ठे लूला-लूला
एक ठो के हथुवे नाहीं
जौने के हथुवे नाहीं
उनै बनाउलेस तीन हाँडी
दू ठे टूटल-फूटल
एक ठो के पेंदिए नाहीं
जौने के पेंदिए नाहीं
उनौ में चुरै तीन चाउर
दू ठे खुदर-बुदर करै
एक ठे पकवे ना करै
जौने पकवे ना करै
उनौ में आएल तीन मेहमान..."

अचानक मुनिया की माँ ठहर गयी थी। फिर घुटने पर ज़ोर देकर उठी और यह कहती घर के अन्दर दौड़ी, "अरे माँ री...दूध तो उफन कर सब नीचे गिर चुका होगा।" उसके घबराहट में दौड़ने पर सुरजिया और मुनवा दोनों हँसने लगे।

जया भी बच्चों के साथ हँस दी। फिर उसने पूछा, "तुम्हारे बाबू कहाँ है? क्या सो रहे हैं?"

इस पर मुनवा ने हँसकर जवाब दिया, "उनकी खाट पर तो आप बैठी हैं!"

सुरजिया फ़ौरन उसके पास पहुँची और एक हल्का-सा धौल जमाकर बोली, "बुद्धू!" फिर जया की ओर रुख कर बोली, "बाबू दातुन लेने गये हैं।"

तभी सुरजिया की माँ लौटकर आयी तो उदास थी। दूध सचमुच फर्श पर फैल चुका था, "हम तो गाना में लगे रहे और चूल्हे महाराज ने काम बिगाड़ दिया।"

"कोई बात नहीं सुरजिया की माँ...सुरजिया को भेज दो...दूध मैं दे दूँगी," कहती हुई जया उठ खड़ी हुई। फिर जाते-जाते बोली, "मगर अगली बार गाना पूरा सुनाना होगा।"

सुरजिया की माँ सिर पर पल्लू ठीक करते हुए झेंप के साथ मुस्कराई, "बचपन की बातें हैं...अब कहाँ याद धरी हैं पूरी...बस यों ही..."

जया ने अपने घर की ओर रुख किया तो सुना, "जा री सुरजिया...लोटा ले जा...दूध ले आ।"

कैसे हैं हम और हमारा देश! सोचा जया ने। कहाँ कश्मीर कहाँ बिहार! न भाषा समान, न खान-पान में कोई मेल। मगर गीत के भाव वही हैं...लगभग

समान... वही उलटबाँसी। कैसे? क्या इसी को कहते हैं संस्कृति का समान होना?

जया को अपना बचपन और बचपन की अपनी वह पुरानी जिगरी याद आयी। हिम्मत, उत्साह और ऊर्जा से भरी जिगरी, हर शख़्स के आँसू पोंछने के लिए सदा तैयार बैठी जिगरी, अपने कश्मीर और अपनी कश्मीरियत पर नाज़ करने वाली जिगरी। उसी जिगरी ने ये गीत कश्मीरी में सिखाया था उसे जो देश के इस हिस्से में भिन्न-भिन्न भाषाओं व बोलियों में गाया जाता है। क्या ख़बर और किन-किन भाषाओं में किन-किन शहरों या गाँवों में यह गाया जाता हो! बचपन में स्कूल की पढ़ाई के दौरान 'सांस्कृतिक एकता' विषय जाने कितनी बार कितने तरीक़ों से पढ़ा था और वह बोरियत की ख़ासी बड़ी सी बोरी ही लगता था। यह विषय सुनते ही उसे सबसे पहले एक उबासी आ जाती थी। पर आज ये शब्द मन में एक लहरा-सा बजा गये। शायद आज ही उसने पहली बार इस विषय को महसूस करके सही अर्थों में ग्रहण किया है।

जया बैठक में पहुँची और लकड़ी के सोफ़े की अकेली कुर्सी पर बैठ गयी। उसने खुद को अचानक भीतर से उदास पाया। क्यों? संस्कृति एक है पर नियति तो एक नहीं। ये लोग अपने बच्चों को अपनी ज़मीन, अपने घर में बैठे ये गीत सिखा रहे हैं पर हम? अपनी ज़मीन, अपना घर छोड़कर भागने को मजबूर किए गये। ऐसे स्थानों के लिए जो न हमारे थे न हम उनके। सब कुछ गया तो अपनी भाषा, अपनी धरोहर, अपनी संस्कृति हम कब तक बचा पाएँगे? और ये गीत? कब तक ज़िन्दा रहेगा ये गीत कश्मीरी में? क्या मेरे बच्चों के बच्चे ये गीत सीखेगें? क्या वे अपने बच्चों को ये गीत सिखा पाएँगे? हमारी भाषा कब तक बची रह पाएगी? किस समय और किस पीढ़ी तक? और हमारी कश्मीरियत?

अचानक फ़ोन की घंटी बजने से वह चौंक-सी गयी। एक रोबो की तरह उठकर फ़ोन के पास पहुँची और रिसीवर उठाकर 'हैलो' कहा।

"जया...," दूसरी ओर से मोहिनी की आवाज़ सुनाई दी। "क्या बात है? तुम लोग ठीक तो हो...इतने दिन से न..."

"नमस्कार माँ...हम ठीक हैं।" जया ने वाक्य पूरा होने से पहले ही जवाब दिया।

"तो फिर फ़ोन क्यों नहीं किया?"

"अब आज...अभी करने ही वाली थी।"

"तुमने वहाँ अख़बार में पढ़ा?"

"क्या?"

"वो कश्मीर का केस...वो निकहत के साथ...वो ज़्यादती...", मोहिनी को कुछ सूझ ही नहीं रहा था कि कैसे बताए।

"क्या माँ? कौन-सा केस?"

"अरे सारे नेशनल डेलीज़ में था," फिर आवाज़ को ज़रा धीमी कर कहा मोहिनी ने, "वो रेप का केस...जो बेचारी निकहत के साथ..."

"अच्छा हाँ... एक छोटी-सी खबर देखी तो थी... मगर उसे तो काफ़ी दिन हुए... शायद दस-बारह।"

"हाँ... जिगरी की हालत ठीक नहीं है...रात से लगातार रो रही है। आज सुबह से बुख़ार में तप रही है...बस तुझसे बात कराने का कहती जा रही है...ले बात कर...रात को जम्मू से फ़ोन आया था तो पता चला कि ये निकहत शीरीं की नवासी है।"

"क्या!" जया के मुँह से बेसाख़्ता निकला। तभी मोहिनी ने रिसीवर जिगरी को दे दिया।

"जया...जया...," जिगरी रो रही थी। "ये कैसी बिजली गिरी!"

"जिगरी...जिगरी...खुद को सँभालो।"

"राख करके रख दिया है इस दहशतगर्दी ने हमें। कहीं का नहीं छोड़ा। ऊपर वाला अन्धा और बहरा हो चुका है। उस मासूम बच्ची का क्या कुसूर था? हाय! तेरी शीरीं द्यद का क्या हाल होगा। सिर के बाल भी नोंचकर फेंक देगी तो भी कुछ नहीं कर आएगी। हाय!"

"जिगरी," जया का गला रुँध गया। फिर खुद को सँभालकर बोली, "मैंने पढ़ा था पर क्या पता था कि यह शीरीं द्यद की..."

"अरे ख़बरें तो रोज़ ही सुनते हैं...रोज़ लोग मर रहे हैं...तबाह हो रहे हैं पर ये किसने सोचा था!"

जया की आँखों के आगे श्रीनगर की अपनी गली, शीरीं द्यद का मकान और उसमें छाया मातम उभरा। फिर दिल्ली में अपना फटा कलेजा लिए अपनी प्रिय सखी शीरीं के दुख पर रोती जिगरी का ख़याल आया तो उन्हें दिलासा देते हुए कह बोली, "जिगरी मैं...मैं उन्हें फ़ोन करूँगी। मुश्किल से मिलता है पर आज ही करूँगी।"

"नहीं नहीं...फ़ोन नहीं...तुझसे कह रही हूँ क्योंकि तू कर सकती है...वहाँ जा बेटा...किसी तरह वहाँ जा...उनके ग़म में शरीक हो... मैं तो इस बूढ़ी देह को ढोकर नहीं ले जा सकती मगर तू जा...मेरी तरफ़ से मेरी शीरीं को कलेजे से लगाकर रो...तू जा...," जिगरी ने रोते-रोते रिसीवर छोड़ दिया।

जया ने आवाज़ों से जाना कि माँ उन्हें सँभाल रही है और फिर माँ ने रिसीवर उठाकर फ़ोन पर रख दिया। एक 'खट' हुआ और कनेक्शन कट गया। जया ने

भी रिसीवर रखा और अपने आँसू पोंछते हुए वापस आयी।

क्या हो गया है मेरे कश्मीर को! एक दिन चैन की साँस नहीं ले पाती है घाटी। क्यों? अगर आतंकवादियों को मज़हब का परचम लहराना था तो अब दिक़्क़त क्या है उन्हें! निकाल तो दिए गये हैं हम सब। निकल तो आये हैं हम। फिर अब वहाँ अमन-चैन क्यों नहीं? खुशहाली क्यों नहीं? एक तरफ़ सेंटर की राजनीति तो दूसरी ओर लोगों में बढ़ रहा मज़हबी कट्टरपन। बच्चियों को मुँह ढँकने और पर्दा करने के लिए मजबूर किया जा रहा है। मज़हब के आधार पर पारम्परिक धरोहरों, सड़कों, गलियों के नाम बदलकर नये नामकरण भी बहुत हो चुके। फिर अब क्या चाहिए दहशत फैलाने वालों को? क्यों वहाँ स्त्रियों की इज़्ज़त कभी भी उतारी जा सकती है? जया को याद आया उसने सुना था और पढ़ा भी कि जब क़बाइलियों ने मज़हब का परचम लहराते हुए कश्मीर पर धावा बोला था तो उनके लिए भी आख़िरकार औरत सिर्फ़ औरत बन कर रह गयी थी। उसका मज़हब भी उसे उन दरिन्दों का शिकार होने से नहीं बचा सका था। अब आतंकवादियों की हवस के आगे भी औरत सिर्फ़ औरत रहती है। क्या दुनिया में आतंक फैलाने के लिए बलात्कार भी एक हथियार नहीं बन गया है अब? बलात्कार, सामूहिक बलात्कार या बच्चों से की जाने वाली ज़्यादतियाँ या कहें कि यौन-हिंसा!

संयुक्त राष्ट्र संघ की एक रिपोर्ट में ही पढ़ा था उसने कि युद्ध में बलात्कार तो आदिकाल से चला आ रहा है पर अब उसने एक नया मोड़ ले लिया है। कमांडर अब इसे युद्ध की रणनीति की तरह इस्तेमाल करते हैं क्योंकि इसमें योद्धाओं को कोई ख़तरा नहीं लगता। साथ ही इससे नागरिकों को भावात्मक और मनोवैज्ञानिक स्तर पर आतंकित किया जा सकता है। इस आतंक के तहत उन्हें मानसिक रूप से लकवाग्रस्त बनाकर अपने अनुरूप ढाला जा सकता है। फिर ऐसे में मृतकों के ढेरों को दफ़नाने, जलाने या ठिकाने लगाने का झंझट भी नहीं रहता। क्या सूडान में पूरे डाफ़ुर* शहर को एक 'रेप कैम्प' में नहीं बदल दिया गया था? क्या साइबीरिया में सेनाओं ने रेप कैम्पों के पूरे तन्त्रजाल की स्थापना नहीं की थी जिसमें स्त्रियों और बालिकाओं को भी बन्धक बना कर रखा गया था?

घाटी में रहने वाले मुस्लिमों को एक ओर दहशतगर्दों के इशारों पर चलना होता है तो दूसरी ओर पुलिस तथा सेना की ज़्यादतियाँ सहनी होती हैं। गोली-बारी, बम फटना, कर्फ़्यू तो आम बात थी। अब ह्यूमन राइट्स वालों की रिपोर्टें साफ़-साफ़ बताती हैं कि वहाँ की लड़कियों-स्त्रियों पर सेना के जवान

---

*Darfur

भी शारीरिक क़हर बरसा रहे हैं।

क्यों तबाह हो गये हम कश्मीरी! अपने ही देश में अपना पता 'केयर ऑफ़ विस्थापितों का शिविर' हो जाना भी कैसा वनवास है! अपना घर खोकर एक पूरा समुदाय बिना पते का हो जाता है! और घाटी में जो लोग अपने ही घर में हैं वे 'एसोसिएशन ऑफ डिसएपियर्ड पर्सस' जैसी संस्थाओं के ज़रिए अपने अचानक गुम हुए बेटे-बेटियों को वापस पाने की उम्मीद की लाठी के सहारे चल रहे हैं। या ऊपरवाले के सामने हाथ फैलाते हैं कि अलग-अलग रंग के बूटों तले उनकी बहू-बेटियों की मानहानि होना बन्द हो। कहाँ गये उनके बेटा-बेटी? क्या उन्हें दहशतगर्द सीमा पार ले गये? दहशत फैलाने की ट्रेनिंग देकर उनका इस्तेमाल करने के लिए। या सेना की गोली का शिकार हो गये? जिनकी लाश बाद में 'बाहरी दहशतगर्द' या 'विदेशी आतंकवादी' के तमगे के साथ सामने आयी या कहीं दफ़ना दी गयी! ज़रा सा शुबह होते ही सुरक्षा संस्थाएँ क्यों कुछ लोगों को जबरन लापता भी कर देती हैं और ये सब वे लोग आतंकवाद का ख़ात्मा करने के तथाकथित उद्देश्य से ही करते हैं। फिर उन फ़र्जी मुठभेड़ों के लिए क्या कहा जाए? आतंक फैलाकर आतंकवाद का जवाब! क्या लापता हुए लोगों की तरह उनके लापता होने के कारण और सही आँकड़े भी अंडरग्राउंड नहीं कर दिए जाते? किस पर भरोसा करे कोई? सुरक्षा संस्थाओं पर, सरकार पर या न्याय के सिंहासनों पर बैठे महानुभावों पर? किस पर?

संयुक्त राष्ट्र महासभा ने सर्वसम्मति से मानवाधिकारों की एक नयी ट्रीटी एडोप्ट की थी—द इंटरनेशनल कन्वेन्शन फ़ॉर द प्रोटेक्शन ऑफ़ ऑल पर्सन्स फ्रॉम एन्फ़ोर्स्ड डिस्एपियरेंस। भारत ने इस पर हस्ताक्षर करने के बावजूद क्यों संयुक्त राष्ट्र के कार्य-समूह को अपने देश का दौरा करने की इजाज़त नहीं दी?

कब खत्म होगा ये घिनौना खेल सियायत का? कब? जब से देश आज़ाद हुआ है फटेहाल कश्मीर अपने नंगे पाँव लिए अंगारों पर खड़ा है। अख़बारों में ख़बरें ज़रूर छपती हैं पर वे सिर्फ़ पढ़कर दरकिनार कर देने के लिए होती हैं। ख़बरों को लेकर मुल्क में जो बेख़बरी का आलम है वह निहायत ख़तरनाक अलामत है। ख़बर अच्छी न हो तो शुतुर्मुग की तरह रेत में अपना सिर धँसा लेना ही अब इंसानियत का दूसरा नाम है! क्या हो गया है मेरे कश्मीर को!

दो दस्ते कॉपियों, लगभग पचास पेंसिलों और पचास ही बॉल पेनों को एक बड़े से झोले में डालकर जया ने बैठक में एक ओर अपने साथ ले जाने वाले सामान

में रखा। फिर याद आया कि उसे अपनी सहयोगी रश्मि को 'हमेशा' की छिमाही प्रगति रिपोर्ट भी दिखानी है। तेज़ क़दम रखते हुए जया अपने कमरे में गयी और प्रगति रिपोर्ट की फ़ाइल लेकर लौटी। उसे भी सामान के साथ रख रही थी कि उसमें से अख़बार की एक पुरानी कतरन फिसलकर फ़र्श पर आ गयी। जया ने उसे उठाया और देखा कि यह क्या है! उस पर आल्थी-पाल्थी मारे सिर झुकाए बैठी एक किशोरी की तस्वीर थी और शीर्षक था–'इंका किशोरी की 500 साल पुरानी ममी'। जया ने दिमाग़ पर ज़ोर डालकर सोचा कि इसे अख़बार से क्यों काटा गया था और यह प्रगति रिपोर्ट की फ़ाइल में कैसे पहुँची! शायद ग़लती से हुआ हो क्योंकि उसे कुछ याद नहीं आया। उसने तस्वीर को ध्यान से देखा और समाचार पढ़ने लगी।

तस्वीर अर्जेंटीना स्थित साल्ट्रा में एक म्यूज़ियम में रखी ममी की थी। लगभग 15 वर्ष की इस किशोरी को प्राचीन इंका साम्राज्य के दौरान बलिदान किया गया था। इस ममी को नाम दिया गया है–'ला डॉनसेला'। जया ने आगे पढ़ा तो जाना कि यह ममी वर्ष 1999 में ल्यूलाईलको ज्वालामुखी पर बनी एक कब्र से मिली थी। उसके साथ छह साल की एक लड़की और सात साल के एक लड़के के भी अवशेष मिले थे। वैज्ञानिकों का मानना है कि इस लड़की का बलिदान पाँच सौ वर्षों से भी पहले फ़सल काटने के मौक़े पर मनाये जाने वाले उत्सव के दौरान किया गया होगा। लड़की और बाक़ी बच्चों को पहले सुन्दर कपड़ों से सजाया गया होगा और फिर मक्के से बनी शराब पिलाकर नींद दिलायी गयी होगी। अन्त में उन्हें लगभग बाईस हज़ार फुट की ऊँचाई पर बर्फ़ के बीच मरने के लिए छोड़ दिया गया होगा। अब इस ममी को म्यूज़ियम के एक ऐसे चैम्बर में रखा गया है जिसमें पम्प के ज़रिये बर्फ़ीली हवा छोड़ी जाती है। इससे यह ममी सुरक्षित रहती है।

समाचार पढ़ने के बाद जया कुर्सी पर बैठ गयी और किशोरी की तस्वीर को अब ध्यान से देखा। मन ही मन दोहराया–'ममी'। हमारे भीतर भी न जाने कितने ज्वालामुखी और कितने बर्फ़ीले पहाड़ हैं। सोचा जया ने। उनमें भी जाने कब-कब, क्या-क्या दफ़्न हो जाता हो और फिर एक ममी की शक्ल ले लेता हो। हम कश्मीर में सब कुछ छोड़कर आ गये पर क्या मेरे हिस्से का एक छोटा कश्मीर मेरे भीतर ऐसे ही दफ़्न होकर ममी नहीं बन गया है? और मेरी ही तरह जाने किस-किस के भीतर हो ये ममी! फिर हमें तो पम्प के ज़रिये बर्फ़ीली हवा छोड़कर उस ममी को सुरक्षित रखने की ज़रूरत भी नहीं होती। वह भीतर फैली बर्फ़ में सुरक्षित है और रहेगा। कभी-कभी जब उसका अपना मन ही इतना

रोता-तड़पता है अपने बचपन के घर-आँगन में लौटने के लिए तो जिगरी ने कैसे काटा होगा जीवन वहाँ से विस्थापित होकर, वहाँ से जबरन निर्वासित होकर!

आज सुबह से जया को जिगरी और उसकी हर छोटी-बड़ी बात याद आ रही है। ख़ासतौर से उसका वह वाक्य जो उसने फ़ोन पर कहा था, "वहाँ जा बेटा... किसी तरह वहाँ जा।" कैसे जाऊँ जिगरी कैसे जाऊँ – जया के आँसुओं ने ढुलकते हुए आज फिर पूछा।

यही फ़ोन जिगरी का आख़िरी फ़ोन बनकर रह गया था। चाहते हुए भी जया श्रीनगर नहीं जा पाई थी। आज तक भी नहीं। जिगरी को उस सदमें से ऐसा बुख़ार हुआ कि फिर कभी उतरा ही नहीं। ये बुख़ार उसे ख़ामोश कर गया था। धीरे-धीरे। हमेशा के लिए। अन्तिम कुछ महीनों में इस बुख़ार में उससे भोजन भी छूट गया था। बस ज़रा-सा दूध या सन्तरे का ज्यूस ही उसका सहारा था। पर कब तक सहारा दे सकते थे ये! एक दिन ज्यूस पीते ही जिगरी को ज़ोर की कै हुई। तब पृथ्वी ने जया को फ़ोन कर कहा कि 'जिगरी अब आफ़ताबे सरकोही* है। आकर एक बार मिल जाओ।' और जया अपने जीवन के इस पहले सूरज से मिलने अगले ही दिन दिल्ली पहुँची थी।

बिस्तर पर पड़ी ऐसी अशक्त जिगरी जया ने पहले कभी नहीं देखी थी। नहलाने के लिए भी उसे उठाकर बाथरूम तक ले जाना पड़ता था। चम्मच से दूध पिलाना होता था। सन्तरे के ज्यूस से भी जिगरी का नाता टूट चुका था। जया ने कुछ दिनों के लिए जिगरी की देख-रेख का ज़िम्मा ले लिया था। मगर जिगरी तो शायद बस जया का ही इन्तज़ार कर रही थी। अगले ही दिन रात में जिगरी को इतनी खाँसी उठी कि वह बेहाल और बेचैन हो गयी। जया उठकर उसके सिरहाने बैठी उसे रात भर सँभालती रही। भोर का समय था। शायद पौने पाँच बजे थे। जिगरी का हाथ थामे बैठी जया को पाँच-सात मिनट की झपकी आयी और उसने उस झपकी में ही एक सपना देखा। श्रीनगर के घर में जिगरी अपनी गोद में भात और सब्ज़ी से भरा एक थाल लेकर जया को खाना खिलाते हुए कुछ गा रही थी। पास बैठी जया अपनी पीली मूँछों में मुस्करा रही थी। तभी जया के हाथों में जिगरी का हाथ ज़रा काँप-सा गया तो जया ने आँखें खोलीं। जिगरी का वह हाथ अचानक फिसलकर बिस्तर पर आ गिरा।

"जिगरी...जिगरी...," जया ने उन्हें पुकारा। एक नहीं, दो नहीं, जाने कितनी बार। फिर अचानक जिगरी की पलकें चौथाई भर खुलीं। पुतलियों ने भटककर यहाँ-वहाँ देखना चाहा और फिर वे पलट गयीं। फिर जिगरी को जया ने ही क्या

---

*डूबता सूरज

पृथ्वी और मोहिनी ने भी पुकारा तो भी वे पुतलियाँ लौटकर नहीं आयीं। ज़रा सी हरकत भी नहीं। पलकें भी बन्द हो चुकी थीं। जिगरी अब घर-आँगन क्या यह दुनिया ही छोड़ चुकी थी।

अन्तिम बार आँखें खोलकर क्या देखा होगा जिगरी ने? सोचा जया ने। शायद ज़िन्दगी के अँधेरे को। अन्तिम बार। नज़र टिकाने लायक एक भी रोशनी का तारा न मिला होगा तो उसने पलकें मूँद ली होंगी। भीतर बसे स्मृति के आकाश की ओर लौटने के लिए जहाँ जाने-पहचाने चेहरों वाले असंख्य तारे थे। क्या पता उस अन्तिम घड़ी में जिगरी का मन गा उठा हो–

छोटे-मोटे तारो आओ
छोड़ के नभ अब उतर भी आओ।

क्या होता है जीव से निर्जीव होना–यह जया ने असल में तभी महसूस किया था। जिगरी की निर्जीव देह ज़मीन पर थी। पलकें बन्द और मुँह अपनी वितस्ता की कुछ बूँदों की आस में खुला हुआ। उस देह में प्राण शेष नहीं थे। जाने किसी अपने की निष्प्राण देह को शव कहते हुए हम क्यों भीतर से काँप-से जाते हैं!

जिगरी से ही सुना था जया ने कि सर्वकाक कहते थे इस शरीर के प्राण, इसकी चेतना ही शक्ति है। हमारा क्या शिव का जीवन-प्राण भी शक्ति ही है। ये शक्ति न हो तो शिव मात्र शव रह जाता है। यानी शिव में लगी 'इ' की मात्रा शक्ति है। तभी तो शक्ति को हटाते ही शिव 'शव' बन जाता है।

मगर यह सिद्धान्त सिर्फ़ 'शिव' के साथ ही क्यों जुड़ा है? राम की शक्ति कौन है? जया के तार्किक मन ने सोचा। सिर्फ़ 'इ' ही क्यों? उमा का 'आ' क्यों नहीं? 'ऊ' या 'उ' क्यों नहीं? सभी स्वर क्यों नहीं? तभी जया की आँखों में चमक-सी आयी। व्यंजन हमारी देह है और स्वर उसके प्राण! स्वर को अलग कर देने से व्यंजन भी शवों की भाँति क्या ज़मीन पर नहीं पड़े होते? जिगरी की ही तरह बन्द पलकें और खुला मुँह लिए। किसी आस में।

जिगरी की स्वर रहित व्यंजन-सी देह अन्तिम स्नान के लिए ले जाई जा रही थी। इसके साथ ही चारों ओर से एक पंक्ति को स्वर मिला–

क्षणत: योनि अपराध:
शिव-शिव शम्भू शिव महादेव शम्भू।

योनियों के अपराधों के हन्ता, हे महादेव शिव तुम अन्तिम सत्य हो। जिगरी की इस योनि के अपराधों को और समस्त योनियों के अपराधों को क्षमा करो।

इस आत्मा को योनियों के चक्र में मुक्ति दो। लोटे से जिगरी पर जल डालते हुए जया के मन ने कहा था।

स्नान के समय ही कूल्हे और पीठ पर दिखाई दिए कुछ घाव भी। शायद बैडसोर! ये घाव तो देह के साथ पीछे छूट जाते हैं पर आत्मा के घाव? जया की रुलाई फूट पड़ी थी। क्या आत्मा इस जगत से मिले अपने घाव छोड़ जाती होती यहीं? सुना है आत्मा को अग्नि नहीं जला सकती, शस्त्र नहीं काट सकते पर स्त्री-देह में बैठी आत्मा? कितनी निर्लिप्त रह पाती होगी वह घावों से? एक घाव तो उसे तभी मिल जाता होगा जब प्रवेश-द्वार पर पता चलता होगा कि इस पुरुषवादी समाज में उसका निवास एक स्त्री-देह है। अपने पिता को जया ने देखा है भाई जी का ज़िक्र करते। वे भाई जी को 'मूल पुरुष' कहते हैं। वैसे भी हर परिवार का मूल पुरुष होता है। किसी के मूल में स्त्री की भूमिका शायद ही याद की जाती हो! पर जया ने अपनी 'मूल स्त्री' जिगरी को प्रणाम कर अपने मन को इस जगत से उसकी विदाई के लिए तैयार किया था।

जिगरी को ले जा रहे थे तो जया का मन रो उठा, 'जिगरी जा रही हो...अब सपना बन गयी हो पर मेरे सपनों में आना। मेरी स्मृतियों में रहना।' शायद ममी की तरह!

ममी का ख़याल आते ही जया चौंकी और हाथ में पकड़ी अख़बार की कतरन को एक ओर रखा। कभी-कभी बाहर की दुनिया की कोई ख़बर हमारे भीतर की दुनिया पर इस क़दर हावी हो जाती है कि अंततः बाहर की दुनिया एक बूँद बनकर भीतर की नदी में बहने लगती है। जिगरी को गए लगभग छह महीने हो गए थे पर जया भीतर के श्मशान वैराग्य से अभी मुक्त नहीं हुई थी। फिर आज तो जिगरी की याद का ही दिन है क्योंकि आज श्रावण कृष्णपक्ष सप्तमी है। यानी भाई जी का जन्म दिन। जया शायद सवा-डेढ़ साल की थी जब भाई जी नहीं रहे थे। जिगरी कहती थी कि आज का दिन औरों के लिए कुछ अच्छा काम करने का दिन है इसलिए वह हमेशा श्रावण कृष्णपक्ष सप्तमी के अवसर पर बच्चियों में किताबें, कॉपियाँ और पैन-पेंसिल बाँटा करती थी। कभी-कभी रबड़ भी क्योंकि भाई जी शायद पेंसिल के साथ जेब में रबड़ भी हमेशा रखते थे। अपना यह नियम जिगरी ने अन्तिम वर्ष तक निभाया। आज जब जिगरी नहीं है तो जाने क्यों जया को लगा कि जिगरी की इस खुद बनाई गयी रिवायत को वह उँगली पकड़कर आगे ले जाए।

उसने पास की मेज़ पर रखे कॉपियों-पेंसिलों के झोले की ओर देखा। तभी उसे किसी के आने की आहट सुनाई दी। पलटकर बैठक के दरवाज़े की ओर

निगाह दौड़ाई तो सामने सुरजिया खड़ी थी–स्कूल की वर्दी में–नीली स्कर्ट, सफ़ेद क़मीज़ और कानों के ऊपर मोड़कर बाँधी गयी चोटियों के लाल रिबनों के दो फूल। सुबह-सुबह नहाई-धोई सी स्कूल जाती सुरजिया उसे कुछ ज़्यादा ही भली लगी।

"अरे तुम तो तैयार हो! क्या वक़्त हुआ?"

"सात बजने वाले हैं। सात बजे तो हम इस्कूल चले जाते हैं ना। साढ़े सात बजे घंटा बजता है प्रार्थना का।"

"अच्छा तो यहाँ कैसे आईं इस समय?" जया ने विस्मय से पलकें फैलाकर उसकी बात सुनी और फिर पूछा।

"कहने आये थे...बाबू आज नहीं आएँगे। वो बोले कहना हमें ताप है।"

"अरे तेरे बाबू को बुख़ार हो गया!" संजीदा आवाज़ में कहा जया ने और ख़ामोश हो गयी। कुछ क्षण वहाँ खड़े रहने के बाद सुरजिया ने वहाँ से चलना चाहा।

"हम जाते हैं।" सुरजिया ने कहा और जाने के लिए मुड़ी तो जया ने पुकारा, "सुनो...यहाँ तो आओ ज़रा।"

सुरजिया ने पलटकर जया को देखा। फिर धीरे-धीरे उसकी ओर बढ़ी। जया खड़ी हुई और उसके बाएँ कान के ऊपर बने लाल फूल को ठीक किया, "खुल रहा था...अब ठीक है।"

सुरजिया को जया का यूँ उसके बालों और कान को छूना बहुत भाया। उसने मुस्करा कर जया की ओर देखा, "अब जाएँ?"

जया ने आगे बढ़कर मेज़ पर रखे झोले में से एक कॉपी और एक पेंसिल निकाल कर सुरजिया की ओर बढ़ा दी, "ये लो...इस पर लिखना।"

खुशी और विस्मय से कॉपी पेंसिल लेते हुए सुरजिया ने अनायास ही पूछा लिया, "क्या?"

"कुछ भी...जो मन चाहे।" जया ने मीठे स्वर में जवाब दिया।

सुरजिया क्षण भर कुछ सोचती खड़ी रही। फिर आँखों में चमक के साथ बोली, "अच्छा हम इसमें माँ से पूछकर ओ गीत लिख देंगे–कहनी कही कि महनी कही।" ये कहती हुई सुरजिया उछलते हुए वहाँ से चली गयी।

जया ने एक साँस सटकी। आज तो इसी गीत का दिन है। उसे अचानक याद आया कि जिगरी की शवयात्रा के समय जब चारों ओर से 'राम नाम सत्य है' की आवाज़ें उठ रही थीं उसके मन में तो यही शब्द थे–'एक कोई था...कहीं नहीं-सा...' ये शब्द ऊपर-नीचे, दाएँ-बाएँ गोलाई में घूमते हुए शब्दों

का ग्लोब-सा बना रहे थे जिसमें जया ने अपने भीतर की धक्-धक् को सुना था। क्या शब्दों का ये ग्लोब आज हम कश्मीरियों का जीवन नहीं बन रहा है? अपने भीतर हमारी ही धड़कनों को जीता हुआ। उलटबाँसी-सा । राजनीति के उकसाने पर अपने ही लोगों के ख़िलाफ़ खड़ा होता हुआ।

अन्तिम दिनों में जिगरी की उम्मीद की क़न्दीलें भी शायद बुझने लगी थीं। एक दिन कह बैठी थी, "लगता है हम कश्मीरियों का दुख लोमष ऋषि की आयु लेकर आया है। खत्म होता नहीं दीखता!"

केन्द्र की राजनीति हो या स्टेट की–सबका एक ही है राग–वोटों की राजनीति ज़िन्दाबाद! अपनी राजनीति के चूल्हे को जिलाए रखने के लिए क्या राजनीतिक दल अवाम के हाथों मे ही ज़िन्दाबाद-ज़िन्दाबाद के नारों की धोंकनी थमा कर चटखती चिनगारियों का तमाशा नहीं देखते? कुछ भी हो पर मेरा कश्मीर तो उजड़ रहा है, तबाह हो रहा है। क्या ये भी बस एक खेलगीत बनकर रह जाएगा? उलटबाँसी-सा!

कॉपियों-पेंसिलों का झोला और बाक़ी सामान उठाकर जया बाहर की ओर चली तो उसके ज़हन में इतने अधिक विचार आ-जा रहे थे कि वहाँ एक जमघट-सा हो गया। उस अँधेरे जमघट में उसे लगा कि जैसे किसी भी विचार का चेहरा दिखाई न दे रहा हो। पर जया को मन में कुछ शब्द दिखाई दे रहे थे। लगातार चक्कर काटते हुए। वही बचपन के शब्द। जिगरी की बहुत-बहुत दूर जा चुकी आवाज़ में ही कानों के आस-पास घूमते हुए। ऊपर-नीचे, दाएँ-बाएँ गोलाई में घूमते हुए। शब्दों का वही ग्लोब जो कश्मीरियों का जीवन बन रहा है, बनता चला जा रहता है–

एक कोई था, कहीं नहीं-सा...एक कोई था, कहीं नहीं-सा...

❑❑❑